L'EMPIRE ET LES NOUVEAUX BARBARES

DU MÊME AUTEUR

L'Évolution fixe, 1984, PUF.

Le Piège humanitaire, 1986, Éditions Jean-Claude Lattès.

La Dictature libérale, 1994, Éditions Jean-Claude Lattès.

L'Abyssin, 1997, Éditions Gallimard

Sauver Ispahan, 1998, Éditions Gallimard.

Les Causes perdues, 1999, Éditions Gallimard.

Rouge Brésil, 2001, Éditions Gallimard.

www.editions-jclattes.fr

Jean-Christophe RUFIN

L'EMPIRE ET LES NOUVEAUX BARBARES

JC Lattès

Pour mon ami Daryush Shayegan,
messager des cultures qui s'éloignent.

« Cette démocratie si parfaite (...) préfère être jugée sur ses ennemis que sur ses résultats. »

Guy DEBORD.
Commentaires sur la société de spectacle.

PRÉFACE À LA NOUVELLE ÉDITION

Ce livre est né d'une vision : celle d'un gouffre qui succède à un mur... En cette année 1990 où le monde célébrait la chute du communisme soviétique, je rentrai d'un long séjour dans le Nordeste brésilien. Dans les rues de cette Europe libérée et triomphante, je me sentais dépaysé, décalé et presque physiquement mal à l'aise. Le fossé entre monde développé et continents de pauvreté m'apparaissait trop clairement pour qu'il me fût possible de m'associer aux manifestations d'allégresse suscitées par la disparition du rideau de fer. Ces bruyantes retrouvailles avec la Russie, si heureuses qu'elles fussent, ne pouvaient à mes yeux manquer de faire passer au premier plan la question du Sud, trop longtemps étouffée par la guerre froide. La plaie du sous-développement, sans cet emplâtre idéologique, allait révéler sa dangereuse béance ; l'humanité, si elle n'était désormais plus séparée par l'affrontement de deux systèmes, le serait autrement et gravement par une inégalité croissante. Bonne nouvelle du point de vue de la liberté et pour l'Europe, la fin du communisme soviétique me semblait en être une très mauvaise pour le tiers monde. Je ne sentais pas encore nettement sur quoi pouvait se fonder une telle intuition. J'étais seulement certain de ceci : le gouffre déjà profond allait s'accroître rapidement entre Nord et Sud.

Mais tout cela était à clarifier, et d'abord ces mots, Nord et Sud, comment les définir ? L'opposition Est-Ouest n'était pas simple, au moins avait-elle le mérite de désigner concrètement l'antagonisme planétaire russo-américain. La fracture Nord-Sud était d'une nature bien différente, qui nécessitait un vigoureux effort de clarification.

Ce gouffre, j'entrepris donc d'y descendre et, à la faible lumière de mon expérience du tiers monde, d'en décrire les cercles. Aurais-je été poète, j'aurais rapporté de ces enfers un chant, une épopée. Faute de ce talent, je me suis résolu à traduire ces idées en démonstration et non seulement en images. J'ai regardé vers Tocqueville plutôt que vers Dante. Voulant donner vie à mes intuitions, j'ai rassemblé des arguments et des faits, cité des événements et donné des exemples. Dix ans plus tard, ces événements sont souvent oubliés, ces exemples obsolètes et ces faits parfois dépassés ; pourtant, si nous avons décidé de publier ce texte dans son état initial, c'est qu'il nous a paru vivre toujours par ses images qui, désormais, parlent d'elles-mêmes. D'autres images sont en effet venues les renforcer, les confirmer, leur donner la plénitude de leur sens : l'attentat du 11 septembre 2001 est sans conteste le tableau-clé, imprimé dans nos mémoires, qui, si on le superpose aux intuitions de cet ouvrage, les éclaire d'une aveuglante lumière.

Voilà pourquoi le temps, qui est d'ordinaire l'ennemi des livres, me semble au contraire favorable à celui-ci. Ma grande erreur a été de croire que la question Nord-Sud pouvait être posée et explorée dès la chute du mur. Elle ne l'était en vérité que pour ceux qui, comme moi, travaillaient dans les secteurs de l'humanitaire ou du développement et pouvaient donc mesurer concrètement la gravité de la fracture. Mais pour une grande majorité d'esprits, et en particulier les politiques, le chemin à parcourir était encore très long. Le monde soviétique avait beau s'être effondré, les représentations mentales de la guerre froide devaient durer bien au-delà de lui. L'histoire intellectuelle de ces dix dernières années est encore à faire. Mais il est certain qu'on y mettrait facilement en évidence des résistances, des archaïsmes destinés à prolonger l'ordre ancien et qui ont retardé la prise de conscience des mutations véritables.

Le premier de ces archaïsmes est l'idée selon laquelle, contrairement aux apparences, l'affrontement Est-Ouest ne serait pas vraiment mort. Pendant les dernières décennies du XXe siècle et peut-être jusqu'à l'attentat du World Trade Center, Américains et Européens n'ont cessé de scruter l'Est dans la crainte (l'espoir) d'y voir renaître une menace majeure. La guerre menée dans les Balkans contre le régime de Milosevic a donné lieu à des constructions épouvantées prédisant la renaissance d'un « national-bolchevisme » dans l'ex-bloc communiste. Les convulsions de la Russie lors de son passage au capitalisme, loin d'être vues comme une étape douloureuse mais nécessaire après soixante-dix ans de collectivisme, ont nourri maintes prophéties d'Apocalypse. Et quand le nouveau président Bush est arrivé aux affaires, son premier soin a été de redonner vigueur aux craintes suscitées par la Chine.

J'ai pu mesurer bien malgré moi l'ampleur de ces nostalgies de guerre froide dès la parution du présent livre en Allemagne, au début des années quatre-vingt-dix. A ma grande surprise, la couverture de l'ouvrage qui, dans l'édition française, représentait une ligne de fracture entre hémisphères Nord et Sud, avait été modifiée par l'éditeur allemand. La ligne se redressait en Europe, et suivait la frontière entre Allemagne et Pologne. On m'expliqua que, pour le public d'outre-Rhin, les « Barbares » étaient décidément à l'Est...

Il est vrai que le Sud, en ces premières années d'après

guerre froide, ne semblait guère capable de jouer le rôle d'ennemi privilégié que la disparition de l'URSS avait laissé vacant. Saddam Hussein, en qui l'Amérique avait d'abord cru pouvoir fonder beaucoup d'espoirs, avait capitulé trop aisément. Ses SCUD cabossés avaient l'allure bien peu martiale de pauvres casseroles ; la quatrième armée du monde dont on avait voulu le créditer n'avait pas montré le bout de son nez, tout au moins sur les images de guerre vidéo dont on nous avait repus.

Pour sanglants qu'ils fussent, les autres conflits du tiers monde, de la Somalie au Libéria, du Rwanda à l'Angola ne semblaient pas non plus trop inquiétants, malgré leur nombre. Après avoir d'abord entrepris d'y dépêcher à grand frais des troupes, onusienne ou non, les grandes puissances se sont peu à peu accoutumées à l'idée que ces petites guerres continueraient de suivre, loin de nous, leur cours languide, à la fois répugnant et bénin, comme une maladie de peau.

D'autre part, deux théories géopolitiques issues des États-Unis, ont exercé leur influence sur les consciences et, sous couvert de proposer une lecture du nouveau monde, ont contribué à occulter sa véritable physionomie. La première est celle de la « fin de l'Histoire » de Fukuyama, la seconde celle du « choc des civilisations » de Huntington.

La théorie de la fin de l'Histoire a été, certes, critiquée, ridiculisée et, en apparence, rejetée. En réalité, elle a survécu dans la notion, durablement acceptée, de globalisation. Par ce terme, on suppose en effet qu'un seul système s'étend désormais sur le monde entier. Confondant Internet et humanité, virtuel et réel, économies et populations, on a voulu croire que dans le nouveau monde plus rien n'était loin, que la toile libérale enveloppait maintenant toute la planète, y compris dans ses coins les plus reculés, bref, qu'avec la disparition du communisme, la société planétaire était enfin advenue.

Certains s'en félicitaient. D'autres, baptisés militants antimondialisation, s'y opposaient mais, par leur critique alarmiste du phénomène, contribuaient à en authentifier la réalité.

La recrudescence des conflits locaux, dans le tiers monde et même en Europe avec les Balkans, constituait l'objection la plus forte à l'idéologie de la fin de l'Histoire. La notion de « choc des civilisations » est venue donner à ces phénomènes une interprétation sinon un sens. Or la richesse du terme « globalisation » vient précisément de ceci qu'il peut réunir en son sein les deux théories en apparence contraires et en fait complémentaires de Fukuyama et de Huntington. En effet la globalisation est à la fois un mouvement d'unification de la société mondiale selon les principes capitalistes de la production, de l'échange, de la circulation, de la communication. Mais, à la fois, dans ce mouvement de globalisation c'est-à-dire de liberté générale et de communication planétaires, les différentes couleurs culturelles de l'humanité reprennent une tendance naturelle au frottement sinon à l'affrontement. Comme autant de grosses billes chamarrées jetées dans la besace unique de l'économie mondialisée, les civilisations, c'est-à-dire les goûts variés des hommes, produisent leurs inévitables et finalement insignifiants bruits de choc, voire quelques étincelles.

Or cette représentation, malgré son succès, est inapte à rendre compte de ce qui s'est réellement passé depuis dix ans. Au regard des faits, la globalisation n'est pas seulement un concept flou : c'est une idée fausse. La guerre froide représentait une période beaucoup plus globalisée que celle qui l'a suivie. Grâce à l'affrontement Est-Ouest qui proposait au monde ses deux marques concurrentes, les pays du Nord ratissaient jadis une clientèle d'États et de peuples beaucoup plus large qu'aujourd'hui. Au fond des jungles du Cambodge, dans les montagnes afghanes comme dans les savanes du Mozambique, l'un des deux frères ennemis de la guerre froide était toujours présent. Que l'un d'eux recule, comme pendant la série noire occidentale des années 1975-1980, et l'autre prenait immédiatement sa place. Les Soviétiques sautaient ainsi de Somalie en Éthiopie, les Cubains se précipitaient en Angola et au Mozambique à peine les Portugais partis ; les Vietnamiens remplaçaient au Cambodge les Khmers rouges et leurs alliés chinois. Il y a belle lurette qu'on n'a plus d'exemple de tels appétits. Quand les Russes ont quitté l'Afghanistan à la fin des années quatre-vingt, personne ne s'est bousculé, parmi les grandes puissances, pour leur succéder. La Somalie, jadis courtisée par les frères ennemis de la guerre froide, s'est refermée sur sa misère. L'Afrique des Grands Lacs vit son drame sans le soutien de personne. Les brefs intermèdes onusiens dans ces zones n'y changent rien : elles sont aujourd'hui l'objet d'un quasi-abandon. La grande nouveauté de cette décennie est l'existence de tels « trous » dans les relations internationales. Loin d'étendre partout son influence « globale », le système libéral s'est aujourd'hui replié sur quelques points qui donnent bien à tort l'impression de couvrir le monde entier. Ou plutôt, ils le couvrent en effet, mais d'un réseau à mailles si lâches que des régions entières passent au travers et tombent dans l'oubli.

Un chef d'entreprise français de premier plan, dans un entretien récent au journal *Jeune Afrique*, s'étonnait du catastrophisme ambiant à propos du continent noir. « Quand je vais en Afrique, disait-il en substance, je vois une Afrique qui marche : des bureaux bien climatisés, des ordinateurs reliés à Internet, des téléphones qui fonctionnent. » En illustration figurait une carte des implantations africaines de ses sociétés de transport maritime. Pour l'essentiel, cette carte recoupait les voies de pénétration classiques de l'Afrique : grands ports, voies navigables... Ce que l'on appelait jadis des comptoirs. Et dans bien des pays du Sud aujourd'hui, l'obsession de l'abandon, de la déconnexion nouvelle manière se nourrit de cette hétérogénéité entre comptoirs, c'est-à-dire zones utiles, reliées au monde à cause de leurs ressources économiques, de leur valeur stratégique, de leur population originaire des pays développés, et zones laissées pour compte, abandonnées à des pouvoirs archaïques, livrées à la guerre, à la misère, quelque fois même à la famine, analogues aux *terrae incognitae* des anciennes cartes.

Ce décrochage est si radical qu'il concerne même les formes politiques de la contestation. L'influence des classiques « Internationales » (favorables à l'Est ou à l'Ouest) est quasi inexistante. Dans bien des endroits, l'occident ne soutient pas plus les oppositions que les gouvernements en place. La rébellion, quand elle existe, est désormais conduite par des forces locales qui prennent des aspects étranges à nos yeux, et parfois monstrueux. L'islamisme radical n'est qu'un des exemples des fleurs vénéneuses poussées sur le terreau de l'abandon, du retrait des formes organisées de l'État et de la misère.

Face à un tel désordre, la notion de guerre des civilisations n'est pas pour autant pertinente : elle supposerait à ces zones éjectées de la mondialisation plus de cohérence qu'elles n'en ont. Les conflits identitaires qui se déchaînent un peu partout dans le monde sont beaucoup plus fragmentés, contradictoires et polymorphes que ne le suggère la notion réductrice de « civilisation ». Ce terme s'applique à des entités vastes et stables tandis que la scène identitaire est floue, mouvante, en perpétuelle reconstruction. La valeur explicative de prétendue variables « civilisationnelles » est réduite. Ainsi le monde orthodoxe, décrit pendant la guerre des Balkans comme une entité hostile par essence à la civilisation européenne libérale et sécularisée, se retrouve son allié depuis les attentas de New York et Washington.

Ces événements appellent aujourd'hui une révision radicale de ces théories. Elles ont eu leur utilité à un moment historique pour aider l'Amérique à se situer dans un monde déroutant mais leur fonction est plus idéologique que cognitive. Ce livre, tout à l'inverse, cherche à comprendre, non à mobiliser. Il tente de penser les contradictions d'une situation inédite.

Il développe un thème central que l'on pourrait appeler la globalisation limitée, c'est-à-dire l'idée selon laquelle deux évolutions divergentes sont observables. D'un coté, l'unification démographique, politique, économique et culturelle d'un ensemble que l'on appellera le Nord, en tentant de le définir ; de l'autre le décrochage d'un nombre croissant de régions et de peuples, situés dans cet « au-delà » hétérogène qu'on peut appeler le Sud. Cette situation n'a pas eu d'équivalent depuis des siècles. Pour la comprendre, il faut avoir recours au modèle de l'Empire universel tel qu'on le rencontrait dans l'Antiquité, et d'abord au plus familier d'entre eux (pour des Européens), l'Empire romain.

Le développement de cette analyse à l'heure ou ce livre a été publié n'était pas gratuit. Il débouchait sur une mise en garde. L'ordre de ce monde nouveau, sous couvert de stabilité, était en vérité hautement dangereux et même nuisible. La description de ces phénomènes, loin de vouloir les encourager, comme a feint de le croire un nombre heureusement limité de commentateurs de l'époque, visait à provoquer une prise de conscience : la volonté de « l'empire » de mettre à distance la pauvreté, le chaos, les conflits locaux ne pouvait avoir comme corollaire qu'une extraordinaire inégalité qui finirait par imposer sa violence au cœur même du Nord. Je ne pensais pas être rattrapé si vite par la réalité et pourtant, je ne puis en être tout à fait surpris. Dès la publication de ce livre, l'accueil qu'il a reçu dans les pays du Sud montrait que les lecteurs, là-bas, étaient conscients de ce qui était en train de se produire. En Amérique latine comme au Maghreb, en Afrique noire comme en Turquie, cette thèse a été discutée, approuvée ou contestée, mais en tout cas comprise. Les dirigeants comme les peuples, dans les pays du tiers monde, ont rapidement saisi la vraie nature de la globalisation qu'on leur proposait. Ils n'ont eu de cesse que de se réintroduire à toute force dans le jeu dont on voulait les exclure. Et il en a été bien sûr de même pour les mouvements radicaux qui prônent la lutte armée. Les conflits oubliés, les zones abandonnées se rappellent aujourd'hui au bon souvenir du Nord par tous les moyens, jusques et y compris le plus atroce terrorisme...

LE BÛCHER DE CARTHAGE

Dans les combats, les yeux sont vaincus les premiers.

Tacite, la Germanie

Nous avons eu très peur.

La défaillance de l'ennemi soviétique sur lequel nous comptions depuis quarante-cinq ans pour nous terroriser avait plongé les démocraties dans une grande mélancolie. Que sera Rome sans ses ennemis ? ironisait Caton après la destruction de Carthage. Nous pouvions nous poser la même inquiétante question. Rappelez-vous ce grand trouble devant la chute du mur de Berlin, cette angoisse de ne plus craindre désormais la mort et le danger que de nous-mêmes. Un provocateur, retournant Hegel dans sa tombe pour la deuxième fois, aggrava le malaise en annonçant l'avènement de la démocratie universelle et la fin de l'Histoire [1]. Heureusement quelques personnages sensés, forts de leur passé militant, vinrent nous assurer que tout espoir n'était pas perdu. « Le drame est encore devant nous. » [2] Le pire, jamais sûr hélas, restait toutefois probable. La menace, la guerre, la vie en somme, allaient bientôt nous être rendus.

Il fallut peu de temps pour voir qu'ils avaient raison. Une grande opération militaire américaine au Panama, des troubles graves en Azerbaïdjan soviétique, une série sans précédent de conflits sanglants en Afrique, et surtout, bien sûr, l'invasion du Koweït, témoignèrent de la bonne nouvelle : un ennemi de nouveau nous était né.

Je dis *un* ennemi bien qu'en apparence il eût des visages variés : du caudillo irakien aux cartels de Medellin, des fondamentalistes musulmans aux dirigeants chinois assassins du printemps démocratique, ils sont nombreux à prétendre incarner à nos yeux le danger. Pourtant, pas un seul de ces personnages n'est en lui-même un adversaire à la mesure de celui que nous avons perdu. Aucun d'eux n'est l'ennemi ; ils le composent tous ensemble. Au-delà de leurs insignifiantes personnes, c'est la misère, la violence, la haine des masses qu'ils représentent qui constitue le véritable danger. Tous ces brasiers s'allument du même côté de l'horizon : là est le péril. Multiple, imprévisible, changeant, seule sa direction nous permet de l'identifier : le Sud.

Le Sud, voilà la menace nouvelle. Les plus clairvoyants disent qu'ils l'avaient prévu : la relève devait venir de ces jeunes continents. Pauvre Russie ! nous avons si longtemps sucé sa moelle amère ; elle est épuisée, étique, tout juste encore capable de se martyriser elle-même. Qu'importe puisque le monde, dans sa merveilleuse fécondité, lui a trouvé un remplaçant. Nous voilà tous, de nouveau, réunis, solidaires et ensemble menacés. Mélancoliques de tous pays, unissez-vous : le péril est de retour. À longueur d'articles, d'émissions, de livres, on l'annonce, on le célèbre et on fait mine de le redouter : l'affrontement Est/Ouest est mort ; l'affrontement Nord/Sud le remplace.

Une symétrie si pure enchante l'esprit. Ce chassé-croisé de points cardinaux a quelque chose de religieux, comme un signe de croix planétaire. Il est à la fois idéal, abstrait, céleste, et terriblement pratique : les économistes spécialisés dans le sous-développement, recrus de tropique, entrent à la BERD* et apprennent le polonais.

* Banque Européenne de Reconstruction et de Développement.

Dans le même temps, les états-majors font repeindre leurs blindés couleur sable, pointent leurs missiles vers le Sud et étudient la dissuasion du fort au faible...

Pourtant, derrière son apparence simple et robuste, ce changement de direction de l'ennemi dissimule de graves incertitudes. Passé le temps des premières euphories, il est urgent aujourd'hui de s'interroger.

INVENTER LE SUD

L'Est, on voyait assez bien de quoi il pouvait s'agir. Le monde communiste formait un bloc continental (URSS, Europe de l'Est) auquel se rattachaient quelques satellites lointains mais solides (Viêt-nam, Cuba, Éthiopie...) et des pays dissidents (Chine, Albanie). Tous ces États étaient centralisés à l'extrême, intégrés militairement. La similitude de leurs économies, la forte concentration du pouvoir de décision, permettaient de les rassembler en un « pôle ». Le terme « Est », pour simplificateur qu'il fût, était légitime.

Mais le « Sud » ? comment le définir ? A-t-il même une existence propre ? Au dictionnaire moderne des idées reçues, on peut lire depuis vingt ans : « Tiers monde : dire surtout qu'il n'existe pas ! » Sa dispersion géographique est extrême : les États continents, comme le Brésil, voisinent avec d'autres, telle la Grenade, plus semblables à des départements – quand même ils en ont la taille. Des terres sans ressources côtoient des nations pétrolières. Singapour et sa haute technologie sont plus au Sud que le Mali. Certains États sont puissamment armés tandis que d'autres n'ont qu'une escouade de gendarmes affectés à la garde du Président. Tout cela est parfaitement connu. Le morcellement et la division du Sud n'échappent à personne. Les efforts d'unité, qu'ils soient régionaux ou généraux n'ont pas abouti. Bandoeng et le non-alignement sont bien lointains qui voulaient donner un contenu au terme défectif de « tiers monde ». La rivalité des grandes puissances, quittant le théâtre européen, a depuis trente ans avivé les divisions, armé les conflits, encouragé les rébellions et les explosions révolutionnaires. Depuis le retrait de l'URSS et de ses alliés hors du tiers monde, on ne sache pas que les choses se soient améliorées. Les conflits ont plutôt gagné en nombre et en violence.

Le Sud atomisé, instable, imprévisible ne peut prendre telle quelle la place du rassurant monolithe qu'était l'Est. Cet ennemi nouveau et déjà si précieux n'est pas pourvu de l'armature idéologique d'ensemble qui faisait la force et la commodité du communisme. L'adversaire, cette fois, ne nous est pas donné : il va falloir le créer, l'unifier, trouver la cohérence qui lui fait naturellement défaut.

L'opposition Nord/Sud succède peut-être à l'opposition Est/Ouest : elle ne lui ressemble pas. L'Est/Ouest était dès l'origine un axe de confrontation : par son histoire même, le marxisme se posait en ennemi des valeurs défendues par l'Ouest. Le concept de Nord/Sud, au contraire, est né à l'origine de l'idée de solidarité. Il y a moins de dix ans, la commission Nord/Sud de Willy Brandt demandait aux deux superpuissances de mettre fin à leurs rivalités, de désarmer et de consacrer les économies réalisées au développement du Sud [3]. Aujourd'hui, c'est l'Est qui demande des aides pour son développement. Quant au Sud, on s'arme maintenant contre lui.

Le tiers monde aujourd'hui n'est ni plus riche, ni plus uni, ni plus hostile qu'il y a dix ans. Si l'axe Nord/Sud qui était celui de la solidarité et de la compassion devient celui du danger et de l'hostilité, c'est qu'une autre image du Sud est en train de se construire. Elle lui confère l'unité, la puissance et l'agressivité qu'exige son nouveau rôle.

Cette invention du Sud est en cours. Elle se produit

sous nos yeux, dans nos têtes. Beaucoup de gens y contribuent, au Nord comme au Sud, en encourageant la divergence et l'hostilité de ces deux mondes. Beaucoup d'autres aussi s'y opposent et voient tous les dangers de cette idéologie nouvelle.

Il faut remonter très loin dans le passé pour retrouver la trace d'une semblable transformation des mentalités. L'Histoire des monarchies européennes et des États nations fournit d'innombrables exemples de rivalités de type Est/Ouest, c'est-à-dire opposant des entités bien définies et de même ordre de grandeur. Pour trouver un monde qui, à l'instar du Nord aujourd'hui, n'a plus en face de lui un ennemi circonscrit et comparable mais un ensemble hétéroclite et dispersé dont il doit lui-même créer l'unité et la cohérence, il faut aller jusqu'à l'Antiquité. J'ai cité Caton ; cette évocation n'était pas fortuite. La chute de Carthage est sans doute la dernière circonstance historique dans laquelle une civilisation, perdant l'ultime adversaire qui lui fût semblable, a dû se penser en face du vide.

Les témoins et les idéologues de ce bouleversement sont restés jusqu'ici enfermés dans la poussiéreuse nécropole des versions latines. Pourtant, leurs œuvres ne sont pas plus liées à une époque que celle de Machiavel n'est prisonnière du XVe siècle florentin. Il est légitime aujourd'hui de les solliciter. Ils sont les derniers à avoir vécu et observé une situation analogue à celle où nous venons d'être projetés. L'intuition de ce livre, sa méthode ou, si l'on préfère, son parti-pris résident dans cette hypothèse. La tradition latine fournit les outils intellectuels qui permettent de saisir la transformation actuelle des mentalités. La révolution idéologique qu'a connue Rome après la défaite de Carthage est comparable à celle qui, à l'affrontement de l'Est et de l'Ouest, substitue aujourd'hui un monde dominé par l'opposition du Nord et du Sud.

Pendant cinq siècles, depuis sa fondation, Rome a affronté et vaincu une succession d'adversaires de force croissante : Étrusques, Sabins, Samnites, Grecs d'Épire. Carthage, ensuite, s'est dressée en face d'elle. Pendant plus d'un siècle et trois longues guerres, ces deux mondes vont se disputer la suprématie de la Méditerranée. Enfin, en 146 av. J.-C. les légions incendient Carthage et jettent du sel sur ses ruines. Rome, d'un coup, perd le dernier ennemi qui pût rivaliser avec elle en unité et en puissance. Désormais, elle est seule face au reste du monde, c'est-à-dire à rien, une poussière de peuples désunis, à la fois faibles et dangereux, turbulents et impuissants.

Avec ses adversaires successifs, Rome avait toujours formé, comme l'Ouest libéral avec l'Est communiste, ce qu'Elias Canetti appelle une masse double : « La possibilité la plus sûre et souvent la seule qu'ait une masse de se maintenir est l'existence d'une deuxième masse à laquelle elle se rapporte. Qu'elles s'affrontent et se mesurent dans le jeu ou qu'elles se menacent sérieusement, le rêve ou même l'imagination intense d'une seconde masse permet à la première de ne pas se désintégrer [4]. » La destruction de Carthage, tout comme la chute du mur de Berlin, est une expérience de perte : une des masses disparaît et sur l'autre se répand, avec la joie de la victoire, une angoisse inattendue.

Quand Scipion, chargé par le Sénat de détruire Carthage, commande à ses soldats d'allumer l'incendie, dans la ville déserte, il se fait soudain un étrange silence. Les Romains qui observent la scène ressentent un grand trouble. Scipion, lui-même, s'écarte et pleure. Il appelle auprès de lui Polybe, l'historien grec, son ami : « C'est un beau jour Polybe, lui dit-il, mais j'éprouve, je ne sais pourquoi, quelque inquiétude et j'appréhende le moment à venir où un autre pourrait nous adresser pareil avertissement au sujet de notre propre patrie [5]. » Une civilisation ne peut contempler longtemps le vide autour d'elle sans être saisie par l'idée de sa propre mort. Polybe, devant le bûcher de Carthage, le comprend ; dans toute son œuvre, il n'aura d'autre but que de répondre à cette angoisse, de transformer la perception tragique de cette fin en la certitude d'un commencement. Pour y parvenir, il n'existe qu'un moyen : changer la perspective de l'Histoire, lui donner une nouvelle direction.

Les Romains jusqu'alors n'avaient été menés que par une seule ambition : survivre, assurer leur sécurité. « Leur hypersensibilité aux menaces de l'extérieur, leur méfiance et leur besoin de sécurité exacerbés » fondaient ce que Paul Veyne appelle leur « impérialisme inconscient [6] ». Polybe, lui, fera sortir cet impérialisme des ténèbres : il va le révéler, le justifier et l'exalter. « Par ses observations et ses réflexions, il amène ses interlocuteurs, en particulier Scipion Aemilien à faire, quelques années après la mort du grand ancêtre (Scipion l'Africain), mais longtemps avant César et Auguste, la première invention de l'Empire romain [7]. »

En écrivant son *Histoire,* Polybe modèle le passé de Rome, le recrée, lui donne une rectitude rétrospective. Il persuade les Romains que leur victoire n'est pas fortuite : elle est la marque d'un destin particulier. Dès l'origine, Rome est chargée d'une œuvre de paix, de justice et de sagesse. Si elle a vaincu, c'est qu'elle a su à cette aune se montrer supérieure à tout autre. Elle porte désormais seule la responsabilité de la civilisation, de sa défense, de son expansion à la dimension de l'univers. Victorieuse de ses ennemis, Rome ne peut pour autant considérer sa carrière achevée et se satisfaire seulement de vivre en paix. Le monde ne peut plus compter que sur elle pour sortir de sa triste situation primitive. Polybe voit dans Rome l'héritière du double universalisme grec : celui de la puissance, qui lui vient d'Alexandre et celui de la sagesse, que lui ont léguée les philosophes. Le reste du monde, tout ce qui est hors de l'Empire, est dans une condition pitoyable : ces barbares sont privés de la civilisation. Rome a le devoir de la leur apporter ou de les combattre si, persistant dans leur archaïsme, ils tentent de la menacer.

A l'image angoissante de Rome seule face au vide, Polybe substitue l'exaltante idée d'une responsabilité impériale, d'une mission universelle. Du coup, il réinvente une « masse double » : l'Empire face aux barbares. Bien entendu, la vision de Polybe est une construction idéologique qui ne correspond en rien à la réalité de la situation quand il l'énonce. Les vertus qu'il prête à Rome à travers les siècles sont précisément celles qu'elle est en train d'acquérir laborieusement au contact du monde grec (l'année de la destruction de Carthage est aussi celle du sac de Corinthe). Quant aux barbares, leur civilisation est parfois fort avancée et leurs désordres la conséquence de la conquête romaine...

Mais peu importe. L'essentiel est que le couple Empire/barbare se révèle d'une parfaite efficacité. Ce n'est pas le simple affrontement de deux entités autonomes : il se constitue et s'entretient seul. Chaque partie du couple est définie par son opposition à l'autre. La masse hétéroclite des barbares, leurs diversités extrêmes, se rassemblent et s'unifient négativement : est barbare tout ce qui n'est pas l'Empire et s'oppose à lui. Quant à l'Empire, moins il est assuré de ses valeurs, plus il s'écarte des vertus de la civilisation et plus il cherche son unité et son identité dans le combat qu'il mène à l'extérieur contre la « barbarie ».

Ce couple autonome et circulaire va durer six siècles, jusqu'à la chute de l'Empire d'Occident. Au-delà, l'idéologie de Polybe n'aura plus cours. Elle perdra son intérêt. Sur les décombres de l'Empire va se constituer un monde dominé par la question de l'équilibre de puissances équivalentes, un monde à la Metternich qui durera jusqu'à nos jours et trouvera son apogée dans l'opposition planétaire de l'Est et de l'Ouest.

Et voilà que survient une nouvelle révolution polybienne. L'opposition Nord/Sud ressuscite cette idéologie de l'inégalité, de l'asymétrie. Nul doute que, pour conjurer l'angoisse née du recul soviétique, le Sud se voit désormais confier le rôle des nouveaux barbares face à un Nord supposé réunifié, impérial, dépositaire des valeurs universelles de la civilisation libérale et démocratique.

DE HEGEL À POLYBE

La transition s'est opérée en trois mouvements. Premier mouvement : le phénomène désigné négativement par les termes « défaite du communisme », « effondrement de l'Est » ou « faillite du marxisme », a commencé d'être perçu positivement comme « victoire de la démocratie », « triomphe du libéralisme », « revanche des Droits de l'homme ». L'idée de réunification, partie de Berlin et d'Allemagne, s'est étendue à toute l'Europe et plus généralement au Nord selon un processus d'universalisation de la démocratie occidentale. Les élections libres en Europe de l'Est ont fortement contribué à cette prise de conscience des valeurs désormais communes à cet ensemble réunifié. La Conférence pour la sécurité et la coopération en Europe, tenue à Paris le 22 novembre 1990, a scellé la fin de Yalta, c'est-à-dire de la division et de l'affrontement de l'Est et de l'Ouest. « La guerre froide est finie », déclare le président Bush [8].

Deuxième mouvement : cet optimisme hégelien s'est rapidement montré prématuré. La réunification du Nord est encore très fragile, non exempte de dangers et de paradoxes. Le destin de l'URSS et de plusieurs pays d'Europe de l'Est est incertain, leur engagement sur la voie démocratique douteux. Par ailleurs, le triomphe de l'État libéral et démocratique ne supprime ni la concurrence économique et ses inégalités dangereuses, ni les antagonismes nationaux, ethniques, religieux. Enfin, la paix, la prospérité, la liberté sont des vertus qui provoquent vite certains désagréments : en premier lieu le manque de cohésion et surtout l'ennui. L'Amérique « plus douce et plus gentille », que promet George Bush à son entrée en fonction, ne suscite que des bâillements.

Bref, il est difficile et hasardeux de donner une définition exaltante des « valeurs communes » du Nord réunifié sans que l'actualité la démente le lendemain.

Troisième mouvement : retour au confort de la « masse double ». Oui, une véritable unification du Nord est possible, en définissant ses valeurs par leur opposé, ce qui les contrarie ou les menace. L'entrée en scène du Sud dans le rôle des nouveaux barbares réalise cet objectif. Le terme de barbare n'est évidemment pas à prendre dans son sens trivial de sauvagerie. Il ne faut pas non plus le lier à l'idée d'invasion. C'est une partie très réduite de l'Histoire romaine qui est concernée par les invasions, tandis que le couple Empire/barbare a dominé l'idéologie romaine pendant six siècles. Le terme de barbares, tel qu'il s'applique par analogie au Sud, est à prendre au sens de Polybe : est barbare ce qui n'est pas l'Empire, s'oppose à lui, et, *a contrario*, le conforte et le définit.

La crise du Golfe a donné lieu à une extraordinaire rhétorique polybienne. La dénonciation américaine de la barbarie, de la dictature, du viol du Droit a permis d'obtenir une cohésion du Nord telle qu'aucune définition pacifique n'en aurait produite. Quant au nouvel ordre mondial, proposé par les États-Unis, il est surtout défini contre les violations du Droit international et non en référence au contenu positif de ce Droit.

Il faut prendre garde cependant à ne pas limiter les nouveaux barbares aux quelques personnages qui sont entrés en conflit ouvert et violent avec le Nord. Ces personnages peuvent changer au gré des crises, l'allié d'hier devenant l'ennemi d'aujourd'hui et vice versa. L'opposition Nord/Sud porte sur des réalités plus profondes et plus constantes.

Dans l'idéologie de Polybe, les barbares et l'Empire ne s'opposent pas seulement parce qu'ils se font la guerre, ce qui est ponctuel et rare. Quand même ils ne se combattent pas, leurs natures restent profondément différentes : l'un est le contraire de l'autre.

Cette opposition idéologique sera sans cesse approfondie, aggravée tout au long de l'Histoire romaine : pour beaucoup d'auteurs latins, la limite entre Empire et barbares ne sépare pas seulement civilisation et nature ; elle est aussi la frontière entre l'humain et l'animal. Aux confins du monde barbare, Pomponius Mela voit des peuplades errant à l'aventure, sans toit ni demeure fixe, qui tiennent autant de la bête que de l'homme. *(Vix jam homines, magisque semiferi)* [9].

LE SUD DANS SES MYTHES

Dans tous les domaines, Empire et barbarie forment des couples contraires. Rome se veut garante de la paix et de l'harmonie ; les barbares guerroient sans cesse. Elle est une république où gouverne le peuple ; ils obéissent à des monarchies violentes. Elle est unie par sa culture et sa langue ; ils sont morcelés et ne se comprennent pas. Elle est rationnelle et sa religion contribue à l'ordre de la cité ; ils sont ravagés de fanatisme. Elle pratique la justice et respecte le Droit ; ils ne se contiennent que par la force.

La véritable opposition entre le Nord et les nouveaux barbares n'est pas celle qui est exprimée bruyamment et de façon particulière à propos de tel ou tel conflit : c'est la nouvelle image d'ensemble du tiers monde qui est en train de se constituer dans les domaines démographique, économique, politique, culturel. Après trente ans de guerre froide et d'affrontement Est/Ouest sous les tropiques, l'heure dans tous les secteurs est à l'aggiornamento. Le mythe du développement, pour la première fois, éclate et laisse apercevoir une réalité longtemps dissimulée : Sud et Nord ne sont pas dans un rapport relatif d'avance ou de retard. Ils évoluent en sens contraire.

La première partie de ce livre tente de cerner cette rupture. En matière de population, de structure politique, de production des richesses, de cadre culturel, le Sud suit une voie rigoureusement opposée à celle du Nord. Une série de couples contraires apparaissent. Ces oppositions permettent de tracer la ligne idéologique qui sépare le Nord et les nouveaux barbares.

La division de ces deux mondes commence à peine ; elle n'est pas figée. Il y a dans le nouvel affrontement Nord/Sud une source inépuisable de péripéties, de drames, de coups de théâtre. Nous allons vivre désormais au rythme de cette confrontation, tout comme nous avons vécu pendant quarante-cinq ans hantés par celle de l'Est et de l'Ouest.

La deuxième partie de ce livre cherchera à définir les règles de cette opposition entre un monde et son contraire. Les Romains ont sur nous une très large avance : ils ont vu ce couple à l'œuvre pendant six siècles. Ils ont appris à connaître les propriétés de la ligne étrange qui sépare l'Empire des barbares et qui prendra le nom de *limes*. Cette ligne n'est pas seulement le lieu d'un affrontement militaire. C'est seulement à la fin de l'Histoire romaine qu'entre Empire et barbares s'est constitué un véritable front continu. Le *limes* est d'abord la limite idéologique entre ce que l'Empire reconnaît comme lui appartenant et ce qu'il rejette comme étranger. De part et d'autre du *limes,* l'homme n'a pas le même prix, n'obéit pas aux mêmes règles et l'Histoire n'a pas le même sens. Les Romains sont entrés dans la logique du *limes* sans en mesurer les conséquences. C'est peu à peu, que s'est serré, sur eux, ce nœud coulant. Au départ, le *limes* est rassurant : en limitant la civilisation, en la tenant séparée de la barbarie, il la protège et permet de la développer. Il est un instrument de progrès et de paix. Mais par l'inégalité qu'il produit et aggrave, le *limes* attire violemment l'un vers l'autre les mondes qu'il prétendait séparer. Il conduit finalement à l'affrontement.

Le nouveau *limes* contemporain entre Nord et Sud marque l'avènement en douceur d'une morale de l'inégalité, d'une sorte d'arpartheid mondial. Dans l'idée de *limes,* il y a, plus ou moins implicitement, l'intention de définir et de protéger la civilisation du Nord. Mais c'est par l'abandon violent du Sud, identifié à la barbarie. Cet abandon est perceptible dès aujourd'hui dans de nombreux domaines. Démographique : à l'ambition de limiter la population mondiale se substitue un espoir minimum, celui de contenir les masses du Sud et de s'en remettre, pour leur régulation, à des fléaux malthusiens. Économique : à l'idéal universel du développement se substitue une politique sélective consistant à n'assister que les États tampons, ceux qui sont situés le long du *limes* et doivent assurer sa stabilité. Politique : au soutien universel de la démocratie se substitue une complaisance nouvelle à l'égard des États totalitaires du tiers monde (Chine, Iran) s'ils se révèlent capables de contribuer à des stabilités régionales et surtout d'empêcher des mouvements migratoires massifs. Militaire : à l'implication directe et excessive des grandes puissances dans les guerres du tiers monde se substitue une différence de traitement selon la localisation des conflits : ceux qui sont situés sur le *limes* suscitent une intervention massive du Nord. Les autres livrent à l'opinion publique indifférente le spectacle gratuit de massacres sans enjeu. L'idéologie du *limes* marque ainsi une formidable contraction des terres historiques.

Ces évolutions sont porteuses de très graves dangers. En être conscient, c'est se donner les moyens d'éclairer l'action. Au terme de cette analyse, trois scénarios sont présentés, trois choix possibles face à l'idéologie du *limes*. Ils sont différents et, pour beaucoup, contradictoires, mais ils ont en commun cette étape première : la prise de conscience de la profonde et totale différence de nature du *limes* Nord/Sud avec l'opposition Est/Ouest qu'il est supposé remplacer. Si l'on devait, entre les deux, ne retenir qu'un contraste, on pourrait dire ceci : l'opposition Est/Ouest était une idéologie de guerre qui installait un équilibre de paix. Le *limes* Nord/Sud se présente comme un « nouvel ordre » pacifique : il contient le déséquilibre et l'affrontement. Ne laissons pas, dans ce combat, « nos yeux être vaincus d'abord ».

Première partie

LA RUPTURE NORD/SUD

1

LES NOUVELLES *TERRAE INCOGNITAE*

> *Au-delà de ces déserts, on rencontre des peuples muets, qui ne peuvent se faire entendre que par des signes : les uns ont une langue et ne peuvent pas parler ; les autres sont entièrement privés de cet organe ; d'autres, dont la bouche est naturellement fermée, n'ont sous les narines qu'un petit trou, par lequel on dit qu'ils boivent à l'aide d'un chalumeau et qu'ils aspirent une à une, quand ils ont besoin de manger, les graines qu'ils rencontrent çà et là sous leurs pas.*
>
> *Pomponius Mela,* Livre 1 (III)

Le film *Aux sources du Nil,* n'a pas pu être tourné dans les régions d'Éthiopie qu'ont explorées à la fin du siècle dernier les deux héros de cette histoire. Des mouvements de guérilla rendent ces zones instables et dangereuses depuis plusieurs années. Les autorités gouvernementales ne contrôlent qu'une route stratégique et quelques garnisons fortifiées. Personne n'est capable de dire précisément ce qui se passe dans ces provinces, et ni les journalistes ni les organisations humanitaires n'y sont admis.

Si nos deux Anglais devaient refaire aujourd'hui leur périple, le mystère de la découverte serait intact et les péripéties du voyage beaucoup plus dangereuses que leurs aventures de l'époque. Ceux qui s'affrontent de nos jours dans ces contrées ne sont plus armés de sagaies mais de fusils d'assaut et de matériel lourd obtenu par contrebande. En somme, *Aux sources du Nil* raconte l'exploration d'une région qui est aujourd'hui de nouveau inexplorée.

On ne peut circuler dans le tiers monde sans prendre rapidement conscience de ce phénomène : les terres accessibles rétrécissent. C'est une idée si banale, sur place, qu'elle est rarement formulée sinon en termes anecdotiques. En Afrique ou en Asie, les hommes d'expérience aiment raconter comment « avant » on pouvait aller à tel endroit, désormais inaccessible. Un de mes premiers souvenirs du Sahara, il y a quinze ans, est l'évocation nostalgique de « l'autre route » par les camionneurs de Tamanrasset. « L'autre route » était l'itinéraire côtier qui reliait l'Espagne à Dakar en traversant le Maroc, le Rio de Oro et la Mauritanie. D'un côté le désert, de l'autre l'Atlantique ; la piste cheminait sur l'arête de deux mondes arides et nus. Elle traversait une ville assoupie, Villa Cisneros, qui garde le souvenir de Mermoz. Parfois, on voyait une caravane se détacher sur le décor bleu de la mer.

La guerre entre la Mauritanie et le Maroc après la décolonisation du Sahara ex-espagnol a transformé cette région en champ de bataille. Il a fallu fermer la route de la côte. Au début, les chauffeurs pensaient qu'elle rouvrirait ; ils savent maintenant qu'ils ne la reprendront jamais. Un long mur de fortification barre la zone du côté marocain. Personne ne peut plus s'y rendre, à l'exception de rares journalistes étroitement surveillés. Ces régions longtemps insoumises et mystérieuses, ces régions de rezzou, qui ont tant fait rêver les héros de Pierre Benoît ou de Joseph Peyré, ont retrouvé leurs mystères et leurs dangers.

Ces faits n'ont rien d'anecdotique. Des Andes au

Sahara, d'Afrique australe au sous-continent indien, de la péninsule arabique aux régions péri-himalayennes, d'innombrables témoignages le confirment : une grande partie des terres explorées sont retournées à leur condition précédente. Elles sont inaccessibles, incontrôlées par des pouvoirs réguliers, hostiles à toute pénétration étrangère. Il ne s'agit pas seulement de déclin temporaire comme en ont connu toutes les régions d'Europe ou du Moyen-Orient, de ces alternances cycliques de puissance et de recul. Non, les régions du Sud dont je parle connaissent une évolution beaucoup plus grave : elles s'écartent du monde, se replient. Leur vie n'est pas assoupie : elles sont souvent le théâtre de grands drames, de tragédies. Mais ces drames sont inconnus, indifférents, ignorés du reste du monde. La première caractéristique des nouveaux barbares est là, dans cette opacité qui enveloppe leurs terres lointaines et creuse, au sein des continents sud, de nouveaux puits de mystère et d'autonomie.

Je vais donner quelques exemples tant il nous est difficile de nous représenter – et d'admettre – cet abandon. L'idée du rétrécissement du monde connu heurte en nous une idée, une évidence familière : la certitude qu'une longue marche historique a conduit les Européens à pénétrer jusqu'aux retraits les plus ultimes de la planète. Lent et obstiné, ce processus de découverte puis d'exploration, enfin de pacification, a commencé au XVIe siècle avec les grandes navigations circumterrestres ; il s'est poursuivi jusqu'à la Seconde Guerre mondiale et au-delà. Nous en connaissons tous les premières étapes : la colonisation côtière et la pénétration le long des grands fleuves. Nous savons que, longtemps, l'intérieur des continents du Sud est resté *terra incognita*. Les grandes expéditions intérieures des pionniers à travers des plateaux arides ou des forêts équatoriales ont été autrement plus héroïques et cruelles que les expéditions maritimes des découvreurs côtiers. Des *bandeirantes* du Brésil aux missions transafricaines (Marchand, Brazza, Serpa Pinto, etc.), la conquête continentale est une histoire violente semée d'échecs, de reculs. En 1930, les atlas de géographie réservent encore des taches blanches pour figurer les zones peu ou pas explorées jusqu'alors. Pourtant, malgré ces hésitations, nous avons retenu que l'Histoire marche dans une direction claire : le mystère s'est défendu mais il a cédé. Partout, il a peu à peu perdu du terrain. Le progrès scientifique – et militaire – a rendu le combat de plus en plus inégal. Il y a cinquante ans, Valéry annonçait le commencement du monde fini. Et nous y avons cru.

Les colonisateurs ont méthodiquement quadrillé, organisé, pacifié, administré les territoires conquis. Finalement, dans les années soixante, au temps des indépendances, il n'y avait plus de taches blanches dans les atlas de géographie. L'exploration et l'ouverture étaient même si complètes qu'elles menaçaient la survie des peuples primitifs : les Esquimaux, les Indiens d'Amazonie, les tribus africaines de la forêt. La machine exploratrice et civilisatrice était si puissante qu'il paraissait plutôt nécessaire de la ralentir : c'est le temps des Jean Malaurie, Robert Jaulin, Bertrand Flornoy qui, en demandant de préserver les civilisations indigènes, nous montraient clairement qu'elles étaient vaincues. L'esprit pionnier, en cette fin des années soixante, dut trouver d'autres terrains : la haute altitude, le fond des mers, la conquête de l'espace. L'inconnu n'était plus sur terre : rien n'avait résisté à l'immense processus d'échange et d'ouverture qui brise les archaïsmes et met en relation les coins les plus reculés de la planète. Tentaculaires, le commerce international, l'information, le tourisme connectent tous les foyers du village planétaire. L'indépendance politique de tous les États et le système des Nations unies ont achevé de donner à chacun sa place dans le transparent gymnase du Progrès Universel.

Cet optimisme est une des croyances positives les plus fortement installées dans nos mentalités. Il grince lorsqu'il s'agit d'admettre que le monde entre dans une deuxième phase et que la tendance lourde de trois siècles d'exploration puisse aujourd'hui s'inverser, être à la fermeture, au repli. Ce n'est pas, bien sûr, dans le palais de verre des Nations unies, ni dans les aéroports, ni dans le centre des capitales du Sud, ni dans des villages de vacances qu'on s'en convaincra. Mais en suivant V. S. Naipaul à la « courbe du fleuve », au cœur des continents, on pourra percevoir dans le tiers monde le retour du mystérieux, de l'inaccessible, de l'insoumis : les taches blanches réapparaissent.

Elles ont spectaculairement progressé ces dernières années. La carte des nouvelles zones inexplorées ne peut être que sommaire tant on a perdu l'habitude de représenter l'inconnu, oblitéré. Mais ces taches blanches ne sont pas loin d'atteindre, par leur surface et surtout par le nombre d'hommes qu'elles englobent, leur importance des années trente. Dans nos atlas, on verra bientôt certaines légendes remplacées par la mention « *Hic sunt leones* ».

LA FIN DES GUERILLAS BIEN ÉLEVÉES

Les *terrae incognitae* renaissantes sont de différents types. Les premières par leur ancienneté et leur étendue sont les régions en rébellion. La chose n'est pas nouvelle en soi. Il y a longtemps que l'on connaît l'incapacité de beaucoup d'États du tiers monde à exercer une autorité effective sur l'ensemble de leur territoire. Quand des particularités géographiques (pays montagneux, îles nombreuses) ajoutent leurs difficultés aux carences d'un État « mou », des régions entières, éloignées du gouvernement central, tombent sous la coupe de contre-pouvoirs violents. De vastes pans de la Colombie, des Philippines, de la Birmanie échappent à l'autorité centrale depuis de nombreuses années. Il y a trente ans que le Sud est semé de rébellions, de guérillas souvent longues et meurtrières, à caractère ethnique, religieux ou révolutionnaire [1]. Terreur et contre-terreur y alternent dans un climat de répression maladroite et excessive dont sont coutumiers, dans leur impuissance, les États faibles. Pour autant, ces zones dangereuses n'ont pas été jusqu'ici considérées comme des *terrae incognitae*. On peut dire au contraire que dans les années 70-80 jamais autant de monde, j'entends de beau monde – écrivains, médecins, journalistes, hommes politiques –, n'a été se promener dans la jungle.

A cette époque, l'idéal d'une guérilla était d'être assez puissante pour se transformer en « zone libérée » et briguer une reconnaissance internationale. L'Érythrée, le Kurdistan, l'enclave de l'UNITA étaient pour un guérillero débutant ce que Bernard Tapie est à un jeune chômeur. Leur stabilité, leur sécurité, leur ravitaillement, leur organisation étaient dignes de véritables États clandestins. Pour en juger, il suffisait de voir la qualité de leurs hôtes. Reconnaissons-le, ces guérillas recevaient bien. Pourvu qu'on soit assez vaillant pour faire quelques dizaines de kilomètres sur une petite moto dans la jungle, ou à pied à côté d'un âne, il était possible, je ne dirais pas à n'importe qui mais presque, de faire en trois mois un tour du monde des maquis. Du Nicaragua à l'Érythrée, du Cambodge à l'Afghanistan, d'Angola au Kurdistan, on était certain de recevoir partout un accueil empressé.

J'ai assez longtemps servi de guide à ce tourisme des catastrophes pour savoir que ces guérillas n'étaient pas des taches blanches, pourvu qu'on sût frapper à la bonne porte et résoudre quelques problèmes pratiques. Je me souviens de cet homme exquis, grand bourgeois influent, avide d'engagement qui, m'ayant convié dans son hôtel particulier, m'expliqua qu'il tenait absolument à visiter un maquis afghan.

– On devrait pouvoir arranger cela, lui dis-je.

Il sauta sur son siège :

– Parfait ! Quelle excellente nouvelle ! Vous me donnez de l'espoir ! Cependant, écoutez, je dois vous dire : je peux tout supporter, les risques de mine, les gaz, la faim, bref tout ce dont on parle. Mais il est une chose dont je dois me garantir absolument.

Il baissa les yeux, regarda avec émotion ses mules bleues où étaient brodées ses initiales et ajouta, comme l'aveu d'une maladie honteuse :

– Je ne peux pas avoir froid aux pieds...

Ce temps est révolu. Les guérillas de bon aloi, les zones libérées où l'on rêvait de convier des témoins occidentaux sont en voie de disparition. Le sanctuaire kurde du si aimable Docteur Ghassemlou a été mis en pièces et son chef tué. Les partis kurdes sont aujourd'hui très divisés et la sincérité démocratique de certains d'entre eux (en particulier le P.K.K.) reste à démontrer. Les maquis afghans font entre eux une surenchère islamique et anti-occidentale. L'UNITA, tout à son assaut final contre l'Angola, se durcit. Les Salvadoriens, privés de soutien, sont devenus pire que des fauves. Au catalogue, nous n'avons plus que l'Érythrée, et encore, les mouvements de libération dans cette région sont nettement moins accueillants que dans le passé.

La tendance actuelle est à la fois à la multiplication des zones de rébellion armée et à leur changement de nature : elles se ferment, se morcellent et le terrorisme s'y généralise. C'est ce cocktail qui compose les *terrae incognitae* de rébellion.

La fermeture des zones d'insoumission est de plus en plus fréquente. L'Indonésie a pratiqué depuis longtemps cette méthode à Timor pour étouffer la révolte de l'île. Le Cachemire est zone bouclée, de même que le Tibet et, de plus en plus, le Pendjab. Dans les territoires où se sont déroulés des troubles graves, voire de véritables batailles, on n'observe pratiquement jamais un retour à la normale mais plutôt une mise sous séquestre de la région. L'Ogaden est resté clos, ceinturé de troupes cubaines ; le nord du Tchad est bouclé, comme le Sud-Zaïre et le Karamoja. Il y a longtemps que ces zones ont quitté l'actualité ; elles restent pourtant dans un état prolongé de chaos et de fermeture, ni paix ni guerre. On les croit paisibles seulement parce qu'on ignore ce qui s'y passe, et que nul ne nous en parle.

Le morcellement est une autre évolution dangereuse et récente des zones de rébellion. Pourquoi les grandes guérillas des années quatre-vingt étaient-elles d'un commerce si rassurant ? A cause de leur unité. Qu'une infirmière soit capturée au Tigraï par des rebelles et l'on connaissait d'avance la suite : elle serait libérée au Soudan, dans les bureaux du Front de libération populaire du Tigraï (TPLF), trop heureux de la publicité. Deux ingénieurs étaient faits prisonniers au Sud-Soudan ? Il suffisait d'attendre qu'ils ressortent à Addis-Abeba où le Mouvement de libération du Soudan du général Garang (SPLA) avait pignon sur rue.

Si un journaliste voulait visiter telle zone du Kurdistan ou du Cambodge, il savait à quelle porte frapper, à Paris ou à Londres, pour obtenir les autorisations nécessaires. Un de mes amis photographe de presse payait régulièrement la facture de téléphone du représentant d'un front de libération érythréen ; c'était la garantie de pouvoir se rendre là-bas à tout moment. Cette unité d'interlocuteur était extrêmement rassurante. Elle supposait que les mouvements de guérillas disposent d'un appui extérieur unique ou privilégié, chose que la rivalité Est/Ouest leur fournissait volontiers.

Actuellement, les mouvements de rébellion recueillent leur soutien à des sources diverses. Les États pétroliers arabes, depuis le début des années quatre-vingt, ont pris le relais de l'URSS et de ses alliés dans beaucoup de guérillas d'Afrique, provoquant des clivages entre marxistes et islamistes. La guerre du Golfe a encore accru ces divisions en opposant ceux qui étaient stipendiés par l'Irak et les destinataires de la manne saoudienne. La tendance générale est à la multiplication des factions. Les mouvements clandestins, dont les ressources sont moins abondantes et l'articulation idéologique plus lâche, ne résistent plus aux joies de la scission et de la lutte fratricide – souvent encouragée par le gouvernement contre lequel ils luttent (comme on l'observe à l'évidence en Afrique du Sud). Ce morcellement peut être aggravé par l'effondrement de l'État central lui-même. Soudan, Somalie, Liberia et Mozambique connaissent une évolution de cette nature.

Au Soudan, la faillite de l'État est complète. Au milieu des extrêmes difficultés économiques qu'ils rencontraient, les dirigeants soudanais ont réalisé un véritable tour de force en matière d'aveuglement politique : tenus financièrement à bout de bras par l'Arabie saoudite, ils ont pris fait et cause... pour Saddam Hussein. En face de ce pouvoir déliquescent, aucune force cohérente ne se dessine. Le Sud-Soudan reste divisé. Au SPLA, s'opposent encore des bandes incontrôlées, les résidus des armées dissoutes des différents dictateurs ougandais. L'endroit est l'un des plus dangereux de la planète. En 1988, un avion de MSF y a été abattu en toute connaissance de cause, provoquant le départ de la plupart des organisations humanitaires, c'est-à-dire des derniers témoins [2]. Depuis, morcellement et fermeture ont contribué à dessiner là une tache blanche vaste et complète. Le Mozambique connaît à peu près la même anarchie, moindre cependant. Dans les provinces de l'Ouest, les villages, la nuit, sont totalement coupés les uns des autres. La campagne n'appartient plus à personne. On entend de temps en temps une explosion : un singe a sauté sur une mine...

En Somalie et au Liberia, une autre évolution est en cours, qui donne aussi la nostalgie des années de guerre froide. Pour qu'une guérilla « gagne », c'est-à-dire prenne le pouvoir, il faut que le gouvernement vaincu accepte de partir, de céder. Auparavant, même les pouvoirs anti-démocratiques savaient qu'à partir d'un point extrême leurs meilleurs et derniers alliés refuseraient de les soutenir et les pousseraient à quitter le pays. Lâchés par les États-Unis, Somoza, Marcos, le Shah sont partis. En Éthiopie, quand les officiers sont entrés dans la chambre du Négus pour le déposer, le roi des rois aurait dit : « Mon armée a toujours agi dans l'intérêt du Peuple. Si elle me demande de partir, c'est que là est l'intérêt du Peuple. » A répéter que ces pouvoirs étaient des dictatures, on finit par oublier qu'ils avaient le respect de cette forme ultime de l'alternance qui consiste à reconnaître qu'on a perdu.

Livrés à eux-mêmes, les nouveaux dictateurs n'ont plus cette dernière sagesse. Ils restent. En Somalie, Syaad Barré qui n'avait plus de comptes à rendre à personne, s'est terré dans une cave jusqu'au bout, gouvernant à peine le demi-corps que lui avait laissé l'hémiplégie et le demi-pays que lui disputait la guérilla. L'État a sombré avec son titulaire. Une tache blanche l'a remplacé. Aucun résident étranger n'a pu rester en Somalie. Les diplomates ont dû être évacués par hélicoptère et les équipes de MSF ont été délibérément mitraillées.

Lorsque finalement ces pouvoirs tombent, la situation est si dégradée qu'une anarchie complète se développe. La terreur, dans ces nouvelles *terrae incognitae*, provient de cette décomposition anarchique, de l'éclatement en factions rivales. Mais dans certains endroits, la terreur est volontaire, délibérée. Elle est employée sciemment par des mouvements qui ont bâti leur stratégie sur la pratique rigoureuse de l'assassinat des civils, sur la xénophobie, la menace, la contrainte. Tel est le cas, au Pérou, du Sentier lumineux, rejoint dans cette voie par son rival guevariste du Tupac-Amaru (MRTA). Au Sri Lanka, les Tigres tamouls opèrent selon les mêmes méthodes.

Dans ces cas, la *terra incognita* n'est pas redoutée mais au contraire voulue par les rebelles : ils souhaitent couper du monde les régions qu'ils contrôlent et en éloigner les témoins. C'est une démarche rigoureusement inverse de celle des guérillas traditionnelles, avides de respectabilité et de reconnaissance. L'ère qui s'ouvre favorise les mouvements isolés, terroristes et xénophobes, et marque le déclin des guérillas de la guerre froide qui trouvaient dans l'un des deux camps Est ou Ouest, et surtout dans l'aide humanitaire, le moyen de leur puissance.

On peut parfois observer le passage d'une stratégie à l'autre : tel est le cas au Salvador. Le front Farabundo Marti a été longtemps soutenu par l'étranger (Cuba et Nicaragua) et alimenté grâce à ses connexions avec les camps de réfugiés au Honduras. Depuis les élections au Nicaragua, le nouveau régime de Violeta Chamorro observe la neutralité dans ces conflits. Le mouvement salvadorien privé de soutien devient une guérilla isolée et intensifie son recours à la terreur pour survivre et se présenter en position de force dans les négociations de paix qu'il est contraint d'accepter. Il se rapproche peu à peu des méthodes prédatrices et terroristes du Sentier lumineux. Un phénomène analogue avait été observé au Mozambique après l'accord de Nkomati de 1983 qui privait la guérilla RENAMO de son soutien sud-africain (qui semble avoir repris depuis). Ce mouvement s'était alors lancé dans des offensives désespérées d'une violence et d'une cruauté inouïes, destinées à faire régner la terreur sur la région et à s'y procurer les moyens de subsistance dont il était désormais privé par l'étranger.

Plus hostiles, plus instables, plus morcelées, plus impénétrables que jamais, ces premières *terrae incognitae* liées à la rébellion sont aussi plus nombreuses car les conflits anciens demeurent et pourrissent tandis que de nouveaux apparaissent régulièrement. Ce fut le cas en 1989 au Rwanda avec l'offensive des réfugiés Tutsi du Burundi, des Touaregs contre le Mali. La même année on a vu l'opposition légale birmane décider de prendre le maquis, pour cause de blocage total de la vie politique du pays. Comme le note J.-F. Bayart : « La liste des provinces qui se détachent de toute autorité centrale au sud du Sahara s'allonge inexorablement : l'Angola, le Mozambique et, sous réserve d'inventaire, le Tchad et l'Ouganda sont *de facto* partagés en plusieurs zones de souveraineté, bien que la fiction juridique de leur unité soit pieusement entretenue ; la République centrafricaine laisse en déshérence ses départements orientaux ; de 1964 à 1986, le Zaïre n'a pas su réduire les " zones libérées " tenues par le Parti de la révolution populaire dans le nord du Shaba et le sud du Kivu ; le Zimbabwe, depuis la fin de la guerre de libération, éprouve de grosses difficultés dans le Matabeleland... Il n'est pas jusqu'à certains quartiers de Lagos ou de Douala qui ne se ferment aux incursions de la police [3]. »

Les États fermés constituent une autre catégorie de « taches blanches ». Nous avons trop longtemps cultivé le réflexe d'assimiler État fermé et État communiste : l'autarcie culturelle et politique peut avoir bien d'autres sources, plus anciennes, plus permanentes. Elle est aujourd'hui promise à une plus grande extension. L'Éthiopie communiste était fermée, bien sûr. Mais on oublie que cette clôture est une caractéristique traditionnelle du pays. Pendant des siècles, il a été possible d'y pénétrer mais plus difficile d'en ressortir. C'est ainsi qu'au XVIe siècle, un peintre italien poussé par le goût du voyage est arrivé jusqu'à la cour d'Axum. L'empereur lui a fait bon accueil, lui a donné maison, femme et salaire, à charge pour lui de pratiquer son art. La manière des ateliers de la Renaissance a influencé l'Éthiopie avant même qu'elle se développe en France. Mais le malheureux peintre n'a jamais pu quitter le pays jusqu'à sa mort. Ce n'était pas un échange ; plutôt une capture, conforme à une tradition que le communisme n'a guère aggravée. Plus près de nous, le savant français Aimé Bonpland, entré au Paraguay pendant la longue période du gouvernement indigéniste et autarcique de Gaspar Rodriguez de Francia (1814-1840) n'a pu en ressortir qu'au bout de dix ans[4]. Encore a-t-il fallu que la communauté internationale exerçât d'énormes pressions.

La fermeture d'États, leur maintien dans une sorte d'obscurité est une tradition toujours prête à renaître au Sud. L'Iran islamiste, la Birmanie, le sultanat de Bruneï, sont autant d'exemples différents de taches blanches. Auprès d'eux Cuba ou la Chine font figure de pays ouverts et accueillants. Ce sont, dira-t-on, des exemples limités. Peut-être. Mais les clôtures absolues qu'ont réalisées quand ils étaient au pouvoir les Khmers rouges ou Macias Nguema en Guinée équatoriale sont-elles vraiment derrière nous ? N'observe-t-on pas, dans la stratégie des mouvements fondamentalistes musulmans, la même volonté de s'opposer à tout contact avec l'étranger ? Au Cambodge, par le retour possible des Khmers rouges, n'y a-t-il pas risque d'observer demain de nouvelles et plus graves fermetures[5] ? Quant à la guerre du Golfe, les replis xénophobes qu'elle a déjà suscités au Yémen ou en Mauritanie, font craindre une extension vaste et rapide des *terrae incognitae*.

DANS LA GRANDE FORÊT DES VILLES

Dernier groupe de taches blanches, plus inattendu et d'une nature plus complexe : les mégalopoles du tiers monde. La croissance urbaine au Sud rassemble sur des surfaces réduites des populations de la taille d'un État. Mexico avec ses dix-huit millions d'habitants est plus peuplé que la Tchécoslovaquie. Pour une très large part, ces masses urbaines sont aussi impénétrables, incontrôlées et dangereuses que les zones de rébellion. Nous avons pris l'habitude, bien à tort, de situer l'instabilité politique du Sud dans ses campagnes. C'est probablement une vision héritée de Mao et de sa révolution dans la révolution. Les villes sont considérées, bien à tort, comme des zones politiquement stables.

Une abondante littérature sociologique nous avait longtemps laissé croire que les favelas, les bidonvilles des grandes cités du Sud, ne sont pas des enclaves anomiques, anarchiques. Au contraire, disait-on, des solidarités sociales s'y nouent, le tissu social s'y reconstitue. Ce sont des machines à socialiser. Un courant de pensée tiers-mondiste insiste à juste titre sur la nécessité d'avoir une vision positive de ces formes urbaines spontanées, d'encourager l'organisation de leurs habitants (associations de quartier, etc.) et de leur donner les moyens de se constituer en véritables communautés structurées. Cette idée inspire encore la plupart des organisations de coopération qui travaillent au développement urbain.

Pourtant les choses ont changé. Les témoins, tous ceux qui vivent et agissent dans les bidonvilles du tiers monde, constatent que la socialisation qui s'y opère est de plus en plus articulée autour d'une criminalité organisée. Les réseaux de production et de trafic de drogue se sont développés, ces dernières années, en symbiose avec la misère urbaine. Des études récentes montrent qu'il n'y a pas organisation du trafic, même destiné à l'exportation, sans accroissement local de la consommation [6]. La progression des réseaux de drogue procède, dans les zones urbaines, à une criminalisation de la vie sociale, à l'installation de véritables contre-pouvoirs clandestins incluant la corruption politique et policière.

Rio de Janeiro est une des villes d'Amérique latine où cette évolution est la plus perceptible. Les plus anciennes favelas, celles qui bordent les quartiers de Gloria, Copacabana, Flamengo, sont urbanisées, intégrées socialement. Les rues sont asphaltées, pourvues de trottoirs, l'adduction plus ou moins sauvage d'électricité et d'eau potable est organisée, les maisons sont construites en dur. L'ensemble évoque ces villages de pêcheurs qui bordent la Méditerranée et à vrai dire c'est de la même façon progressive qu'ils se sont constitués. Mais ces lieux traditionnels de petite criminalité font maintenant l'objet d'opérations sanglantes de prise de contrôle par des bandes organisées. Les combats ont lieu parfois à l'arme lourde et la police ose à peine pénétrer dans ces dédales. Lorsque la situation est stabilisée, c'est-à-dire lorsque la délimitation territoriale des bandes est claire, ces vieilles favelas deviennent des camps retranchés. L'ordre y règne mais lequel ? Des vigiles veillent aux principales entrées et contrôlent les passages comme dans les villes du Moyen Age. Le pouvoir y est totalement occulte dans ses directives et ses connexions. Quiconque rompt la loi du silence est exécuté.

L'autre extrême, ce sont les bidonvilles jeunes, ceux qui reçoivent, en périphérie des agglomérations, les nouveaux arrivants venus des sertão de l'intérieur. L'immense Baixada Fluminense de Rio est une zone de cette nature. Ce n'est plus un « morro », un escarpement comme on en trouve autour des baies et où grimpent les vieilles favelas du centre. La Baixada est une plaine interminable, où l'habitat le plus précaire se juxtapose dans un enchevêtrement de cartons, de branches, de matériaux récupérés. Là aussi, la rivalité des bandes est sensible. Mais l'organisation sociale, même criminelle, est encore très réduite. L'anomie est extrême, presque palpable. Rien ne l'illustre mieux que l'abandon des enfants.

Le phénomène est d'une ampleur incroyable aux yeux

des habitants du Nord, pour lesquels l'enfant est si précieux et si rare. Dans la Baixada, les gamins que l'on voit errer dans les rues, y vivent. Abandonnés, jetés dehors, ils s'élèvent seuls ou plus souvent en bandes, volent, mendient, fouillent les détritus. Il n'est pas de forme plus complète de désagrégation sociale que cette absence totale de protection familiale qui livre les enfants à peine nés à une vie de jungle. Leur accoutumance à la drogue dès l'âge de six à sept ans, leur soumission à la loi sans pitié de chefs de bande dominant les autres de quelques centimètres, la violence des bagarres qui les opposent sans cesse, sont des choses difficiles à regarder en face. D'ailleurs, ces sauvageons gardent une sorte de gaieté, de puissance enfantine qui fait sourire et cache leur tragédie... On aperçoit cette misère par la fenêtre de sa voiture climatisée, mais quoi ? Des enfants qui marchent pieds nus dans la boue. Et alors ? Ne sont-ils pas plus heureux, ou, comme disent les optimistes, plus solidaires ?

Pour comprendre la vanité de ces mauvaises consolations, il faut quitter les grandes artères de la Baixada et entrer chez Maria Conceição. Cette Brésilienne très pauvre, pour des raisons inconnues, peut-être une secrète blessure de sa propre enfance, s'est mise, seule, à recueillir des gamins des rues. Elle les adopte sans formalité, sans manière, comme d'autres, en Europe, soignent des chiens ou des chats perdus. Il en vivait dix-sept dans sa misérable cassine quand une association humanitaire française [Solidarité France-Brésil [7]] l'a découverte. Les dix-sept dormaient sur le sol dur, mangeaient dans la même marmite, gigotaient, pataugeaient dans une cour boueuse et puante. Les dons recueillis pour Maria Conceição ont permis de lui acheter une plus grande maison, sans un confort supérieur. Là, les dix-sept enfants, pensaient les Français, seraient très bien. Mais voilà que quelques semaines après le déménagement, ils étaient devenus quarante-cinq. D'autres enfants avaient frappé à la porte et Maria Conceição, simplement, les avait laissés entrer. Pour ces quarante-cinq, l'association entreprit de construire un petit immeuble sur un plus grand terrain. Pendant la construction, vingt-cinq nouveaux prirent pension chez Conceição. Quand je visitai le chantier, en décembre dernier, il était à peu près certain que quand la nouvelle maison ouvrirait, ils seraient très vite deux cents.

Maria Conceição ne fait pourtant pas de publicité ; les gamins sont ceux du voisinage. Sur l'immense surface de la Baixada on pourrait remplir des centaines d'orphelinats. Le film *Pixote* qui avait attiré un instant l'attention sur le drame de ces enfants a vite été oublié, tout comme son petit héros devenu adulte criminel et mort l'an dernier, violemment, dans l'indifférence et l'oubli, à dix-huit ans.

Que se passe-t-il dans ces favelas, ces townships, ces bidonvilles immenses ? Il y a ce que l'on sait : des nourrissons dévorés par les rats, l'inceste, la malnutrition. Ces images ne sont pas destinées à stimuler la charité. Qui en parle, d'ailleurs ? Au sein de ces labyrinthes de planches et de boue, où l'orage fait monter l'eau dans les maisons jusqu'au genou, la misère visible n'est pas la plus grave. Le pire est ce que l'on ne sait pas : la peur, la contrainte sourde, les menaces, le silence imposé, la mort violente. Cela, nul n'en connaît le détail. On entre de moins en moins dans les favelas quand on n'a pas été condamné à y naître et à y vivre. Pour avoir une vague idée de ce qui s'y passe, il suffit de visiter les salles d'urgences des hôpitaux dans les quartiers populaires. Elles ressemblent à des antennes de chirurgie de guerre : blessures par balles, tortures, plaies causées par la redoutable peixada, le couteau à fendre les noix de coco. Beyrouth, pendant quinze ans, a fait la démonstration que toute cité, fût-elle au départ admirée et prospère, peut éclater et tomber dans la sauvagerie.

A Rio, à Mexico, à Manille, à Lima, à Kinshasa, à Lagos, les apparences de l'ordre sont conservées mais la régression, le mystère, la violence, s'ils se dissimulent derrière une apparence familière, souterraine, ne sont pas moins intenses que dans la capitale libanaise. Et, en puissance, la situation est beaucoup plus grave. De même que l'on évalue les bombes atomiques en multiple d'Hiroshima, on peut dire que les nouvelles *terrae incognitae* urbaines du tiers monde peuvent contenir jusqu'à plusieurs dizaines de Beyrouth.

Bien sûr, le citoyen d'Amérique ou d'Europe peut oublier tout cela et, en feuilletant le catalogue coloré d'une agence de voyage, croire encore que le monde entier est ouvert, accessible. Pourtant, à y regarder de plus près, il constatera que les chapitres, intitulés orgueilleusement « Inde » ou « Ceylan » ou « Sénégal », correspondent pour chacune de ces destinations à deux ou trois complexes hôteliers sur les côtes et à la visite du centre de la capitale. A vrai dire, nos cartes touristiques ressemblent de plus en plus à des portulans : elles figurent des comptoirs aux portes de continents hostiles.

L'opinion publique du Nord commence à s'en rendre compte. Dans un article intitulé « Prochaines vacances », Philippe Boggio adresse, sur le mode ironique, une lettre ouverte aux responsables du monde [8] : « Messieurs, je serai franc avec vous. Le monde m'inquiète. Les compagnies aériennes, les “ voyagistes ” ont beau m'affirmer que je ne risque rien, mon envie d'exotisme, bien naturelle n'est-ce pas, ne trouve plus à s'épanouir en cette époque troublée. » Suit une longue énumération de toutes sortes de lagunes ensoleillées où sévissent des troubles politiques. Caricature, sans doute. Mais elle traduit bien le sentiment généralement partagé qu'on ne peut pas aller partout, quand ce n'est pas plutôt qu'on ne peut plus aller nulle part. Le rallye Paris-Dakar 1991 en a apporté la sanglante démonstration [9].

La presse ne fait qu'accentuer ce sentiment : presque toutes les images de violence viennent du Sud. Elles sont rapportées dans des conditions de sécurité de plus en plus précaires. Certains pays ou régions sont même désormais inaccessibles aux journalistes : si beaucoup d'images de violence viennent du Sud, toutes les violences du Sud ne se livrent plus en images. Des événements de Birmanie en 1988, de la révolution somalienne, de la situation dans la profondeur du Liberia, rien n'a été vu et pour cause. Un journaliste peut envisager de rester à Bagdad, pays ordonné, sous les bombardements d'une nation organisée ; il se suiciderait à vouloir demeurer dans une capitale comme Mogadiscio où le pouvoir a perdu toute raison et s'acharne à résister à des adversaires multiples, hostiles entre eux, ivres de haine et ne respectant rien. Ces scotomes de l'information, ces taches aveugles dans l'image que nous avons du monde finissent par se remarquer.

Les organisations humanitaires, dans les années quatre-vingt, avaient popularisé leur cri de guerre : aller là où les autres ne vont pas. Désormais, elles-mêmes se retirent des endroits d'où les autres sont partis. Après l'abandon (précoce) des touristes, puis le départ des journalistes, l'élimination des organisations humanitaires signe, pour une région, son entrée dans le chaos total.

L'opinion publique dans nos pays prend conscience de deux évolutions parallèles et simultanées. D'une part, au Nord, les pratiques politiques et culturelles évoluent dans le sens de l'ouverture. Les pays de l'ex-bloc de l'Est, hier fermés, sont aujourd'hui accessibles. Je ne sais ce qu'il en sera au moment où ce livre sera publié. Mais pendant l'été 1990, des associations à but touristique proposaient, parmi les nouveaux circuits de « découverte » en URSS, la visite, en huit jours, avec hébergement local, des anciens camps de Sibérie...

Dans le même temps, au Sud, un irrésistible repli fait de drame et d'hostilité creuse de nouveau d'immenses taches blanches.

La fameuse tendance lourde, confirmée par trois siècles continus de découverte et d'exploration, n'est pas démentie partout. Au Nord, cette évolution se poursuit : de nouveaux lieux, reculés et souillés de drame, reviennent dans le giron du monde ouvert. Le long processus d'intégration et d'échange se poursuit. C'est au Sud, et là seulement, que la tendance s'inverse. Le tiers monde prend la direction opposée : il retourne à son morcellement et à une forme plus épaisse et plus violente d'obscurité. L'opposition du Nord et des nouveaux barbares se construit sur ce premier couple opposé : d'un côté, un monde ouvert, perméable ; de l'autre, la fermeture et l'opacité.

Mais il est bien d'autres contrastes entre ces deux univers et d'abord le plus évident, le mieux connu, mais qui n'est pas nécessairement le plus simple : le contraste démographique.

2

POPULATIONS : LE DRAME DES UNS, L'ARME DES AUTRES

Aucun contraste n'est plus simple, plus concret, plus aisé à concevoir que l'opposition démographique du Nord et du Sud. Il suffit de représenter sur une carte les taux d'accroissement annuels de la population : un équateur humain apparaît nettement. C'est à peine si l'on doit faire quelques rectifications. Le groupe Australie-Nouvelle-Zélande est à mettre à part : il est étroitement apparenté au Nord par l'histoire de son peuplement. La Chine a certes un taux d'accroissement faible, mais à la suite d'inflexions récentes ; son poids démographique, même avec un rythme de croissance réduit, la rattache au groupe Sud. Quant au conglomérat soviétique, il est lui-même nettement divisé entre les Républiques musulmanes à fort taux d'accroissement et le reste du territoire qui a le profil de l'Europe.

Entre Nord et Sud, l'opposition est claire : on est habitué, depuis trente ans, à l'idée d'un déclin quantitatif des populations du Nord et à une « poussée » de celles du Sud. À première vue, cette constatation suffit à évoquer le monde antique : nous avons gardé de l'histoire romaine l'idée d'une opposition quantitative entre l'Empire d'un côté et de l'autre, le « flot » des barbares. Il faut pourtant se garder de cette analogie trop directe. Elle nous mène sur une fausse piste. Ce déferlement des barbares (dont nous verrons peu à peu ce qu'il faut historiquement en penser) n'a été que la conclusion de six siècles de cohabitation entre les deux mondes. Avant d'être perçus – au moment des invasions – comme nombreux, les barbares ont d'abord eu la caractéristique d'être innombrables. À la finitude et au rigoureux dénombrement du monde romain – car la ville, depuis l'origine, se compte et se classe –, les barbares opposent leur incertitude. Ils sont mobiles, lointains, ne se comptent pas, disparaissent, reviennent : on ne sait combien ils sont et ils ne le savent pas non plus. Pour un Romain, il n'y a pas de marque plus évidente de leur différence de nature ; rien ne lui fait plus horreur que cette masse ignorante d'elle-même.

Plus encore que leur multitude, c'est sans doute l'incertitude sur leur nombre qui permet aujourd'hui d'identifier les peuples du Sud aux nouveaux barbares. Cette incertitude porte d'abord sur les chiffres. Faute de méthodes fiables de recensement et de sondage, on connaît mal les valeurs quantitatives des masses méridionales [1]. Seuls les ordres de grandeur restent clairs.

L'incertitude principale porte sur les évolutions. L'obstacle, ici, est moins de nature technique que théorique. La question n'est pas tant d'évaluer les paramètres de cette évolution (fécondité, mortalité, taux d'accroissement, etc.) que de les interpréter. Entre pessimistes et optimistes, prophètes de l'explosion et apôtres sereins du Progrès et du développement, le débat est âpre et il contribue à créditer les nouveaux barbares d'un haut potentiel d'imprévisibilité. Tandis que les pays du Nord ont un « profil » démographique connu, que les moindres changements sont mesurés et même anticipés, les peuples du Sud, dans l'espace mais plus encore dans la durée, restent à l'égal du modèle antique, innombrables.

Deux thèses se sont affrontées pour expliquer l'évolution des populations du Sud. Elles sont fortement marquées idéologiquement. Les démographes qui se battent à coup de chiffres ont connu leur guerre froide, non moins violente que celle des économistes et des politiques. La conférence de New Dehli, en septembre 1989, en a probablement marqué la fin[2]. Mais c'est une fin bien triste et qui ouvre une ère plus inquiétante encore. La victoire n'est acquise à personne : on assiste plutôt à l'échec des deux voies proposées, c'est-à-dire des deux méthodes par lesquelles on pouvait espérer contrôler l'évolution du contraste démographique entre les hémisphères Nord et Sud.

La première de ces thèses est centrée sur le postulat de Malthus d'équilibre de la pénurie. L'enchaînement est simple : tout accroissement des ressources disponibles entraîne un accroissement de population. Par l'effet de sa consommation, cette population en surcroît raréfie les ressources. On atteint de la sorte un état de pénurie qui cause des dommages humains, réduit le nombre d'individus et produit un équilibre. Pour les néo-malthusiens, une population consomme : son accroissement ne peut que conduire à partager à l'excès un gâteau constant. Ils voient dans la croissance démographique du tiers monde un frein au développement, un handicap et la menace d'une sanction malthusienne c'est-à-dire une « explosion », un cataclysme.

Cette thèse a prévalu dans les années soixante, apogée du péril jaune de la bombe « P » (comme population), de l'Apocalypse programmée par le club de Rome, des représentations de la planète comme une barque trop chargée et sombrant. L'ennemi était clairement identifié : ce flot de gamètes qui s'écoule torrentiellement dans l'accouplement des masses humaines. Il y a du docteur Knock dans les imprécations des néo-malthusiens : on les sent à l'écoute, terrifiés, de ces fécondations innombrables, silencieuses, menaçantes que la nuit opère sur la planète à chacune de ses rotations. Le remède est simple. Il consiste à piéger ces liqueurs aux quelques étranglements judicieusement placés par la nature sur leur trajet : ligature des trompes, vasectomie et de façon plus générale toute intervention directe et volontariste permettant de modifier les comportements sexuels et de réduire la fécondité.

La seconde thèse est celle de la « transition démographique ». Ce n'est pas véritablement une théorie, plutôt la mise en formule d'une observation : celle des populations européennes au cours de la révolution industrielle et post-industrielle[3]. En passant d'une société agraire traditionnelle à une société urbaine d'échange et d'économie moderne, le profil démographique se transforme. Le changement s'effectue en deux étapes : réduction initiale de la mortalité *puis* réduction de la fécondité. Trois phases se succèdent : d'abord fécondité et mortalité hautes puis fécondité haute, mortalité faible ; enfin fécondité et mortalité faibles. La première et la dernière phase sont équilibrées. Au cours de la deuxième se produit un important accroissement de la population. Une fois la « transition » achevée, la population se stabilise donc à un niveau plus élevé (c'est le « multiplicateur transitionnel » qui est fonction de l'écart entre les deux taux et de la durée de cette phase).

Dans cette conception, développement économique et démographique sont liés d'une façon étroite mais sans que soient définies les voies de leur interaction. Les tenants de cette théorie considèrent la population d'une façon plus optimiste que les néo-malthusiens : pour eux, les hommes consomment, certes, mais aussi produisent. Un accroissement de population ne saurait être réduit à une diminution des ressources : il les augmente également. Les transitionnistes s'indignent que l'on puisse considérer la naissance d'un veau comme un enrichissement de la communauté et celle d'un enfant comme un appauvrissement. À supposer que lui soient données des conditions favorables, l'enfant devenu homme participera au développement économique. En somme, les transitionnistes sont des gens plutôt confiants auxquels les foules ne font pas peur. Mais ce sont des ennemis déclarés de l'autoritarisme et de tous les carcans économiques qui brident la créativité et le travail humain. Ils aiment présenter la transition démographique comme une « non-théorie », une simple collection de « faits », prenant l'aspect de torrents de chiffres, de tableaux, de courbes et d'annexes diverses. Pourtant, à la source de tout cela, gît un postulat éminemment idéologique : la transition démographique sera un phénomène universel. Elle se produira plus ou moins tôt et plus ou moins vite mais concernera le monde entier. La transition démographique est une idéologie dans laquelle Sud et Nord ne sont pas de nature différente. Elle considère seulement que le Nord est « en avance » et le Sud « en retard ». En Inde, peut-on lire par exemple chez Jean-Claude Chesnais, « la situation est équivalente à celle du Brésil il y a une quinzaine d'années ou à celle de l'Espagne il y a cinquante ans [4] ». Les trains de la transition démographique passent à des horaires différents : mais tout le monde circule sur la même voie et dans le même sens. La transition démographique s'intègre dans le processus général du développement économique dont elle ne peut être disjointe. Les transitionnistes sont donc des développementalistes.

Pendant les années 70-80, ils ont mené l'offensive dans les institutions internationales et provoqué d'âpres débats. « Le meilleur contraceptif, c'est le développement » était leur cri de guerre. Ils parviennent à l'imposer dans les documents internationaux, en particulier le Programme mondial pour la Population présenté à l'ONU à l'issue de la conférence de Bucarest en 1974. Sous leur pression, les estimations de l'évolution de la population mondiale ont été réduites à la baisse. Ils ont discrédité le modèle exponentiel des néo-malthusiens en montrant que la plupart des pays du tiers monde étaient « entrés dans la transition ». Leur taux d'accroissement élevé marquait seulement le début d'un cycle au terme duquel ils reviendraient à l'équilibre [5].

La controverse entre les deux théories prit un tour plus politique que démographique. Un pôle néo-malthusien tiers-mondiste d'influence marxiste s'opposait à un pôle transitionniste, libéral, antitotalitaire. Le couple antagoniste Paul Bairoch/Jean-Claude Chesnais illustre en France ces deux pôles. Les secteurs de la coopération et de l'étude du tiers monde étant majoritairement « de gauche » à cette époque, la position des néo-malthusiens était forte tant à l'université que dans les médias et les institutions internationales. La lutte avait lieu en quelque sorte à fronts renversés. Dans une littérature considérée comme subversive, les transitionnistes ont mené une offensive révolutionnaire, essentiellement dédiée à la défense d'idées... conservatrices.

Ils eurent par exemple beau jeu de montrer que des populations nombreuses n'étaient pas synonymes d'appauvrissement. Dans les pays d'Asie où une politique agricole pertinente était menée, l'autosuffisance alimentaire (voire la production d'excédents) était possible [6]. Ils allèrent jusqu'à se demander si l'Afrique n'était pas, en réalité, sous-peuplée. Autour de ces thèses plaisamment paradoxales, s'organisa le débat des années quatre-vingt entre tiers-mondistes et anti-tiers-mondistes. Relecture de l'histoire coloniale dans le sens d'une déculpabilisation occidentale, mise en cause de l'économie locale du développement et non pas seulement du rôle des « multinationales », défense des Droits de l'Homme et de la démocratie contre les priorités collectives totalitaires, le débat, orchestré par la fondation *Liberté Sans Frontières*, a permis de secouer de vieux dogmes [7]. Les transitionnistes ont eu le mérite de démonter quelques-unes des erreurs théoriques des néo-malthusiens. Mais à vouloir à tout prix réduire les phénomènes du tiers monde à une reprise à l'identique de l'histoire du Nord, ils ont, à leur tour, produit un nouveau dogmatisme. Contre le catastrophisme de leurs adversaires, les transitionnistes ont proclamé un optimisme non moins systématique.

LES BLOCAGES DE LA TRANSITION

Les évolutions actuelles commencent à le démentir cruellement. L'Inde, dont la réussite économique a été tant vantée, devient un exemple gênant : le développement (évalué comme aiment le faire les transitionnistes à partir des grands agrégats économiques) n'a pas joué le rôle d'un contraceptif. La fécondité n'a pas fléchi ; le rythme de croissance de la population continue de se situer à 2,1 % par an, ce qui promet à l'Inde d'être en l'an 2000 le pays le plus peuplé du monde (sur un territoire trois fois plus réduit que la Chine).

A la conférence des Nations unies sur la population de New Dehli en septembre 1989, les projections de la population mondiale ont dû être révisées à la hausse. La transition n'a pas produit ses effets dans les proportions espérées. Le doute s'installe aujourd'hui, au cœur même du dogme transitionniste : les sociétés du Sud évolueront-elles selon le même schéma démographique que l'ont fait les nations d'Europe voici un siècle ? L'observation non seulement de l'Inde mais de la plupart des pays d'Afrique, du Moyen-Orient et même d'Amérique latine permet d'en douter.

Quand la mortalité baisse dans un pays, les transitionnistes, heureux, expliquent que la transition est commencée. Ils attendent la deuxième phase, c'est-à-dire la réduction de fécondité. Mais ces deux phénomènes dans le Sud sont de nature très différente. La baisse de la mortalité est un bien « d'importation ». Elle résulte de programmes d'hygiène, de soins médicaux, en particulier périnataux.

Ces programmes, notamment en Afrique, sont souvent financés et mis en œuvre par la coopération internationale. Ils ne traduisent pas nécessairement une évolution sociologique locale.

La baisse de la fécondité, celle qui, d'après les transitionnistes accompagne spontanément le développement, est le fruit de changements profonds et complexes de mentalité. Le moins qu'on puisse dire est qu'on ne les observe pas et qu'au contraire des facteurs apparaissent au Sud qui tendent à maintenir, voire à accroître, cette fécondité.

La prise de conscience du problème démographique paraît avoir produit l'effet opposé à celui qu'on escomptait : plus le Nord a expliqué que l'accroissement démographique était un drame, plus le Sud a compris qu'il pouvait être une arme.

Ceci est vrai notamment dans le domaine religieux. Les transitionnistes avaient nié un peu vite le rôle des facteurs religieux au motif que la transition, en Europe, s'était produite de façon analogue dans des pays laïcs et dans des nations où la pratique religieuse était vive (Espagne, Russie tsariste). Au Sud, on s'aperçoit aujourd'hui que la religion n'est pas un facteur négligeable. Elle intervient parfois directement pour s'opposer aux programmes de limitation des naissances. C'est le cas au Maghreb où le fléchissement de la fécondité est directement compromis par la montée du fondamentalisme musulman. La compétition entre communautés religieuses est aussi un facteur essentiel. Entre juifs et Arabes en Israël, entre musulmans et Amahras coptes en Éthiopie, entre hindous et musulmans en Inde, la rivalité communautaire se traduit par l'encouragement à une fécondité soutenue. La prise de conscience démographique a été décisive pour mesurer – ce que beaucoup savaient intuitivement – que masse et pouvoir sont liés. L'indépendance bloquée des Mélanésiens de Nouvelle-Calédonie, faute d'une majorité démographique, en est un excellent exemple.

La compétition a lieu également entre nations. Si l'on interroge les chefs d'États, rares sont ceux qui avouent cette ambition démographique [8]. Mais on sait qu'au Sud, la compétition régionale se fait entre poids lourds. Éthiopie et Nigeria trichent sur leurs recensements pour mieux asseoir leur rôle de leader à l'OUA. L'évolution relative du Brésil et de l'Argentine s'est faite au net détriment de celle-ci.

Enfin, et ce n'est pas le moindre danger, la pression démographique si redoutée par le Nord est utilisée par certains États du Sud comme arme révolutionnaire. L'impulsion donnée par Mao à la fécondité chinoise dans la perspective d'une confrontation avec le reste du monde reste encore de sinistre mémoire [9]. En même temps que de la bombe atomique, il s'est doté volontairement d'une terrible bombe démographique. Une semblable idée de provocation et de suprématie démographique anime aujourd'hui les mouvements fondamentalistes en particulier musulmans. L'Iran, en quinze ans, est passé de 33 millions à 56 millions d'habitants malgré une guerre meurtrière. Cette haute fécondité lui a donné un avantage dans le combat (en lui permettant des sacrifices massifs) et elle lui en donne un dans la paix, en faisant d'elle une des grandes puissances démographiques de la région.

Les ennemis traditionnels des transitionnistes étaient essentiellement les marxistes. La transition européenne s'étant déroulée dans une atmosphère de libéralisme économique, ses théoriciens y avaient vu l'effet de cette même main invisible qui, depuis Adam Smith, ordonne les marchés. Les gouvernements autoritaires, socialisants, planificateurs étaient accusés de bloquer l'action de cette main invisible, empêchant à la fois le développement économique et la transition démographique. On doit reconnaître aujourd'hui que le Sud a inventé bien d'autres moyens que le marxisme pour bloquer voire trancher la main invisible.

Malheureusement pour les transitionnistes, le Sud persiste à ne pas évoluer spontanément comme il le devrait. Il reste bloqué, faute d'une baisse générale, significative et régulière de la fécondité, à un haut niveau d'accroissement. Il est entraîné dans un processus multiplicateur rapide. Du coup, les positions malthusiennes reprennent toute leur force.

Mais il ne s'agit plus du néo-malthusianisme bien tempéré des partisans du planning familial, de l'éducation et de la contraception choisie. Ceux-là aussi ont gravement échoué. L'Inde qui a lancé à partir des années cinquante, le plus vaste et le plus coûteux programme de réduction des naissances a pratiquement perdu tout espoir. Le dispositif mis en place pour ce contrôle a sombré dans la corruption, le découragement. Les certificats de stérilisation sont l'objet d'un fructueux commerce. Pour doubler l'indemnité reçue en cas de stérilisation, on a vu mari et femme y recourir, de même qu'un grand nombre de femmes... après la ménopause. La bureaucratisation du système a accru son inefficacité. Ses échecs ou ses abus ont donné au principe même du contrôle des naissances mauvaise réputation dans la population.

De meilleurs résultats ont été obtenus au Mexique avec une participation financière et technique directe des États-Unis. Mais rares sont les pays où ces méthodes sont acceptées librement. La rivalité entre États et entre communautés leur fait rejeter *a priori* le principe même de la régulation des naissances. Proposer un tel programme est considéré par de nombreux interlocuteurs du tiers monde comme une agression. J'ai risqué l'expulsion pour avoir eu l'audace de proposer, en Éthiopie pendant la famine, un volet « planning familial » en complément de l'aide d'urgence. La proposition a été rejetée violemment. Le gouvernement voulait bien reconnaître que les régions du Nord où sévissait la famine faisaient les frais, dans un contexte écologique très dégradé, d'une pression démographique excessive. Mais la solution retenue était le déplacement forcé des populations du Nord vers le Sud du pays moins peuplé. Ce *resettlement* a provoqué beaucoup de drames, de souffrances et de morts. Mais ces morts étaient acceptés dans une ambiance de « dépense », de profusion démographique intacte, profondément assimilée dans l'esprit des Éthiopiens (l'homme de la rue comme le gouvernement) à l'idée de puissance nationale.

Le malthusianisme qui revient aujourd'hui sur le devant de la scène n'a plus le visage policé du planning familial volontaire. Il est au contraire de l'espèce la plus violente : c'est le malthusianisme totalitaire et son complément le malthusianisme naturel.

VIVE LA MORT

Le malthusianisme totalitaire est parfaitement représenté par la Chine. Au grand dam des transitionnistes antimarxistes, le bon élève en Asie n'est pas l'Inde mais la Chine. La réduction de la fécondité, amorcée dans les villes à partir des années soixante, devient générale en 1970. Le freinage est d'une ampleur sans précédent. On passe de six enfants par femme en moyenne à moins de trois en dix ans, de 2,4 en vingt ans. Hélas, le phénomène est rien moins que naturel et le « développement » n'y est pas pour grand-chose. La main, cette fois-ci, est bien visible. En matière de fécondité, ce n'est pas une politique qui a été menée mais une véritable guerre. Ces résultats, on sait de quel prix ils ont été payés. Ils sont l'effet d'un contrôle social écrasant, d'une politique démographique répressive, autoritaire, ignorant le choix individuel. En applaudissant cette performance, il faut être conscient de quoi l'on se félicite : une telle évolution est la signature du totalitarisme le plus absolu, celui qui gouverne les hommes jusque dans leurs choix intimes, celui qui se rend maître avec son esprit, de la chair d'un peuple entier [10]. Il n'y a pas d'expression plus achevée de la servitude que cette mutilation forcée de sa descendance imposée à un milliard d'hommes. Je ne prétends pas que cet effort n'était pas nécessaire, ni même qu'il n'a pas évité de catastrophes. Je voudrais seulement insister sur le fait que le succès chinois n'est ni le produit d'une action « libre » de planning familial ni surtout l'effet d'un mécanisme transitionnel de type européen. Mais dans un monde saturé de réfugiés, où la Chine pèse un quart de l'humanité, on sait gré aux dirigeants de ce pays d'en contrôler l'expansion démographique. Et personne ne souhaite trop connaître les procédés par lesquels ils y parviennent. Face au naufrage des autres méthodes, il y a là le premier exemple des vertus totalitaires que nous voyons fleurir au Sud. A ceux qui leur font des remontrances sur les Droits de l'Homme, les Chinois ont tôt fait de proposer d'entrouvrir la cage. Personne ne prendrait ce risque.

L'autre variante, qui connaît une fortune nouvelle, est le malthusianisme naturel. Plus question d'éviter la catastrophe ; il s'agit seulement d'en tirer profit. Si l'homme échoue dans son contrôle démographique, laissons faire les fléaux naturels, ces trois premiers cavaliers de l'Apocalyse : guerre, famine et maladie.

Ce malthusianisme naturel n'a jamais totalement disparu dans le tiers monde. Il ne disait seulement pas son nom. J'ai le souvenir précis du délabrement de la maternité de Sousse, troisième ville de Tunisie, située dans un hôpital ultramoderne. Le service d'accouchement était dépourvu de tout : gants, anesthésiques, antibiotiques. Les soins étaient laissés à la discrétion de médecins roumains et russes d'un niveau technique affligeant. La mortalité périnatale était considérable. Il me fallut quelques mois pour comprendre que cette catastrophe était en réalité tenue pour une bénédiction par les autorités : ces enfants disparus, compte tenu de l'excessive fécondité du pays, c'était « autant de gagné ».

Certains États ont mis au point sur une plus grande échelle ce scénario de la « catastrophe utile ». Les gouvernements du tiers monde savent que jusqu'à un certain degré de misère on leur demande des comptes ; au-delà, on leur envoie de l'aide. La Somalie, poursuivie par le FMI fin 1990, est en droit, devant l'ampleur de sa guerre civile, de demander la rémission de ses péchés six mois plus tard.

La progression des fléaux classiques, leur modernisation si l'on ose dire, accompagnent le retour du malthusianisme naturel. Les grandes famines ont réapparu, voici cinq ans, en Afrique. Aujourd'hui, s'y ajoutent des guerres sales, coûteuses en hommes et la régression sanitaire et alimentaire de régions entières (Liberia, Cambodge). Enfin, dernière arme malthusienne : les épidémies. Le choléra au Pérou est une pandémie classique, le retour familier d'un fléau longtemps habitué à parcourir l'Europe. Plus original mais non moins meurtrier : le Sida. Il est en passe de devenir actuellement en Afrique le principal correcteur de la croissance démographique. Ses ravages opèrent sur des classes jeunes dont il parasite la fécondité. L'attitude en face de ce fléau est ambiguë. Selon le mécanisme désormais classique de la catastrophe utile, les dirigeants africains ont rapidement compris qu'il y avait beaucoup à tirer de cette affaire. Mais les fonds qui leur sont versés contribuent-ils à lutter contre la maladie ?

A l'échelon des organisations internationales, le flou n'est pas moindre. La démission spectaculaire de Jonathan Mann en 1989 avait pour motif le refus de l'OMS de considérer ce fléau comme une priorité [11]. Tout le monde observe la plus grande prudence dans ses propos à ce sujet. Mais j'ai relevé chez les dirigeants sanitaires de plusieurs pays d'Afrique (en particulier au Cameroun et en Côte d'Ivoire) une résignation proche du malthusianisme. Au Nord, seuls quelques maladroits osent exprimer l'inconscient d'une majorité silencieuse. Une très grande dame, dont le nom illustre l'Histoire de France, me disait dans toute l'innocence de sa bêtise : « Mais ce SIDA, c'est une chance pour l'Afrique. Ils étaient beaucoup trop nombreux. »

A cette vision raciste, au Nord, répond l'opinion paranoïaque du Sud, particulièrement en Afrique, qui voit dans le Sida un complot blanc pour décimer le continent. On se souvient de la rumeur propagée au Zaïre, lors des premières alertes : ce virus aurait été le produit d'un centre de recherche franco-américain et « testé » sur des Noirs [12]. La même idée traverse toutes ces légendes. Le Sida est un instrument malthusien. Que sa propagation, voire sa création, soit volontaire est une question tout à fait secondaire.

Qu'on le craigne ou qu'on s'en réjouisse cyniquement, le fait est là : faute d'avoir contrôlé les variables démographiques par des méthodes douces (développement et planning familial), on voit entrer en scène des moyens brutaux (contrôle totalitaire de la fécondité et fléaux venant accroître la mortalité). Ces moyens sont spécifiques au Sud, ils ne seraient tolérés nulle part dans les pays développés.

L'équateur démographique n'est donc pas seulement quantitatif. Pendant longtemps, on a cru pouvoir annuler ce contraste, ne voir dans la pléthore du Sud qu'un retard, une évolution décalée de l'Europe. La thèse transitionniste a marqué l'apogée de cette conception. Pour elle, le contraste numérique entre Nord et Sud n'était qu'une similitude retardée, l'écart temporaire de deux courbes destinées à se rejoindre.

Aujourd'hui, il est clair que Sud et Nord ont des évolutions profondément et durablement différentes. L'inégalité de poids démographique est une évidence quelle que soit l'école derrière laquelle on se range. Les conséquences de cette inégalité sont si graves qu'elles font admettre, pour le Sud, la validité de méthodes que nous rejetons ailleurs. Au moment où, au Nord, la démocratie s'étend, la dictature est discréditée, les Droits de l'Homme reconnus comme base de tous les systèmes politiques modernes, c'est à la contrainte totalitaire et à la destruction massive par des fléaux naturels que nous laissons le soin d'arrêter l'explosion démographique du Sud.

Il n'est qu'une solution malthusienne que nous soyons prêts à combattre vigoureusement : la migration. La complaisance du Nord à l'égard des méthodes totalitaires ou des fléaux malthusiens n'a d'égal que son immense terreur de l'invasion. Jamais les inégalités de pressions démographiques n'ont été aussi fortes que, par exemple, de part et d'autre de la Méditerranée aujourd'hui [13]. Or là-dessus, malthusiens et libéraux s'accordent volontiers : il apparaît comme une loi constante que les migrations ont toujours compensé ces différences quand elles étaient importantes et durables.

Le Sud retrouve là, dans notre imaginaire, le caractère fondamental qui distinguait les barbares à l'âge antique : la capacité de déferlement, de migration, de débordement. Chez les Romains, rien n'est ancien, profond, permanent comme cette crainte au point qu'elle semble naturelle.

Elle vient de loin, bien avant les invasions, d'un temps où les barbares n'effrayaient pas encore par leur nombre. Peut-être doit-on en chercher l'origine dans les premières épreuves de Rome, par exemple dans le sac de la ville par les Gaulois (en 390 av. J.-C.) alors que la République venait à peine de trouver son équilibre. Les bandes gauloises sont entrées dans la Ville, l'ont pillée puis sont reparties. Ces barbares n'étaient ni particulièrement nombreux, ni particulièrement pauvres et avides de richesse, mais d'eux les Romains ont retenu un trait : ils étaient nomades, nous dirions aujourd'hui déracinés. Ce caractère, les Romains ne cesseront de le prêter aux barbares qui les entourent. La capacité de déferlement ne vient pas seulement du nombre mais d'une certaine aptitude au mouvement qui oppose les barbares aux peuples sédentaires, stables et prospères de l'Empire.

Dans la capacité de déferlement que le Nord prête aujourd'hui au Sud, ces deux notions s'ajoutent. A l'opposition nombreux/peu nombreux que martèle la démographie, s'ajoute un autre couple stable/déraciné dont nous allons voir la puissance idéologique.

3

LES ARCHIPELS DE LA MISÈRE

> *Le premier de vos maîtres a introduit la Mort dans la Jungle, et le second la Honte. Il est temps d'avoir enfin une Loi et une loi que vous ne puissiez pas enfreindre. Dorénavant, vous connaîtrez la Crainte ; et quand vous l'aurez trouvée, vous saurez quel est votre maître.*
>
> *Kipling,* Second livre de la Jungle

A Recife, le long du Country club, une étroite ruelle sépare deux mondes. D'un côté, sont alignés les pur-sang du cercle hippique ; leurs stalles peintes en bleu clair, propres, sont abondamment pourvues en fourrage, équipées de l'eau courante et de ventilateurs électriques. De l'autre, débordent les cabanes d'une favella, construites en planches de caisse, noires et puantes ; des gamins édentés courent pieds nus et boivent l'eau de fûts goudronnés. Comment ces deux mondes peuvent-ils se côtoyer ? Comment chacun peut-il se résigner à vivre dans son dénuement ou dans son luxe au contact d'un si violent contraire ? Simplement parce qu'ils pensent tous que la misère est éternelle.

Le tiers monde est considéré comme le lieu où la misère est identique, depuis des siècles ; elle pèse omniprésente, immuable, à la surface de terres qui l'ont toujours reconnue comme fatale. Les téléspectateurs du

Nord qui continuent de déjeuner en regardant les affamés à la télévision ne s'immunisent pas autrement. Ils se disent que c'est l'ordre des choses. L'idée de l'éternité de la misère a des vertus consolatrices : ce remède commode, on y tient.

Pourtant, cette pensée apaisante est fausse : rien ne s'est plus rapidement et radicalement transformé que la misère du Sud, pendant ces trente dernières années.

S'il est possible, cependant, de s'y tromper et de croire que rien n'a changé, c'est que la misère ne s'est pas transformée en prospérité, ce qui serait visible ; elle s'est changée en une autre misère. Tout cela ressemble à une absurde opération de sauvetage pendant laquelle, en développant de grands moyens, on prendrait un alpiniste en perdition sur un sommet pour le déposer sur un autre, tout aussi hostile, éloigné et froid. Le fait est étrange mais il faut l'admettre : le dénuement du Sud est neuf, récent, construit au prix de patients efforts. La misère actuelle est le produit de trente ans de développement. Comme le Goulag, elle se dispose en archipel. Les masses déracinées et dépendantes qu'ont déplacées ces trente glorieuses, se répartissent en agglomérats, en îlots dont on traite en général séparément : l'archipel des réfugiés et l'archipel des bidonvilles. Je voudrais les rapprocher pour montrer leurs étroites similitudes.

Une première remarque vaut pour les deux phénomènes : au Sud, mouvement n'est pas *a priori* synonyme de déracinement. Il existe, en particulier en Afrique, une longue tradition de mobilité, d'« escapisme » [1], qui permet de se soustraire à une autorité tyrannique, à une contrainte économique, à de mauvaises conditions agricoles. L'image de paysans rivés à leur terre, à leur village, est une relative caricature. Même dans les sociétés rurales traditionnelles, un équilibre est assuré par le mouvement. On doit perdre l'habitude de considérer la migration interne comme dommageable. Quand elle aboutit à trouver une nouvelle terre où les conditions sont meilleures, elle peut être bénéfique. En cas de troubles politiques ou de catastrophes naturelles, on observe souvent de gigantesques déplacements spontanés de populations qui fuient une menace temporaire. Puis elles retournent à leurs terres quand les choses sont rentrées dans l'ordre. Pendant la famine éthiopienne, les nomades Afars s'étaient ainsi regroupés dans la région de Kombolcha, fuyant leurs pâturages arides. Une organisation humanitaire avait entrepris de leur venir en aide. Le temps de se rendre compte des besoins, de faire venir le matériel de France, de réunir des équipes de soins, quelques jours furent nécessaires. Quand enfin le convoi de secours arriva au camp afar, il n'y avait plus personne. Trois bergers, assis par terre, expliquèrent calmement au chef de mission qu'il avait plu la semaine précédente. Les pâturages avaient reverdi et les Afars étaient rentrés chez eux. Les deux cents tonnes de farine et d'huile furent donc remises aux trois bergers. Le chef de mission, désabusé leur recommanda seulement de ne pas tout manger d'un coup...

Cette aptitude à la libre mobilité joue un rôle de protection et d'équilibre. Le drame aujourd'hui, responsable de la naissance de nouveaux archipels de la misère, ce n'est pas le mouvement mais son blocage. Le déracinement ne naît pas du déplacement mais du fait que ce déplacement soit dévié vers des destinations sans retour, sans avenir et sans liberté. Deux grands obstacles ont été dressés dans le tiers monde sur le libre chemin de la migration, deux obstacles qui n'ont cessé de se perfectionner au long de ces trente dernières années : la frontière et la ville.

C'est la frontière qui fait le réfugié. Le migrant la traverse souvent à son insu. Mais celui qui franchit cette ligne invisible change. Il était chez lui, il devient un étranger. Il pouvait rebrousser chemin, désormais il lui devient difficile, voire impossible, de rentrer. Il était un déplacé ; il devient un réfugié.

Les camps de réfugiés constituent le premier type de migration bloquée : le migrant tombe dans une nasse d'où il peut, selon les conditions politiques, ne jamais ressortir. Il y a désormais plus de quarante ans que les Palestiniens, fuyant la première guerre israélo-arabe, se sont retrouvés bloqués dans des camps que personne ne souhaite voir disparaître. Des rations alimentaires leur sont encore servies par l'UNRWA *. Ces camps sont maintenus sciemment pour constituer, selon le mot d'Annie Laurent, une Palestine de rechange. « Le maintien largement volontaire par l'OLP des réfugiés en marge de la vie de la cité, et en dessous d'un certain seuil de pauvreté, répondait peut-être à des calculs bien compris. Eu égard à la démotivation idéologique qu'engendrent souvent le confort matériel et la sécurité professionnelle, l'OLP n'avait pas intérêt à favoriser l'insertion d'un nombre trop élevé de ses administrés. Ce faisant, elle se serait sans doute privée d'un vivier de miliciens, voire de terroristes, sans cesse renouvelé grâce à une ambiance révolutionnaire soigneusement entretenue [2]. »

L'exemple de l'OLP, s'il est le plus ancien, n'est pas exceptionnel. Il ne faut pas hésiter à le dire : le statut international de réfugié tel qu'il est appliqué au tiers

* Organe des Nations unies spécialisé dans l'assistance et la protection des réfugiés palestiniens.

monde favorise ces évolutions interminables, ce blocage de la migration au fond de l'impasse des camps. Les Conventions de Genève sur les réfugiés s'appliquaient initialement à l'Europe. A partir de la guerre d'Algérie puis de l'affaire de Hong Kong, le statut de réfugié fut élargi aux conflits du Sud. Mais cette version tropicale est une caricature. Le statut européen et le statut tropical ne sont pas seulement différents : tout les oppose.

En Europe, le statut de réfugié concerne des individus. Il nécessite une enquête rigoureuse. Il donne droit à l'entrée dans un pays d'accueil et d'installation définitive. Le Haut Commissariat aux réfugiés est responsable de la protection effective et de l'assistance de ceux qui lui confiés. Le statut de réfugié, dans cette conception européenne, est un état transitoire, une étape migratoire permettant d'échapper à un danger et de trouver un autre lieu durable d'existence.

Rien de tout cela n'est plus assuré par le statut « tropical ». Tout d'abord, la notion de réfugié s'applique, au Sud, non plus à des individus mais à des populations entières. Il n'est donc plus question de mener des enquêtes personnelles. Le critère d'obtention du statut de réfugié est essentiellement le franchissement d'une frontière. On a vu à quelle absurdité ceci pouvait conduire. Si des populations méritaient le titre de réfugiés, c'étaient bien les Khmers fuyant les atrocités commises dans leur pays. Pourtant la Thaïlande ayant refusé de leur laisser franchir sa frontière, ils sont restés en deçà, dans le *no man's land* séparant les deux pays : ce ne sont donc pas des réfugiés. Il y a dix ans que dure cette imposture. Inversement, les paysans éthiopiens qui ont fui la famine vers l'Ouest ont été déclarés réfugiés au passage de la frontière soudanaise. Leur engagement politique n'a pas précédé et motivé leur fuite : c'est après leur arrivée dans les camps de la frontière qu'ils ont été pris en main par le Front de Libération et formés en combattants. Ceux qui étaient partis vers l'est ou le sud sont rentrés chez eux.

Ceux de l'ouest, transformés en réfugiés, n'ont pas pu le faire librement[3].

Le statut tropical de réfugié a une deuxième caractéristique : il n'offre pas de pays d'accueil définitif. Les États du Nord sont désormais fermés. Le « troisième pays », celui qui doit, pour le réfugié, mettre un terme à son errance en lui accordant des conditions de vie normales, ce troisième pays n'existe plus. La migration du réfugié tropical n'est plus un état transitoire entre deux citoyennetés complètes : c'est un état prolongé indéfiniment, une condition d'attente sans espoir ni retour. La protection tropicale du réfugié, c'est l'enfermement dans un camp. Construction provisoire, volontairement tenu à l'écart du pays où il se trouve, le camp de réfugiés est un lieu de déracinement majeur[4]. Mais dans bien des cas, la protection internationale offerte aux réfugiés ne va pas même jusqu'à cette assistance matérielle. Face aux migrations de masse, les Nations unies ont élaboré le redoutable concept de « non-refoulement ». C'est le degré zéro de l'asile : on ne refoule pas le migrant mais on ne le reconnaît pas non plus comme réfugié. Il a franchi la toute première étape, celle qui déracine : il est passé de l'autre côté d'une frontière. Il est maintenu là dans un non-statut, une sorte de piège juridique. Il n'est plus dans son premier pays mais n'en a pas atteint un second. Les îles indonésiennes ou malaisiennes, les savanes d'Afrique et les montagnes d'Asie contiennent des millions de gens pour lesquels la protection se réduit à un asile temporaire qui pérennise leur déracinement. Beaucoup restent là pendant des mois voire des années, et seulement quelques-uns bénéficient du statut de réfugié ou des droits habituellement réservés aux résidents légaux. Considérés comme une catégorie à part, vivant souvent dans des conditions rudimentaires, même quand ils sont aidés par le HCR*, ces réfugiés existent aux marges de la société,

* Haut Commissariat aux réfugiés (Nations unies).

quand ils ne sont pas confinés dans des camps ou de petites îles[5].

Une étude réalisée en 1985 a montré que, parmi les réfugiés ougandais installés au Sud-Soudan, un quart seulement des familles dispose d'un minimum de vêtements et que un sur cinq dort sur une natte de paille ou une couverture[6].

Les Occidentaux ont cru, sincèrement, pendant les années soixante, pouvoir étendre leur sollicitude au monde entier. À cette époque, les conflits au Sud étaient encore peu nombreux. C'étaient souvent des guerres de décolonisation dont l'issue rapide permettait le retour des réfugiés (comme en Guinée-Bissau). Les pays du Nord appelaient la main-d'œuvre et pouvaient constituer des pays d'accueil définitifs. Le statut de réfugié avait encore un sens, même sous les tropiques.

À partir de la fin des années soixante-dix, il est devenu clair que ce statut n'était plus viable. La multiplication des zones instables, l'ampleur des migrations, la fermeture des pays du Nord, montraient que la protection internationale devenait un leurre. Pourtant, pendant dix ans, nous avons continué de croire ou au moins de faire croire que ce système était efficace. Certains étaient mus par des raisons humanitaires : sauver quelques vies justifie tout, pensaient-ils, y compris d'entretenir indirectement les guerres qui déchirent le Sud. Beaucoup d'autres, sachons l'avouer, y trouvaient un intérêt politique. L'URSS ayant conquis de larges territoires dans les années 1975-1979, les plus grandes masses de réfugiés fuyaient des pays communistes. Ce fut l'intérêt de l'Occident d'utiliser les camps de réfugiés pour aider les mouvements antisoviétiques à se ravitailler, à recruter des troupes, à affirmer leur représentativité. Situés le long des frontières, les immenses camps de réfugiés afghans, éthiopiens, khmers, nicaraguayens, ont été autant de machines de guerre, plaques tournantes dans la logistique des guérillas. J'ai décrit dans un autre livre ces sanctuaires humanitaires, figure stratégique fondamentale des années de guerre froide[7].

Le HCR n'a jamais tenté d'exercer une véritable administration de ces camps : il s'en est remis plus ou moins officiellement aux « représentants locaux », c'est-à-dire aux mouvements de guérilla. Ces mouvements ont organisé ces masses déplacées, les ont constituées en État fantôme. Ils les ont maintenus au mépris de leur protection au contact des frontières, donc des zones de guerre, pour faciliter les échanges avec l'intérieur. Ils ont empêché que les réfugiés se mêlent à la population locale, encouragé dans les camps l'inaction (en interdisant le travail salarié) et la dépendance.

Aujourd'hui, les conflits du tiers monde ont changé de nature, l'URSS et ses alliés se retirent partout. Nous nous retrouvons en face d'un archipel de camps, groupant plus de treize millions de personnes dans le monde[8]. La communauté internationale ne voit plus l'intérêt de payer pour cette masse inutile : le HCR connaît d'énormes difficultés financières. Il voudrait organiser le retour des réfugiés, débloquer la migration. Mais on ne résorbe pas d'un coup une telle masse. Après le départ des Soviétiques, les pays d'origine ne sont pas revenus à la démocratie et les réfugiés craignent d'y rentrer. La vie dépendante des camps, où une génération est née, a aussi sa propre pesanteur : elle n'incite pas à choisir une existence active. L'exil est devenu une patrie.

Surtout, nos anciens amis, toutes ces forces de libération que nous avons utilisées contre les Soviétiques, n'entendent pas se dessaisir si facilement de populations sur lesquelles ils ont autorité. Il y va de leur survie. Opposants appréciés lorsqu'ils combattaient des régimes marxistes, les Érythréens, les Afghans, les Khmers rouges deviennent d'encombrants prétendants au pouvoir. Leurs ennemis, pour une grande part, ne constituent plus une menace : ils ont souvent rompu leur alliance soviétique (malgré eux) et sont en train de rejoindre le camp occidental. Face à un gouvernement éthiopien désormais ouvertement pro-américain, à un pouvoir afghan laïque qui accroît bon an mal an sa légitimité, à des autorités cambodgiennes qui multiplient les ouvertures à l'Ouest, les guérilleros marxistes d'Érythrée, musulmans d'Afganistan et Khmers rouges du Cambodge, ont perdu de leur attrait... Ils sentent bien qu'ils sont devenus inutiles voire gênants pour l'Occident. Pour autant ils n'entendent pas qu'on les lâche et s'accrochent plus que jamais aux populations qu'ils contrôlent. La machine de guerre, entretenue depuis dix ans, vit de sa vie propre. Ceux qui ne recueillent plus de soutien volontaire sont bien décidés à en susciter au besoin par la force. Nous assistons à la généralisation du modèle palestinien. Et la prolifération de nouveaux conflits charge toujours davantage la barque (réfugiés récents du Liberia, de Somalie, en premier lieu). Le HCR est au bord de l'éclatement.

L'archipel de réfugiés est un facteur d'instabilité durable au Sud. Trente ans de guerre froide dans le tiers monde a produit cette misère d'un type nouveau constituée par des millions de gens déracinés, victimes d'abord d'avoir migré puis de ne le pouvoir plus, exclus de tout sauf des trafics et de la guerre.

De la misère de ces victimes des frontières, je voudrais, d'un mot, rapprocher le sort fait aux nomades un peu partout et en particulier en Afrique. Rien n'indispose un bureaucrate comme la liberté de ces errants. Pour un militaire posté à sa frontière, quelle plus terrible insulte que la souveraineté du nomade : il la porte en lui et la répand sur la terre qu'il traverse. Les tribus qui, au Sahara, allient une liberté fraternelle et une impitoyable féodalité de mœurs (les Noirs du Sahel restent à leurs yeux des fils d'esclaves) sont irréductibles à une catégorie scientifique de l'Histoire. Les dialecticiens dogmatiques-

du Mali ou du FLN algérien pouvaient difficilement s'accommoder de leur existence. La sédentarisation était le moyen de les réduire, quitte à les assassiner. La politique soviétique des années trente à l'égard des nomades Kazakhs (qui a fait plus d'un million de morts) fournissait un excellent modèle... Les Touaregs sont passés aujourd'hui à la révolte armée. N'oublions pas que, depuis vingt ans, dans l'indifférence générale, ils ont eu à subir des vexations et des agressions ayant pour but de les fixer de force. Ils ont connu de véritables déportations, l'enfermement dans des camps, la résidence forcée dans des bâtiments en béton au pied desquels ils persistaient à planter leurs tentes, pour y coucher. Ces nomades enfermés ne sont pas des réfugiés. Mais ils font partie du même archipel : celui des migrants bloqués, victimes de haines invisibles et de sollicitudes dévoyées.

LA NOUVELLE PLÈBE FRUMENTAIRE

L'autre archipel produit par ces trente années de « développement » est celui des bidonvilles. Abidjan 1955 : 125 000 habitants. 1985 : 2 millions et demi. Dans le même temps Mexico atteint 18 millions (doublement en vingt ans) [9]. Dans les livres, les articles, les conférences internationales, on présente en général cet accroissement urbain en terme global et on mentionne ensuite, comme un phénomène parmi d'autres, « la profusion de l'habitat précaire ». C'est une déformation patente de la réalité. Il faut dire et répéter que la croissance urbaine du tiers monde est d'abord de façon prépondérante la croissance des bidonvilles. Le centre des villes est stable, les classes moyennes ont des taux de fécondité faibles. Le gigantisme de la ville vient de sa part misérable. Qu'on l'appelle bidonville, slum (en Inde), favela (en Amérique latine), chiffonville (Sahel), c'est cette face de la ville qui enfle régulièrement. Entre 30 et 40 % des habitants de Bombay, Calcutta, Dehli sont installés dans des bidonvilles. Cette population croît plus vite que la population urbaine totale. L'exode rural continue de participer en moyenne pour la moitié à la croissance urbaine. 144 000 migrants arrivent à Dehli chaque année. Calcutta en recevrait 2 000 par jour. Dans ces villes où, comme à Abidjan, un adulte sur deux n'a pas d'emploi, ces masses rurales fraîchement arrivées ne s'insèrent que dans les zones misérables. Parfois même, elles ne trouvent aucun habitat et restent dans la rue, comme le font environ 200 000 personnes à Calcutta, qui dorment par terre dans des cartons [10].

La migration vers les villes a des causes variées qu'une énorme littérature a analysées : structures agraires inadaptées, politique agricole désastreuse, dégradation du biotope, industrialisation prioritaire, effet d'attraction propre des mégapoles, etc.

La décision de migrer est, à l'origine, une réaction adaptée. Devant les pénuries, le danger, les mauvaises conditions économiques ou politiques, la fuite est « une issue périlleuse mais raisonnable » [11]. Mais dans sa fuite, le paysan va rencontrer la ville, comme le réfugié avait rencontré la frontière. La migration va s'en trouver déviée, dénaturée et bloquée.

La ville, particulièrement les grandes mégapoles, introduit une perturbation fondamentale dans le mouvement migratoire. On ne va plus d'une campagne vers une autre : tout mouvement se termine nécessairement en ville. Dans le sertão de Bahia, une action de perfectionnement des techniques agricoles avait été mise sur pied conjointement par la coopération française et les organismes publics brésiliens. Une série de grandes affiches avaient été réalisées qui indiquaient aux paysans, comment mieux gérer un troupeau, accroître les rendements des vergers, mener une irrigation. Les tableaux étaient couverts de flèches et d'illustrations variées. Tous comportaient, en bas à droite, une petite case qui indiquait « l'échec ». Si le paysan ne suivait pas les conseils prodigués, c'est là qu'il était inéluctablement conduit. Dans cette petite case était simplement écrit : São Paulo.

Le choix est en effet binaire : rester ou, si l'on ne peut, aboutir dans la mégapole aspirante qui exerce son effet d'attraction à près d'un millier de kilomètres à la ronde. Il est bien connu que l'exode rural au Sud ne se fait pas au profit des petites et moyennes agglomérations. Elle concerne essentiellement les grandes, selon un processus de macrocéphalie qui s'organise en cercle vicieux : plus la ville croît, plus son effet d'attraction s'exerce, au détriment des villes intermédiaires, ce qui augmente encore son poids relatif et son attraction, etc.

Le bidonville est une trappe, une situation d'éternité provisoire. Comme les réfugiés, le migrant des villes rêve un « troisième pays », en général l'Amérique, auquel il ne parviendra jamais. Les pays du Nord s'alarment du « raz de marée » que représentent quelques centaines de milliers de migrants clandestins annuels. Mais le seul secteur urbain du tiers monde s'accroît pendant la même durée de quarante millions d'êtres. Pleine de ses rêves de prospérité, l'immense masse des migrants du tiers monde est captée par l'archipel de ces bidonvilles.

Piégés, les habitants des bidonvilles le sont aussi vers l'arrière : le retour à la campagne est inconcevable. Rapidement, des générations naissent en ville, perdant toute culture rurale si d'aventure les parents en avaient une (la qualification de la première génération de migrants est souvent faible : coupeurs de canne, ouvriers agricoles). La fécondité reste élevée dans les bidonvilles : le déracinement se reproduit lui-même. L'archipel a sa propre puissance multiplicatrice. D'autant plus que si les comportements en matière de reproduction restent identiques à ce qu'ils étaient à la campagne (l'éducation restant la carence principale), la mortalité infantile, en général, baisse. C'est un signe, parmi d'autres, d'une forme de confort relatif qui rend, malgré tout, la vie des bidonvilles préférable à la vie des campagnes. Là s'installe une sorte d'équilibre de la pauvreté. Galbraith a nommé et décrit ce phénomène d'« accommodation » à la misère. Mais l'explication qu'il en donne néglige un facteur essentiel, qui en fait toute la singularité : le bidonville est une société du spectacle. Toutes les lumières de la prospérité, le favellado, l'habitant du slum ou même le mendiant errant les voit. Il n'a pas la richesse mais il se repaît de la contempler. Au Brésil, des shows télévisés de la chaîne Globo, l'une des meilleures du monde, étalent leur incroyable luxe sous les yeux des populations des bidonvilles. Les appareils de télévision constituent dans les favelas une dépense prioritaire. Dans les plus sordides retraits de carton, sur des sols de boue sèche, on voit trôner la machine, allumée des heures entières.

Tous les héros des *novelas* (feuilletons) sont riches, beaux, en pleine santé. Ils se désolent pour la perte de quelques milliers de dollars et s'offrent, à la moindre occasion, des parures de bijoux. Et pieds nus sous des huttes, on les regarde avec attendrissement.

Dans la ville, quand il circule, l'habitant des bidonvilles voit les riches, il côtoie leurs voitures, les hôtels où vont les étrangers. Il y a une jouissance, incompréhensible pour nous, à vivre dans les interstices d'une richesse dont on ne profite pas, dont on est l'esclave mais qui fait mépriser la campagne, son obscurité, son silence, ses mœurs simples.

Au spectacle de la grande ville s'ajoutent les occasions qu'elle procure : occasion de travail dans le secteur informel, cette économie parallèle de revente, de trafic, de service ; occasion de rencontre et pourquoi pas de départ (un étranger, un riche, peut voir une fille, la désirer, l'emmener) ; occasion de vol, agression ou petit larcin. L'habitant des bidonvilles vit dans une sorte d'oisiveté vigilante. Il ne fait rien mais est prêt en permanence, prêt à rien, à tout, comme si la migration qui l'avait conduit là, ce déracinement jamais conclu, était en suspens ; comme si son mouvement n'avait connu, dans le piège de la ville, qu'une pause et pouvait, à tout moment se transformer en nouveau départ.

Les trente glorieuses du développement ont à la fois produit une énorme accélération des phénomènes migratoires à l'intérieur du Sud et une capture, un blocage des populations qu'elles avaient mises en mouvement. Les deux archipels de la misère, celui des réfugiés et celui des bidonvilles, regroupent des masses qui sont moins définies par leur origine que par l'état de dépendance dans lequel elles sont tombées. Cette nouvelle misère n'a plus le caractère rural, dispersé, parcimonieux des masses paysannes. C'est la misère coagulée, agglomérée d'une plèbe frumentaire qui ne survit que par des libéralités, des dons. La plèbe frumentaire vivait à Rome de céréales vendues à bas prix ou gratuites. On ne peut mieux souligner la profondeur de la dépendance de ces masses : c'est d'aliments et du plus élémentaire d'entre eux qu'elles ont besoin. Elles les obtiennent par des dons, incapables de se les procurer autrement. Il ne s'agit pas de confort, mais de survie.

Les réfugiés constituent une plèbe frumentaire officielle. Le HCR et les organisations caritatives ont la mission de les prendre en charge, de les nourrir directement. Dans la plupart des camps, les réfugiés n'ont pas le droit de travailler, ils ne cultivent rien, n'ont pas de ressources monétaires. Les mouvements politiques qui les organisent les maintiennent volontairement dans une dépendance qui provoque l'assistance internationale, donc un profit possible.

Les masses urbaines ne sont guère plus autonomes. Elles n'ont aucune activité agricole, même si, ici ou là, dans les grands bidonvilles, on voit courir des cochons de lait ou des poules. En ville, les comportements alimentaires changent : les céréales prennent une importance majeure [12]. Les villes mangent du pain. Quelles que soient les habitudes alimentaires d'origine, les migrants tombent dans une consommation stéréotypée, grise, desséchée : les céréales. Au Sud, les gouvernements doivent les subventionner : leur prix bas est une condition de stabilité pour les bidonvilles. Les dirigeants les plus imprudents demandent aux campagnes de payer pour les villes en maintenant des prix insuffisants à la production. Les paysans préfèrent alors cultiver du khat, de la coca ou du pavot. Si on ne le leur permet pas, ils migrent en ville et aggravent encore les choses. L'outil agricole répond mal, le plus souvent, aux exigences urbaines : il existe une corrélation nette entre le taux d'urbanisation d'un pays et le niveau de ses importations alimentaires, principalement des céréales [13].

LA PLUS GRANDE CULTURE UNIVERSELLE

La plèbe des archipels de la misère possède sa culture propre. Oscar Lewis, en étudiant des familles pauvres de Mexico, a eu l'intuition que cette « culture des pauvres » est universelle et transcende les distinctions régionales, rurales ou urbaines et même nationales [14]. Elle vaut à Rio comme à Glasgow, aujourd'hui comme au XVIe siècle lors de la conquête espagnole qui déplaça en masse les paysans mexicains.

La culture des pauvres telle que la définit Lewis ne concerne pas les peuples primitifs « qui possèdent une culture relativement intégrée, satisfaisante et qui se suffit à elle-même » [15]. Ce n'est pas non plus la culture de la classe ouvrière, du prolétariat ou de la paysannerie dont la « situation économique est très variable selon les pays du monde ». La culture des pauvres est celle des masses déplacées, déstabilisées, arrachées à leurs relations traditionnelles et qui vivent dans une situation de dénuement et de dépendance. La grande intuition de Lewis est d'avoir vu que cet état de misère, cette vie de taudis n'est pas une phase transitoire ou temporaire. « La culture des pauvres est souvent une condition persistante, même à l'intérieur de systèmes sociaux stables [16]. »

Cinq familles, maître livre d'Oscar Lewis, date de 1959 [17]. A cette époque la culture des pauvres existe déjà dans le Sud. Pour la plupart des théoriciens économiques, elle est le stigmate d'un retard que le développement devra combler. Mexico en 1960, c'est Londres ou Paris au XIXe siècle. Le progrès condamne ces scories de misère à disparaître. Le génie de Lewis est d'avoir pressenti l'autonomie de la misère, sa constitution en un monde opaque, insistant et clos. Les trente années qui ont suivi ont confirmé cette intuition avec éclat. Ces trois décennies de développement économique n'ont pas affecté la pauvreté, elles l'ont multipliée. Les archipels des réfugiés et des bidonvilles constituent la plus grande masse dépendante de l'Histoire humaine. Près d'un milliard d'hommes vivent aujourd'hui cette culture de pauvres.

On ne peut mieux définir les caractères économiques, psychologiques et sociaux de cette culture qu'en reprenant les formules mêmes de Lewis : « Les données économiques les plus caractéristiques de la culture des pauvres sont la lutte constante pour la vie, le sous-emploi, le chômage, les bas salaires, une variété d'emplois non spécialisés, le travail des enfants, l'absence d'épargne, une pénurie chronique d'argent liquide, l'absence de réserves de nourriture dans les foyers, l'habitude d'acheter de petites quantités de nourriture plusieurs fois par jour, au fur à mesure des besoins, la mise en gage des biens personnels, l'emprunt à des prêteurs locaux moyennant un taux usuraire, des systèmes de crédit spontanés et non officiels (tandas) organisés par des voisins, et l'usage de vêtements et de meubles d'occasion.

» Parmi les autres caractéristiques sociales et psychologiques, il y a celles de vivre dans des quartiers à forte densité de population, le manque d'intimité, l'esprit grégaire, l'alcoolisme, le recours fréquent à la violence pour régler les querelles, les châtiments corporels pour les enfants, battre sa femme, l'initiation précoce à la vie sexuelle, l'union libre ou le mariage consanguin, l'abandon relativement fréquent de l'épouse et des enfants, une tendance au matriarcat et une union plus étroite avec les membres de la famille du côté maternel, la prédominance de la famille souche, une forte prédisposition à l'autoritarisme, et l'accent mis sur la solidarité familiale – idéal rarement atteint. On note en outre une préférence pour le présent, accompagnée d'une relative impossibilité à remettre les plaisirs ou les projets au lendemain, un sens de la résignation et un fatalisme fondés sur les dures réalités de leur existence, la croyance en la supériorité masculine qui atteint sa cristallisation dans le *machismo* ou culte de la masculinité, et sa conséquence chez la femme, le complexe du martyre ; enfin, une tolérance générale pour tous les cas de psycho-pathologie [18]. »

Cette civilisation des archipels, telle que nous venons de la résumer, a plus progressé que toutes les autres. Elle mérite au moins autant que la civilisation rationnelle, technologique et consommatrice, d'être regardée comme la création majeure de ce siècle.

Dans cette culture des pauvres, la violence est le mode naturel d'échange aussi bien à l'intérieur des familles que dans les relations sociales marquées par l'inégalité.

Jésus Sanchez raconte à Lewis : « Vous connaissez cette histoire de deux types qui jouaient aux cartes et l'un avait deux as et l'autre demande : “ Qu'est-ce que tu as ? – Deux as et toi ? – Deux pistolets. ” Alors il dit : “ D'accord, c'est toi qui a gagné [19]. ” »

L'essentiel dans les archipels est d'avoir deux pistolets.

Dans les camps de réfugiés, la contrainte est exercée par les mouvements politiques. Les masses dépendantes qu'ils administrent obtiennent tout à travers eux, moyennant une stricte allégeance. Cette prise de contrôle politique des camps de réfugiés n'est plus à démontrer. Les témoignages abondent et le procédé a parfois été poussé jusqu'à l'horreur. C'est le cas, en particulier, dans les camps contrôlés par les Khmers rouges. Les populations qu'ils administrent sont réduites en esclavage. La communauté occidentale n'a rien dit pour s'y opposer, trop heureuse de disposer d'une force militaire capable de s'opposer aux Vietnamiens. Aujourd'hui, nul n'a envie de voir les Khmers rouges revenir à Pnom Penh. On commence à s'inquiéter de leurs méthodes : elles durent depuis plus de dix ans [20]. Dans d'autres régions, les rapports entre réfugiés et autorités politiques sont moins violents. Néanmoins l'endoctrinement, la conscription forcée, un réseau complexe de délation, de surveillance, en un mot de contrainte, est chose courante.

Dans l'archipel des bidonvilles, la violence s'exprime sous deux formes élémentaires : la délinquance et la corruption qu'il vaudrait mieux élargir à la notion de clientélisme. Jean-François Bayart a magistralement montré à propos des sociétés africaines contemporaines à quel point délinquance et corruption sont partie intégrante de la structuration politique des États. Le concept de « politique du ventre » résume bien ces relations violentes, où tout se résume à l'acquisition des richesses et non à leur production. La politique du ventre « est une affaire de vie ou de mort. De vie si l'on parvient à prélever sa part du " gâteau national " sans se faire prendre. De mort si l'on doit se contenter d'un hypothétique salaire qui nourrira la famille les trois premiers jours du mois [21] ».

Dans ces sociétés sans production que sont les archipels, la lutte pour le contrôle de la richesse résume tout. « Contrairement à ce que veut une imagerie ingénue, la corruption, la prédation ne sont pas l'apanage des puissants [22]. » Entre la délinquance qui est pure manifestation de violence pour acquérir un bien (par le vol, l'assassinat) et le clientélisme qui est une violence organisée des gros sur les petits pour assurer le contrôle du pouvoir et donc des richesses, la parenté est étroite. Le clientélisme politique prend différents aspects suivant les périodes. En campagne électorale, il revêt dans le tiers monde des allures caricaturales. Au Brésil, pendant les élections municipales, chaque conseiller d'arrondissement mène sa propre campagne. Des troupes misérables sont engagées pour des sommes modestes, et animent des défilés sur des rythmes de samba. Les tee-shirts que distribuent les candidats sont portés bien après l'élection : ceux qui les reçoivent n'en ont souvent pas d'autres. Le dénuement des populations est tel que les sommes dépensées pendant la campagne permettent de procéder à de véritables achats d'électeurs. Une fois l'élection acquise, le clientélisme se poursuit sous des formes plus discrètes qui vont de l'aide financière à l'élimination physique des récalcitrants ou gêneurs.

Délinquance et clientélisme peuvent rester éparpillés, anarchiques ou, au contraire, se grouper, s'organiser, s'internationaliser. Une telle intégration de la prédation et de la violence nécessite d'importants moyens. Seul le trafic de drogue est à même de les apporter. Dans certaines parties de l'archipel, l'organisation criminelle autour de la drogue est réalisée. C'est le cas, par exemple, en Colombie. Menée à son terme, la criminalisation de la vie sociale débouche sur le contrôle politique : intrication du personnel politique et des trafiquants, liens avec un mouvement révolutionnaire.

Par là, l'archipel des bidonvilles et celui des réfugiés se rejoignent. Dans les deux cas, un mouvement politique violent coiffe la cascade des relations de clientèle. Oscar Lewis notait déjà : « Une attitude critique à l'égard de certaines valeurs et institutions des classes dominantes, la haine de la police, la méfiance à l'égard du gouvernement et des personnalités haut placées et un cynisme qui s'étend même à l'égard de l'Église donnent à la culture des pauvres une qualité d'opposition et un potentiel utilisable dans les mouvements politiques dirigés contre l'ordre social existant [23]. »

Dans l'archipel, ces populations à la fois déracinées et enfermées, mises en mouvement et entravées, n'ont rien à perdre, rien à craindre. La violence qui les parcourt soutient un équilibre très fragile. Le risque est double. Soit les relations de contrainte internes se relâchent, la peur, les liens de dépendance et d'allégeance cèdent et l'on peut assister à une libération explosive, massive de la violence collective. Ce sont les émeutes dites « de la faim » dans le Nord-Est du Brésil qui sont, en réalité, la suspension inattendue de la résignation : la foule traverse la ruelle et va massacrer les chevaux dans leurs stalles luxueuses.

Soit les relations de contrainte s'organisent à l'extrême, s'intègrent sous la forme de puissantes organisations criminelles et/ou de mouvements politiques révolutionnaires. Dans ce cas, la violence potentielle de l'archipel peut s'exprimer de façon coordonnée. Dans le meilleur des cas cette coordination orientera l'action vers des formes classiques : attentats, lutte armée. Dans le pire, elle mettra en mouvement la masse entière : la guerre des pierres dans les territoires occupés de Palestine donne un avant-goût de ce que peut être cette mise en mouvement collective *et* organisée.

La culture des pauvres est nomade au sens que les Romains réservaient aux barbares : elle les dispose au déferlement. Elle les maintient dans un équilibre fragile où la violence peut à tout instant les mettre en mouvement.

Pièce à pièce, nous voyons se construire une image neuve du tiers monde dans laquelle le Sud tient le rôle des nouveaux barbares. Avec les *terrae incognitae* est apparue la première opposition : celle du connu et de l'inconnu, l'un progressant au Nord et l'autre, dans le mystère des zones interdites, devenant l'apanage du Sud. La démographie, en montrant le contraste entre peuples finis (au Nord) et peuples innombrables (au Sud) a délimité la ligne au-delà de laquelle les pires moyens paraissent légitimes pour contrôler la population. Enfin les archipels de la misère ont illustré le couple sédentaire/nomade qui distingue le Nord du Sud et crédite celui-ci d'une haute capacité de déferlement.

A ce point du bilan, les nouveaux barbares ne nous apparaissent encore que comme une masse inerte, passive, définie par des caractère négatifs : on la connaît mal, on ne peut pas la compter, elle n'est retenue par rien et a perdu son organisation traditionnelle. C'est dire que cette pâte s'offre à qui veut la pétrir.

Pomponius Mela, lorsqu'il décrit les confins du monde barbare, reconnaît leur passivité et avoue la terreur qu'il en conçoit. Les peuples les plus effrayants qu'il mentionne sont constitués d'hommes « qui ont la forme qu'on leur attribue ». De toutes les monstruosités qu'il décrit, celle-là est bien la plus inquiétante : ces hommes n'ont pas de forme propre, ils sont disponibles pour prendre celle qu'on leur donnera. Voilà sans doute le trait qui résume le mieux la nouvelle barbarie, au stade où nous en sommes de sa description : mystérieuses, anomiques, innombrables, déracinées, les masses du Sud ont été arrachées à leur premier équilibre. Elles se disposent, dans les immenses réservoirs de l'Archipel, à prendre la forme qu'on leur attribue. Elles se prêtent à la métamorphose, se plient à l'idée qu'on insuffle en elles.

Il va maintenant falloir parler d'idéologie, scruter les forces qui travaillent dans sa profondeur le monde barbare. Diverses, contradictoires, voire ubuesques, les idées politiques du Sud n'ont rien pourtant de folklorique ni de dérisoire. Elles irriguent des masses nombreuses, altérées de formes, prêtes à déchaîner leur violence ; il faut les juger sur leur puissance, non sur leur pertinence théorique. Derrière la diversité des idées politiques du Sud contemporain, nous allons voir maintenant comment elles peuvent être rattachées au même noyau : une volonté de rupture avec la pensée occidentale et rationnelle, fût-elle marxiste.

4

CRITIQUE DE LA MACHETTE DIALECTIQUE

Parmi ceux qui étaient partis pour la Haute Silésie, il n'y en avait pas un seul qui l'eût fait pour faire respecter la sainteté des traités. Pas un seul ne marchait dans nos rangs pour en appeler aux puissances de la civilisation, de la raison ou de la conscience universelle. Et si l'un d'entre nous voyait planer un droit éternel dans le ciel, c'était alors le droit de la jeunesse à chercher la justice dans la vengeance...

Ernst von Salomon, Les réprouvés

Bernanos, pendant la Seconde Guerre mondiale est au Brésil. Il rêve à sa terre natale et regarde autour de lui avec effroi ce sertão brésilien que traverse « un fleuve démesuré qui vient d'on ne sait où et vraisemblablement ne va nulle part, coule pour couler, roule pour rouler, sur des milliers de milles, à travers des lieues et des lieues carrées d'une terre dont on ne sait si elle est riche ou pauvre, où le pieu se change en arbre et l'arbre en pieu selon l'heure et la saison [1] ».

Voilà décrit de façon saisissante l'étrange mélange de stérilité et de fertilité du Sud, de son sol mais aussi de ses mentalités. Stérilité : des arbres, dit Bernanos, s'y changent en pieux. Ce dessèchement rapide et mortel des végétaux, certains hommes, certaines idées en sont victimes tout autant. Il suffit pour s'en convaincre de suivre les jeunes diplômés européens, l'esprit bardé de connaissances fraîches et utiles, quand ils débarquent en Afrique pour leur période de coopération. Ils sont encore bien rasés, levés tôt, pleins d'énergie, soldats vaillants du combat planétaire pour le transfert technologique. Six mois suffisent en général pour que la moiteur, l'inertie, une sourde hostilité aient raison de leur première ardeur. Ils repartiront la peau cuite, les épaules élargies par les sports nautiques, émus au souvenir d'expériences charnelles qui réchaufferont toute la suite de leur vie sexuelle. Mais ce qu'ils avaient appris et qui donne au Nord de si beaux arbres (entreprise, productivité, rigueur scientifique, analyse financière, etc.) tout cela a séché sous le soleil vénéneux du Sud.

Ces arbres transformés en pieux, il y en a de nombreux exemples : depuis les technologies solaires qui jonchent, inutilisées, le Sahel, jusqu'aux principes de rigueur budgétaire, d'indépendance des pouvoirs sans parler tout simplement du préservatif. Le plus beau pieu m'a été montré en Tunisie par un chauffeur de taxi qui, aux carrefours, passait sans ralentir en klaxonnant : « Voyez-vous, me disait-il avec beaucoup de gravité, les feux rouges, chez nous, ça n'a pas pris. »

Mais Bernanos le note justement : le pieu aussi peut devenir un arbre. De vieilles idées qu'on croyait racornies, desséchées, reprennent là-bas force et vigueur. Le Sud a toujours attiré les prosélytes à la recherche d'une humanité primitive à convertir. En Amérique latine, les grands mouvements de pensée ont l'allure d'un calendrier maritime : au XVIe siècle, les bateaux portugais et espagnols apportent la contre-réforme ; 1793 : la guillotine danse sur la mer des Sargasses à la proue d'un navire de la République. Les Lumières, les idées antiesclavagistes et la terreur jacobine prennent pied ensemble sur le continent.

1807 : la flotte du Portugal accoste à Rio, emmenant le roi et sa Cour qui fuient devant Napoléon. Elle apporte des idées de souveraineté et de nationalisme, qui ouvrent l'ère de l'indépendance. 1922, la semaine d'Art moderne de Sao Paulo marque l'entrée en force des idées surréalistes et modernistes. 1959, le *Granma* débarque Castro et quatre-vingt-dix-huit de ses camarades sur les côtes cubaines...

Mais une fois injectée au Sud, une idéologie, une religion vit de sa vie propre, mystérieuse, inattendue. Pendant qu'elle dépérit en Europe, elle trouve parfois au Sud une vigueur à contretemps. L'art baroque par exemple a atteint l'Amérique latine quand il était déjà à son apogée en Europe. Il a connu là-bas une longue fortune : le dernier grand sculpteur baroque du Brésil, Aleijadinho, est contemporain de Napoléon.

Nous avons l'impression d'observer en ce moment dans le domaine des idées, un décalage analogue. Tandis qu'au Nord les idéologies se sont peu à peu desséchées jusqu'à devenir des pieux rebutants, au Sud, elles fleurissent, poussent, s'épanchent en fanatismes inouïs, et ces radicalismes puissants influencent en retour l'Europe où, du coup, les intégrismes reprennent vigueur.

Le tableau idéologique du Sud ressemble à un caravansérail de recettes usagées. Restons en Amérique latine : au Pérou, le pays tremble sous les coups d'un mouvement maoïste (le Sentier lumineux) et d'un autre qui se déclare adepte de Guevara. Dans la jungle colombienne voisine, le mouvement Ayllu Rojo se réclame d'un indianisme proche des expériences paraguayennes du XIXe siècle. On croyait pourtant que ces idées avaient reçu des démentis définitifs de l'Histoire. En Argentine, l'increvable poujadisme local, le peronisme, a permis l'élection d'un inconnu qui mène, d'ailleurs, une politique contraire à son programme. Au Brésil enfin, au moment même où l'URSS revenait officiellement à l'économie de marché,

Ignacio Lulla da Silva, leader d'un mouvement marxiste radical, le Parti des Travailleurs (PT), perdait de quelques points l'élection présidentielle. Les dirigeants du PT que je rencontrai pendant cette campagne avaient une ardeur dialectique remarquable : « Si le communisme se réforme, en Europe de l'Est, disaient-ils, c'est donc bien qu'il est un régime démocratique. » Il s'en fallut de très peu qu'au moment où un pays de 280 millions d'habitants tentait de sortir du communisme, un autre de 180 millions n'y entrât.

Tout ceci n'est rien à côté de la stupeur avec laquelle le Nord observe les résurgences de l'intégrisme religieux et les péripéties du nationalisme dans les États post-coloniaux. Les opinions publiques des pays développés voient dans ces images venues du Sud la résurgence d'un autre âge : la guerre Iran-Irak apparaît comme une triste reprise de la Guerre de 14-18 et le fondamentalisme religieux semble ramener « au Moyen Age ». Si ces phénomènes ne sont pas trop menaçants, ils prêtent à rire. Marx disait que « les grands événements historiques se répètent pour ainsi dire deux fois : la première fois comme tragédie, la seconde fois comme farce [2] ». C'est sur un mode qui a paru bouffon que Bokassa s'est fait sacrer à la manière de Napoléon, ou qu'Idi Amin Dada a pris le personnage d'un Hitler africain.

A l'archaïsme de ces mentalités paraît s'ajouter l'incohérence, la contradiction. Les Noirs d'Afrique du Sud demandent la responsabilité d'un État multiracial et se déchirent en luttes tribales ; les dirigeants arabes se réclament de la communauté de l'Islam tout en défendant la souveraineté de chacun des États entre lesquels elle est divisée ; Lulla, marxiste brésilien luttant contre un pouvoir libéral, se compare à Walesa, nationaliste polonais opposant d'un régime marxiste [3]. Saddam Hussein, leader baasiste laïc, appelle à la guerre sainte.

Aujourd'hui, pour le Nord, le Sud apparaît comme une

sorte de gigantesque poubelle des idéologies périmées. Elles y croissent dans la plus grande incohérence, comme des répliques monstrueuses ou bouffonnes de leurs originaux.

LES IDÉOLOGIES DE RUPTURE

Il faut s'opposer énergiquement à cette opinion. Cette vision est fausse, superficielle et elle fait obstacle à une compréhension plus profonde des véritables évolutions idéologiques du Sud. Elle le réduit à la passivité et ne voit en lui qu'une civilisation de la copie, copie sophistiquée (comme les imitations technologiques pirates que réalisent Taïwan, la Corée du Sud ou le Brésil) ou copie primaire et méprisée, inépuisable sujet des abjectes plaisanteries coloniales ou post-coloniales sur l'aptitude, de l'Africain en particulier, à « singer le Blanc ».

Le Sud ne se contente pas d'imiter même s'il capte des influences venues d'Europe ou des États-Unis : il transforme et crée. Il utilise les moyens idéologiques venus du Nord pour mener ses propres stratégies. C'est cette créativité que Oswalde de Andrade, dès 1928, revendiquait dans son *Manifeste Anthropophage* [4]. Le Sud dévore, les idées comme les hommes, il se les incorpore, les transforme.

Dans le domaine culturel, c'est désormais une chose parfaitement admise : la vigueur créative et anthropophagique de la musique des Caraïbes, brésilienne, africaine l'a démontré. Dans le domaine politique, un même processus est à l'œuvre. Sur les éléments d'importation travaille un esprit propre au Sud.

Si nous avons pu si longtemps l'ignorer, c'est à cause de l'extraordinaire monopole que le marxisme a exercé sur le tiers-mondisme pendant trente ans. La thématique « internationaliste anti-impérialiste » a fait croire un peu vite que les luttes du tiers monde étaient des avatars colorés du socialisme. Il est bien clair aujourd'hui que cette proposition doit être renversée : c'est en vertu de circonstances historiques particulières (et éphémères) que le combat politique dans le tiers monde a pris la forme de mouvements révolutionnaires de type bolchevique. Pour observer la soudure provisoire de ces deux entités (les conditions de la révolte dans le tiers monde et l'idéologie marxiste), il faut revenir aux grands textes fondateurs.

J'ai relu Fanon. Après son immense et sulfureuse gloire, il est retombé sinon dans l'oubli du moins dans l'indifférence. Reprendre *les Damnés de la Terre* est émouvant comme un pèlerinage [5]. L'objet lui-même est une relique. J'ai retiré à la bibliothèque des Sciences politiques un des exemplaires de ce petit livre avec sa fameuse préface de J.-P. Sartre. En l'ouvrant, je l'ai trouvé surchargé de notules manuscrites, souligné, corné, encadré, hachuré. Pour des générations d'étudiants du tiers monde, pour ceux qui séjournèrent dans les parages des marxistes français, ce petit texte fut un missel, le viatique de leur parcours politique. Et l'on ne peut s'empêcher d'imaginer que ces traits, ces griffonnages passionnés sont peut-être de la main de Hissen Habré ou du jeune Pol Pot.

Cette bible, il ne faut pas seulement la regarder, il faut la lire. On découvre alors une contradiction manifeste, aveuglante, l'amalgame de deux pensées distinctes et opposées dont l'explosion retardée survient aujourd'hui.

Dans la pensée de Fanon, deux actions se mêlent, bien distinctes. La première est ce qu'on pourrait appeler le jaillissement spontané du colonisé. L'idée est de « faire sauter le monde colonial, de s'engouffrer dans les villes interdites » ; « d'assumer et de revendiquer la violence qui a présidé à l'arrangement du monde colonial ». La relation dominant/dominé doit s'inverser brutalement. Le colonisé, « ce persécuté qui rêve en permanence d'être persécuteur », décide soudain d'agir, d'être l'Histoire en acte. Cette partie « spontanée » n'occupe que peu de place dans le livre. Elle en est pourtant le seul moteur. La deuxième phase occupe tout le reste de l'ouvrage. C'est la prise de contrôle de cette énergie, de ce jaillissement, par une méthode révolutionnaire qui doit lui faire prendre une direction : l'édification du socialisme. Cette seconde phase est justifiée par les risques de déviation bourgeoise et nationaliste du mouvement s'il reste spontané. Pendant trente ans, l'orthodoxie a été respectée : la part marxiste, positive et organisée, l'a emporté sur la part spontanée. La différence de nature profonde entre ces deux phases est restée dans l'ombre. Aujourd'hui, l'alliance éclate. Pourquoi ?

D'abord à cause des désillusions créées par les expériences de socialisme réel dans le tiers monde : expériences partielles comme celles des militaires progressistes péruviens de 1968 à 1975 et de la prise de responsabilités locales par le PC (Barrantes, maire de Lima) ou expériences totales comme la soviétisation de l'Éthiopie à partir de 1977. Ces passages à l'acte ont révélé que le marxisme était une idéologie de l'ordre, de la rationalité, de l'effort et de la frustration. En d'autres termes, le marxisme est un autre masque blanc. Il débarrasse du grand propriétaire mais non de l'exploitation. Il prône l'internationalisme et n'assure pas au colonisé la restitution de sa culture aliénée. Et finalement avec la réconciliation Est/Ouest en cours, il prouve que dans sa version bolchevique, il n'était qu'une autre forme de la raison occidentale et du colonialisme culturel.

Ici est la fracture entre cette pensée marxiste, positive, orientée vers l'édification d'un monde organisé et harmonieux (quelles que soient les difficultés rencontrées sur cette route) et d'autre part, le premier mouvement du colonisé. « Dans son jaillissement, la décolonisation est rupture avec la sentinelle vigilante qui (dans le cerveau du colonisé) est chargée de défendre le socle gréco-latin. Pendant la lutte de libération, au moment où le colonisé reprend contact avec son peuple, cette sentinelle factice est pulvérisée. Toutes les valeurs méditerranéennes, triomphe de la personne humaine, de la clarté et du Beau, deviennent des bibelots sans vie et sans couleur [6]. »

Par rapport à ce mouvement initial, le projet marxiste n'est qu'une déviation. On observe, aujourd'hui, un retour à une forme d'action qui se cantonne strictement à la phase pure de libération. Le marxisme perd son intérêt en tant que rationalité imposée. Le mouvement idéologique du Sud contemporain ne s'est pas construit « vers » mais « contre ». L'absence de rationalité qui donne une apparente incohérence est en réalité volonté de rupture avec la rationalité. Le cri de Fanon qui plaisait tant à Sartre est le nouveau et dernier mot d'ordre :

« Quand un colonisé entend un discours sur la culture occidentale, il sort sa machette [7]. »

Le marxisme scientifique, comme matérialisme historique, fait à l'évidence partie désormais de la culture occidentale. Comme tel, il mérite la machette.

L'activité révolutionnaire du tiers monde contemporain retourne à la phase originelle, jaillissante de Fanon. Elle est débarrassée de l'inutile littérature sur les déviations, les risques, les contraintes du révolutionnaire. Réduite à son mouvement premier, le plus pur, elle ne craint ni les déviations, ni les risques et ne supporte pas de contrainte. Elle est caractérisée par quelques principes simples :

– Abandonner les distinctions abstraites prolétaires/exploiteurs et même colonisateur/colonisé pour se limiter à l'exaltation d'une opposition concrète dominant/dominé. Il faut désigner un ennemi simple et proche : grand propriétaire, narco, policier, tribu voisine, religion rivale, gouvernement en place. C'est en face de cette force très quotidienne, visible et connue que le dominé prendra conscience de sa haine.

– Préserver le flou sur l'avenir. A considérer l'avenir, on risque de s'imaginer soi-même victime d'une terreur instaurée en système. Pour l'éviter, il faut tout centrer sur l'acte révolutionnaire, détourner l'attention de sa suite. Le but est concret. Il est politique : c'est la révolution centrée sur la figure honnie du dominant.

– Légitimer la violence et même la terreur dont on a vu qu'elle constitue le moteur essentiel du persécuté qui veut devenir persécuteur. Cette terreur s'épanchera tout à fait dans l'élimination de l'oppresseur puis apportera l'apaisement.

– Autoriser la négation des valeurs gréco-latines : culture scientifique, progrès technique, Droits de l'Homme, démocratie politique, liberté des mœurs, et surtout la rationalité économique, le carcan partagé par le malthusianisme scientifique et le FMI.

– Utiliser la part léniniste jacobine de l'action révolutionnaire non pas comme avant-garde de la société future, mais comme chef d'orchestre de l'action révolutionnaire, comme un simple outillage de la haine.

– Recourir au registre culturel local : mythes, religions, superstitions. Là est probablement l'essentiel. Au jargon marxiste, il faut substituer – ou mêler – des images qui parlent à l'esprit de ceux qu'on veut mobiliser. C'est dans les traditions locales qu'il faut chercher les gâchettes mentales, celles qui déclenchent la révolte, la haine et l'obéissance au chef. Car toutes les cultures en sont pourvues et la grande erreur du tiers-mondisme raisonneur a été de ne pas savoir les découvrir.

Le premier exemple – triomphal – de ce nouveau type de mouvement est l'Islam chiite révolutionnaire de Khomeyni. Dans l'histoire de l'opposition au Shah, on retrouve nettement la trace de cette rupture. Les islamistes comme les marxistes ont été longtemps enfermés dans l'idéologie complète de Fanon, celle qui englobe le jaillissement du colonisé dans un discours sur le sens de son action et la révélation de ses fins. Pour les marxistes, cette attitude prenait la forme de longues analyses sur le rôle de l'Iran du Shah dans les stratégies de l'impérialisme au Moyen-Orient. Pour Khomeyni, elle inspirait ses prêches sur la défense de l'Islam et de ses valeurs. Aucun succès. La rupture est venue, quand en exil à Bagdad, aigri par l'âge et doucement inspiré de démagogie, l'imam s'orienta vers une prédication très concrète de la haine : haine contre le Shah, haine contre les juifs, haine de la transformation sociale, haine de la démocratie [8]. Jamais, dans toute la révolution – et au-delà – il ne précisera la forme qu'il entend donner à la société future [9]. La perspective est entièrement centrée sur l'inversion du rapport dominant/dominé, persécuté/persécuteur. L'ennemi est désigné et des cassettes de Khomeyni martèlent : « Il faut que le Shah parte. » La violence est légitimée, légitimation suprême puisqu'elle est commandée par Dieu.

La culture locale est utilisée de façon prédominante dans la révolution iranienne (le chiisme). Mais il ne faut pas oublier que cette révolution a été l'œuvre également des marxistes : les moudjahiddins ont prêté le concours de leur appareil léniniste et permis l'articulation de l'action insurrectionnelle. Dans la mise en place des premières instances gouvernementales, les marxistes ont joué un rôle important. L'un des personnages clé de cette révolution, Ali Shariati, était un admirateur passionné de Fanon. Tous ces hommes seront évincés par la suite au profit des islamistes purs.

LES MARXISMES SYNCRÉTIQUES

Dans la révolution iranienne, l'élément local (musulman) est au premier plan et occulte la participation des mouvements marxistes [10]. Ailleurs, la proportion est inverse et les marxistes continuent de mener le jeu. La disqualification du matérialisme scientifique pour canaliser l'action et la placer sous le contrôle de telle ou telle puissance étrangère (URSS, Chine, Albanie), bref la fin des succursales bolcheviques, ne signifie pas l'extinction du marxisme dans le tiers monde. Il garde au contraire un rôle de premier plan dans les nouveaux mouvements. Mais c'est au prix d'une considérable mutation : les marxismes révolutionnaires contemporains ont fusionné avec des formes de pensées locales (religion, superstition, tradition de révolte). Ils se sont constitués en marxismes syncrétiques.

Le Sentier lumineux est le meilleur exemple, surtout le mieux connu, de ce renversement de perspective. C'est au cours d'une séance publique à l'université d'Ayacucho, qu'Abimaël Guzman et quelques autres, professeurs et étudiants, annoncent qu'ils passent à la lutte armée. Cette décision fait suite à la série d'échecs qu'a connus le mouvement marxiste d'opposition révolutionnaire dans sa forme élaborée et classique à la fin des années soixante-dix. Le passage à la clandestinité dans le milieu andin de la région d'Ayacucho puis dans les bidonvilles de Lima va s'accompagner d'une double transformation radicale.

Le Sentier, dans la clandestinité, va prendre les traits des nouveaux mouvements idéologiques du tiers monde, nés sur les décombres du rationalisme révolutionnaire. Le marxisme y est réduit à un outil : il n'est que la justification et l'organisation de l'action immédiate et violente d'élimination de l'ennemi concret : narcos, sinchis [*], propriétaires [11]. Son mépris des Droits de l'Homme, son exaltation du meurtre vont de pair avec une haine du progrès, de la science occidentale (attentats contre des centres). Ce marxisme instrumentalisé est mêlé à la thématique millénariste des Indiens. Dans leurs légendes, le Pachacuti ou renversement du monde est un mythe

* Policiers auxiliaires.

extrêmement actif. De même la légende d'Inca Rey : le dernier Inca a été décapité par les Espagnols en 1572. Sa tête et son corps n'auraient pas été enterrés au même endroit. Ils chemineraient sous terre à la rencontre l'un de l'autre. Cette rencontre achevée, l'Inca Rey reviendrait venger les Indiens. Ces mythes sont utilisés par le Sentier qui a encouragé l'assimilation du président Gonzalo (Abimaël Guzman) à l'Inca Rey (de même que Khomeyni, sans l'affirmer lui-même, a laissé certains chiites considérer qu'il pût être « l'imam caché ») et dans la mise en scène de ses actions terroristes (plonger Lima dans l'obscurité, saboter les émetteurs radio, annoncer les ténèbres et le silence sidéral du Pachacuti) [12]. « Cette élévation du " Presidente Gonzalo " (Abimaël Guzman) à une condition " surnaturelle " est si grave que le président du Pérou lui-même a présenté à la télévision une cassette vidéo saisie au Sentier et montrant Guzman en train de boire et de chanter. Le but de l'opération était de convaincre le peuple que le leader révolutionnaire était en quelque sorte un homme comme les autres [13]. »

Pour autant, le Sentier n'est pas un indigénisme. Son idéologie ne s'applique pas à des populations indiennes immergées dans la culture traditionnelle des campagnes pour lesquelles les mythes sont ordonnés et forment un système cohérent. Il est surtout vivant pour les masses urbaines d'origine rurale, les habitants des bidonvilles de Lima pour qui « les croyances traditionnelles sont devenues superstitions et qui réinterprètent beaucoup plus rapidement les récits mythiques en fonction de l'actualité [14] ».

Les marxismes syncrétiques du tiers monde varient selon la population dans laquelle ils prétendent se fondre et selon le lien dominant/dominé qu'ils prennent pour pivot de l'action révolutionnaire violente. Pour les Khmers rouges par exemple, l'opposition sera entre ville et campagne et le syncrétisme portera sur les mythes de la civilisation d'Angkor (l'Angkar) [15]. Dans le cas des gouvernements marxistes d'Éthiopie, du Vietnam, de Cuba, la fin de leurs soutiens soviétiques a amorcé une métamorphose nationaliste : on a vu de la sorte le marxisme éthiopien opérer un syncrétisme avec la tradition copte antimusulmane et biblique. Ce virage nationaliste n'est pas sans rappeler le premier exemple de syncrétisme marxiste qu'a constitué à partir de Stalingrad la confluence de la perspective soviétique avec le nationalisme panrusse [16].

Derrière l'apparente incohérence des idéologies du Sud, on voit se dessiner un ordre caractérisé par un déclin et une apparition. Le déclin est celui des mouvements marxistes de type classique : prolétariens scientifiques, internationalistes. Ils subsistent dans des pays comme le Brésil ou le Chili où existe une structure de classe relativement différenciée et où l'absence d'expérience socialiste antérieure (ou leur martyr) laisse intact le crédit de ce type de solution.

L'apparition, c'est celle d'idéologies de rupture, conforme au premier stade de la révolte du colonisé telle que l'analyse Fanon. Elles sont particulièrement actives dans les masses de l'Archipel de la Misère où se vit concrètement et quotidiennement le rapport dominant/dominé. Ces idéologies de rupture s'édifient sur les deux piliers de la culture des pauvres que sont l'exaltation de la violence et l'effort de ces individus dépendants pour « essayer d'utiliser et d'intégrer les restes de croyances et de coutumes d'origine diverses [17] ». Le réaménagement révolutionnaire des croyances traditionnelles s'opère beaucoup plus facilement sur les masses de l'Archipel. Lorsqu'on observe le renouveau des phénomènes d'intégrisme, on voit nettement qu'il n'est pas le fait des éléments ruraux pour lesquels l'organisation des croyances est structurée de façon solide. Dans les villes, au contraire, les cultures traditionnelles figurent à l'état de lambeau, de bribes. L'anthropophagie qui les mêle est connue depuis longtemps : c'est de cette manière que les masses dépendantes de Bahia, venues soit de l'Afrique soit de l'intérieur (Indiens) ont mélangé leurs traditions, leurs croyances et leurs chants. L'anomie de l'Archipel rend très aisé ce syncrétisme, cette fusion des débris de la culture traditionnelle avec des scories de la vulgate marxiste révolutionnaire. La destructuration de ces sociétés dépendantes permet par ailleurs la création d'organisations communautaires nouvelles : l'islamisation par le bas dont parle G. Kepel [18] n'est rien d'autre que ce processus d'organisation et de recréation mentale d'un islam qui ne survivait dans ces masses déracinées qu'à l'état de relique.

Ces idéologies de rupture sont extrêmement diverses dans leur expression qui peut être à prédominance religieuse, mythique, ethnique, nationaliste. Mais ce qui les unifie, c'est une commune rupture avec « les idéaux gréco-latins ». La guerre du Golfe n'a certainement pas contribué à rendre plus populaire, au Sud, ces idéaux. En présentant la rationalité et la technique sous leur forme militaire, et qui plus est, dirigée contre un pays peu développé, elle risque d'accroître la haine et le rejet de ce productivisme, de cette rationalité qui sont déjà la cible privilégiée de la plupart des idéologies de rupture.

Il ne faut pas s'étonner de voir fleurir au Sud des idéologies qui ont été démenties par l'Histoire depuis longtemps ; elles fleurissent précisément *parce* qu'elles ont été démenties par l'Histoire. Si le Nord les a rejetées, si elles ont fait la preuve de leur incompatibilité avec « les valeurs gréco-latines », c'est donc qu'elles sont efficaces pour les combattre...

Partout dans l'Archipel, quelle que soit la relation dominant/dominé qui prévaut localement, un même processus s'amorce : la décolonisation, oui, la première décolonisation radicale. Elle ne substitue plus une pensée rationnelle (le marxisme) à la pédagogie coloniale. Cette fois la décolonisation du Sud se veut complète : elle l'entraîne *à l'opposé* du Nord, c'est-à-dire de l'Est et de l'Ouest désormais démasqués et confondus.

5

LE DROIT A LA GUERRE POUR TOUS

Une grande affiche intitulée « le bœuf » était autrefois placardée dans toutes les boucheries de France. Beaucoup s'en souviennent sans doute tant elle était saisissante : l'animal figurait en pied et tournait la tête vers les clients. Son corps tout entier était habilement reconstitué par l'assemblage des divers morceaux qu'on peut en extraire. Un empilement savant de filets, de steaks, de côtes, figurait les cuisses ; l'échine était une composition de tournedos, de gîte... Chaque partie valait à la fois pour le mort (les morceaux) et pour le vif (la silhouette d'ensemble). Sous ce simulacre, une double liste, également intitulée « le bœuf » énumérait en deux colonnes les morceaux « à braiser » et « à mijoter ». De toute la complexité de l'animal vivant, de l'organisation délicate de son anatomie, des subtilités de sa physiologie et de la chimie de sa chair, il ne restait plus que ces deux catégories : « à braiser », « à mijoter ».

Depuis trente ans, notre représentation des conflits du tiers monde est inspirée de cette vision charcutière. Avec la même ardeur, les atlas géopolitiques découpent l'Asie, l'Afrique, l'Amérique latine en zones « prosoviétiques » et « pro-occidentales ». Ce grand corps vivant, cette masse d'hommes en mouvement qu'est le Sud, sont réduits à la juxtaposition de deux sortes de morceaux : les bons et les méchants ; nos amis dont il faut déguster braisée la fidélité et les autres, les dangereux, qu'il convient de laisser mijoter dans le jus rouge de leur trahison.

L'aptitude à distinguer le Bien du Mal érigé en fin ultime de la philosophie, tout au moins par André Glucksmann, a rendu légitime, intelligent même, ce découpage. Pour les anciens marxistes, il ne saurait y avoir d'autre danger, d'autre réalité même, que l'objet toujours adoré de leur propre repentir. Le mal est un. C'est du moins ce qu'ils nous somment de penser. Le communisme soviétique est la force négative qu'il importe, une fois pour toutes, de reconnaître derrière tous ses travestissements. Les années soixante-dix ont apporté beaucoup de bonheur à nos limiers anti-totalitaires. Le communisme fit son entrée sur scène dissimulé sous de nouveaux oripeaux : l'Afghan, l'Éthiopien, l'Angolais vinrent heureusement renouveler la sinistre valse des Cubains, des Viets et des Chinois. Chaque fois, nos Saint-Antoine surent résister à ces apparitions et reconnaître derrière elles, le diable, toujours semblable en sa nature. Crise du Tchad, mouvements anti-apartheid, famine en Éthiopie ? Pas la peine de se déplacer pour comprendre de quoi il s'agit : il suffit de chercher le Mal et de saisir sa stratégie. Tout est dans *Que faire ?*

Cette forme de pensée, les pourfendeurs du Mal l'ont sucée à la même mamelle que ceux qu'ils dénoncent. La littérature marxiste « dépendantiste » dénie toute importance aux facteurs politiques locaux et cherche, à travers eux, à identifier le mal (d'en face) c'est-à-dire l'impérialisme et ses stratégies. L'un de ces théoriciens du mépris affirme par exemple : « L'État néocolonial, particulièrement dans le cas des colonies africaines de la France, n'est pas un sujet politique et ne pourra jamais l'être : c'est simplement un élément de structuration de l'espace africain par l'impérialisme français. Comme tel, il peut basculer sous la férule d'un autre impérialisme dans le cadre des redistributions périodiques de cartes auxquelles procèdent les impérialismes entre eux [1]. »

Jamais l'historicité des sociétés du tiers monde n'a été plus niée que ces quinze dernières années. Le déplacement de la lutte Est/Ouest vers le Sud a totalement occulté les rôles des acteurs locaux, ceux qu'on avait cru apercevoir au moment des guerres d'indépendance. Dans la pensée anti-impérialiste comme chez son rival anti-totalitaire, les tropiques ne sont qu'un échiquier où s'affrontent ces deux hypostases manichéennes. A un moindre niveau que les idéologues, mais dociles à leurs schémas, les géopoliticiens, humbles cartographes de cette lutte, firent le relevé détaillé des bases de l'Est et de l'Ouest, disséminées dans le Sud comme les villages du Club Méditerranée : la géopolitique est devenue une G.O. politique. A l'extrême, on a vu les conflits du tiers monde « expliqués » par la seule logique navale : accès aux mers chaudes, contrôle des détroits, îles porte-avions. Le jeu des deux superpuissances pouvait ne retenir de l'hémisphère Sud que le dessin de ses côtes. Le Sud « à braiser » et « à mijoter » était prêt à la consommation.

Cette vulgate est gravement mise à mal par les évolutions récentes. L'Est et l'Ouest ont cessé, au moins dans le tiers monde, de s'affronter. L'URSS et ses alliés retirent leurs troupes et réduisent à néant l'aide militaire et économique à leurs anciens protégés. Pourtant les conflits ne disparaissent pas. Angola, Éthiopie, Mozambique, Salvador sont toujours en guerre. Parfois, les superpuissances non seulement mettent un terme à leur engagement mais vont jusqu'à prendre une part active à la recherche d'une solution de paix : ils l'obtiennent avec les plus grandes difficultés. Au Cambodge l'interminable conférence de Paris n'arrive pas à accoucher d'un plan de paix ; le Nicaragua postsandiniste, objet de toutes les attentions américaines, est encore dangereusement divisé ; en Afghanistan, les Soviétiques se sont retirés sans être parvenus à une véritable solution politique.

Pourquoi les conflits du tiers monde survivent-ils aux rivalités Est/Ouest ?

Les optimistes diront que les choses ne peuvent rentrer dans l'ordre aussi rapidement. Après des années de guerre ou de tension, il ne suffit pas de retirer des troupes pour effacer le traumatisme et réunir des pays divisés. Nous assisterions en quelque sorte à des queues de conflit comme on dit des queues de comètes. Si les Salvadoriens se font si virulents c'est parce qu'ils vont bientôt négocier et veulent être en bonne position pour le faire. Si la conférence de Paris sur le Cambodge traîne en longueur, c'est gage qu'il en sortira une solution équilibrée et durable, etc. J'espère sincèrement que ces hypothèses sont les bonnes. Pourtant, elles me paraissent encore trop nourries du secret mépris qui ôte aux acteurs locaux toute volonté propre : ils ne vont plus se battre parce que nous ne sommes plus là...

Une chance nous est donnée, avec le retrait des grandes puissances, de voir enfin le Sud, de reconnaître son historicité. Il faut la saisir. Essayons par exemple de renverser la perspective : la rivalité Est-Ouest était, disait-on, une constante et les conflits locaux des masques variables sous lesquels elle se dissimulait ? Supposons le contraire : la stabilité ne serait-elle pas du côté des conflits locaux et la variabilité le propre de leur masque idéologique ? La lutte Est/Ouest n'aurait en somme été qu'un de ces masques provisoires.

LA RIGOUREUSE ORBITE DES PARTICULES DE HAINE

Une fois de plus, l'Éthiopie, par l'ancienneté de la guérilla principale qui y opère, peut servir d'exemple et presque de laboratoire pour cette hypothèse. Simplifions (mais pour bien saisir le mouvement, il faut remonter assez haut). Premier temps : à la fin du XIXe siècle, renaît en Éthiopie, sous l'impulsion de Ménélik, la conscience d'une identité impériale rattachée à ses prestigieuses racines millénaires. En mettant un terme aux luttes internes et en élargissant le pays par de vastes conquêtes, Ménélik fait revivre le sentiment national autour des notions d'indépendance, de suprématie politique du peuple Amhara et de la religion copte. A la même époque en Érythrée, la colonisation italienne crée et renforce une autre identité : entre les ethnies différentes de cette région naît une conscience érythréenne ouverte sur l'Occident et sur le monde arabo-musulman voisin. Ces deux identités nationales érythréenne et éthiopienne ne pourront se concilier, quand, à la fin du mandat britannique sur l'Erythrée, la province est fédérée à l'Éthiopie.

Deuxième temps : dès 1961, le conflit armé naît de la résistance des Érythréens à l'assimilitation pure et simple à l'Empire éthiopien que le Négus veut leur imposer. Les premiers soutiens de la guérilla (encore très faible militairement) sont arabes : ils viennent d'États voisins de la mer Rouge qui plantent avec plaisir cette épine dans le pied d'un Negus chrétien, méfiant à l'égard des musulmans et allié d'Israël. Le conflit est donc d'abord régional et ethnico-religieux.

Troisième temps : à la fin des années soixante, les mouvements érythréens reçoivent une aide importante de l'URSS tandis que l'empereur confirme sa fidélité d'alliance avec les États-Unis. L'affaire reste régionale mais avec une tonalité plus idéologique. Après la révolution qui dépose le Négus, le flottement du nouveau pouvoir semble préparer un accord, puis, croit-on, une défaite.

Quatrième temps, brutalement, en 1977, les alliances changent : les Soviétiques lâchent la Somalie et entrent en Éthiopie. C'est l'époque des grands reculs occidentaux. L'Érythrée paraît être le bastion de résistance au totalitarisme. L'affaire devient mondiale et prend une tournure Est/Ouest prédominante ; les pourfendeurs du Mal purent célébrer dans le conflit érythréen la résistance des démocrates contre le communisme en marche. Seul détail gênant : les fronts érythréens étaient ouvertement restés marxistes. Il n'était même pas clair qu'ils aient renié leurs amitiés soviétiques. On a longtemps écrit, sans en avoir la preuve, que les Russes continuaient à financer les deux côtés, pour contraindre les Éthiopiens à tolérer leur pesante « amitié ». L'apogée de cet affrontement apparemment Est/Ouest se situe au moment de la grande famine de 1985-1986.

Cinquième et dernier temps : les Soviétiques, depuis deux ans, ont effectué un retrait massif de leurs « conseillers ». Il n'a pourtant pas mis un terme au conflit. Le colonel Mengistu qu'on présentait comme l'homme de paille des Russes leur a survécu. Avec une grande habileté, il a trouvé de nouveaux bailleurs de fonds (et fournisseurs d'armes) : les Israëliens sont revenus en force à Addis Abeba. Moyennant de nouveaux départs de Falachas, ils apportent à l'Éthiopie armes et spécialistes militaires. Les Érythréens, eux, sont retournés à l'alliance arabe, trouvant un soutien prédominant en Irak. Voilà que la guerre du Golfe, en mettant leur allié en mauvaise posture, les rend vulnérables. Eux qui croyaient tenir la victoire en 1989 marquent le pas. Les Éthiopiens relèvent la tête. La partie recommence à zéro. Avec cette dernière métamorphose, le conflit apparaît comme une guerre de résistance à la poussée musulmane en Afrique. Les Éthiopiens, ancien fer de lance de l'impérialisme soviétique, sont de nouveau en position défensive (ce qui, au regard du monde arabe, est leur position « naturelle » depuis treize siècles) [2].

Les alliances ont tourné autour de ce conflit comme les sphères armillaires des anciens astronomes. L'axe de cette rotation, le centre du conflit lui-même est l'opposition profonde, locale, de deux identités, éthiopiennes et érythréennes c'est-à-dire du premier temps de l'affaire. L'affrontement Est/Ouest dans le tiers monde a recouvert des rivalités beaucoup plus anciennes, plus mystérieuses aussi pour nous.

L'Indochine, l'Afrique australe, sont en train d'administrer la preuve que la lecture Est/Ouest de leur situation politique était circonstancielle. Même dans les conflits qui comportaient un engagement direct d'une des grandes puissances, la lecture Est/Ouest n'était pas toujours pertinente. Quel meilleur exemple que l'Afghanistan ? Pour les besoins de la cause « occidentale », nous avons longtemps considéré les moudjahiddins comme des défenseurs d'une liberté qui ne pouvait être qu'universelle. Par souci de symétrie, quiconque résistait au Mal était un combattant du Bien, c'est-à-dire des Droits de l'Homme. Laïques, libéraux et républicains, les guérilleros de Peshawar firent pourtant rapidement la preuve qu'ils ne l'étaient pas tous. Il fallut que des bombes soient posées dans les dispensaires des organisations humanitaires occidentales, pour qu'un début de conscience naisse chez nous de la montée du fanatisme religieux. Il ne suffit pas de s'opposer aux Soviétiques pour être pro-occidental. L'expérience est troublante, je le sais, mais mettez côte à côte un Américain et un Soviétique : l'Afghan aura tôt fait de les prendre l'un pour l'autre. Nous aurons vraiment été les derniers à comprendre ce qu'est le Nord.

La persistance des conflits au Sud après le départ des Soviétiques doit nous permettre enfin de distinguer ce que nous nous sommes si longtemps employés à confondre « pour la cause » : oui, les grandes puissances se sont affrontées dans le tiers monde, conduisant des stratégies mondiales complexes. Non, les conflits locaux n'en ont pas été les instruments passifs. Au contraire, les acteurs du Sud ont su tirer profit de l'engagement des grandes puissances et les utiliser à leurs propres fins en en adoptant la phraséologie. En Afrique, par exemple, nul doute que les forces rivales savent utiliser à merveille leur prétendue dépendance [3]. Au Guignol, les marionnettes tirent souvent les fils.

Conflits locaux et rivalités Est-Ouest ne se confondent pas : la confirmation *a posteriori* de ce fait est fournie par l'actualité. Mais il ne faut pas s'arrêter là. L'actualité montre autre chose, de beaucoup plus grand intérêt. Non seulement, depuis la fin de la guerre froide, dans le Sud les conflits persistent mais d'autres apparaissent : Liberia, Somalie, Rwanda, Tchad, Mauritanie, Panama. Jamais réconciliation mondiale n'avait entraîné une telle explosion de crises. Voilà encore un credo qu'il va falloir renier : l'affrontement des grandes puissances était présenté comme cause de désordre ; il faisait dégénérer les querelles locales en conflits armés et les rendait interminables. Devant cette explosion récente, on peut se demander si, au contraire, la rivalité Est-Ouest n'a pas pendant trente ans été un facteur de régulation et d'apaisement. Les conflits locaux n'étaient-ils pas sélectionnés, limités et contrôlés par le partage d'influence des deux superpuissances ? Cette proposition peut choquer : la guerre du Vietnam, celle d'Afghanistan, le déchirement de l'Amérique centrale, tout cela n'avait pas l'aspect de manœuvres pacifiques destinées à sauver des vies. Je ne dis pas que cette rivalité était un facteur de paix ; mais j'affirme qu'elle organisait la guerre, qu'elle la limitait et lui fixait des règles.

Il y a quelques semaines, les bandes rivales de deux cités de la banlieue parisienne menaçaient de s'étriper. De perpétuelles échauffourées, embuscades, agressions, faisaient craindre une bataille rangée. C'est dans cette ambiance que des officiers de police eurent l'idée d'organiser un tournoi de football. Le résultat a été spectaculaire, les belligérants en puissance sont venus soutenir leurs équipes. L'affrontement, si l'on veut, a eu lieu. Mais le cadre et les règles en étaient fixés. Hors du terrain, plus rien n'avait de valeur ; à quoi bon planquer dans une cage d'escalier quand votre équipe, sur la pelouse, a besoin de vous ? Tant que dure le tournoi, il n'y a plus rien à craindre dans les cités.

La rivalité Est-Ouest, pendant trente ans, a tenu le monde en haleine autour de son match. Elle fixait les enjeux et surtout les règles qui étaient celles de la dissuasion : il fallait éviter des confrontations *directes* entre grandes puissances ainsi que les escalades susceptibles de rompre l'équilibre nucléaire. En aidant directement ou indirectement les belligérants, États-Unis et URSS pouvaient agir sur eux, peser dans leurs décisions, les faire reculer. Les conflits locaux, en prenant le masque Est-Ouest, devenaient à la fois polarisés et dépendants. Aujourd'hui, ils accroissent leur dispersion et surtout leur autonomie. Ne parlons pas pour l'instant des conflits entre États qui restent relativement rares et procèdent d'une autre logique. La dispersion et l'autonomie qui nous intéressent sont celles des mouvements de rébellion : ce sont elles qui fracturent le Sud en profondeur, le morcellent comme une grenade.

LA RÉVOLTE A PRIX SACRIFIÉS

L'autonomie idéologique, nous l'avons vue précédemment. Inutile d'y revenir. Plus de Komintern aujourd'hui, plus d'internationalisme prolétarien. Après Marx, c'est Jdanov qui nous a quittés. Les idéologies de rupture adaptent la technologie révolutionnaire aux conditions locales de la relation dominant/dominé. Chacun peut se proclamer détenteur d'une orthodoxie quelconque (nouveau Marx, nouveau Mao, Imam caché, Inca Rey).

Mais l'autonomie des conflits prend des aspects plus concrets : elle provient en particulier des nouveaux circuits du commerce des armes. Aux beaux jours de l'affrontement Est-Ouest dans le tiers monde, chacune des deux superpuissances apportait son soutien à ses protégés du Sud sous la forme de dons et d'assistance militaire. « (Cette) époque semble révolue, où les États-Unis, à travers le programme MAP (Military Aid Program) déversaient de grandes quantités de matériel de guerre en Asie du Sud-Est ; où la Chine populaire cédait des armements, le plus souvent gratuitement, aux Nord-Vietnamiens et aux mouvements révolutionnaires du monde entier ; où l'Union soviétique fournissait massivement des équipements à ses alliés du tiers monde à des conditions très privilégiées. Désormais les armes ne se donnent plus, ou de moins en moins. Elles se vendent sans que les conditions politiques aient nécessairement un rôle déterminant [4]. » Dans les principaux pays producteurs d'armes, des contrats commerciaux remplacent les accords d'État à État. États-Unis, France, Chine, Inde et actuellement URSS sont engagés dans ce processus. L'armement devient une exportation « parmi d'autres ». La logique est celle du commerce extérieur et non de la politique étrangère. « Cette évolution commerciale donne aux États du tiers monde une plus grande liberté dans le choix de leurs fournisseurs. Ils sont moins dépendants des puissances tutélaires auxquelles ils étaient liés politiquement [5]. »

Au transfert des armes du Nord au Sud s'ajoute de plus en plus la production et la commercialisation Sud/Sud. Chine, Brésil, Inde sont de grands exportateurs d'armement. Actuellement ces échanges Sud/Sud sont limités (ils ont cependant atteint 14,1 % des exportations mondiales d'armement en 1984) mais les experts s'attendent à l'expansion de ce commerce « dans la logique d'un processus d'industrialisation dont l'armement n'est qu'un aspect ». Il faut insister sur le faible contenu technologique de ces productions originaires du Sud. Mais en ce qui concerne les guérillas, ce type d'armement simple, maniable et rustique est suffisant.

Le marché de ces armes légères est aujourd'hui largement ouvert. L'origine variée des matériels, la logique commerciale qui prévaut, rendent impossible toute organisation et, encore plus, toute coercition. Guérilla, guerre civile, insurrection sont des activités désormais ouvertes à tous. Il est presque surprenant de voir que des gens s'en privent encore...

Enfin l'autonomie économique des mouvements de rébellion progresse aussi. Dans les années quatre-vingt, les guérillas, largement dépendantes de l'aide humanitaire internationale, avaient construit leur économie de guerre autour des camps de réfugiés. Les guérillas isolées, obligées de vivre au crochet d'une population soumise à la répression, finissaient rapidement par être dénoncées et décapitées. Les mésaventures de Che Guevara et de ses continuateurs étaient là pour en témoigner.

Aujourd'hui, la situation s'est inversée. Les grandes guérillas unifiées autour d'un sanctuaire humanitaire sont de plus en plus rares et la communauté internationale de moins en moins empressée à les soutenir. Au contraire, les guérillas isolées ont acquis en même temps autonomie politique et autonomie économique. Ne rendant de compte à personne, ces mouvements n'ont pas à conserver de scrupule : ils peuvent massacrer, employer ouvertement la terreur sans ternir la réputation de quiconque. Ces méthodes leur permettent d'installer une économie de prédation fondée sur le racket, le vol, l'attaque des convois civils. Le Sentier lumineux fait là encore figure de précurseur. En outre, la connexion avec des groupes purement criminels, en particulier les trafiquants de drogue, n'est plus dédaignée. Devant ces évolutions, on se prend à regretter les fiers internationalistes de jadis qui ne répugnaient pas aux mauvais coups mais à condition qu'ils fussent discrets ; jamais ils n'auraient pris le risque de souiller le mouvement révolutionnaire international en recourant ouvertement à des méthodes criminelles.

Idéologie sur mesure, armement à satiété, économie de prédation, désormais la rébellion armée est à la portée du plus grand nombre. La recrudescence actuelle de la violence et des conflits n'est pas liée à la multiplication des causes de litiges ou de rivalités : il n'en a jamais manqué. Les luttes pour le pouvoir, qu'elles aient une expression ethnique, religieuse, nationale, révolutionnaire, qu'elles soient des guerres de sécession ou des rébellions civiles, toutes, procèdent d'antagonismes anciens. Une seule chose a changé : les deux sumos soviétique et américain ne piétinent plus ces graines de conflit local. Sur le terrain déserté poussent librement les mauvaises herbes.

Ici encore, Nord et Sud suivent des chemins radicalement divergents. Le Nord procède à des réunifications, à de nouvelles intégrations économiques et politiques, bref, à ce que Toynbee désigne comme le passage révolutionnaire du pluralisme à l'unité. Le Sud au contraire est traversé d'innombrables fissures, des entités de plus en plus petites indentifiées comme tribales, religieuses, révolutionnaires ou toute autre chose entrent en conflit armé avec les pouvoirs centraux. L'économie de prédation qui prévaut à l'échelon individuel dans les masses misérables de l'archipel prend alors la force d'une violence organisée et collective.

Bien entendu, prédation et misère sont étroitement liées dans leur progression. Tacite lorsqu'il décrit les Germains dit « qu'ils ne veulent pas acquérir par la sueur ce qu'ils peuvent obtenir par le sang [6] ». L'alternative vaut dans les deux sens : nous allons voir qu'aujourd'hui, dans le Sud, ce que beaucoup se décident à acquérir par le sang, la sucur nc lcur aurait jamais permis de l'obtenir.

6

LE SALUT PAR LE HAMSTER

Une ville, une campagne, de loin sont une ville et une campagne ; mais à mesure qu'on s'approche, ce sont des maisons, des arbres, des tuiles, des herbes, des fourmis, des pattes de fourmis, à l'infini. Tout cela s'enveloppe sous le nom de campagne.

Pascal, Pensées

Nulle science mieux que l'économie n'« enveloppe » au sens où l'entend Pascal. Quand on écrit : États-Unis, PIB par habitant : 18 300 US$, Malawi, PIB par habitant : 160 US$, on veut dire, en apparence, qu'États-Unis et Malawi sont différents puisque leurs PIB par habitant le sont. Mais on affirme tout autant qu'ils sont semblables, puisqu'on peut les comparer. L'économie exprime les différences sous forme d'écarts quantitatifs mais elle atteste implicitement que l'Être dans deux entités comparées est identique. Enveloppés de la sorte, Malawi et États-Unis sont deux objets de dimension inégale mais de même nature. On dira que l'un est plus avancé que l'autre, en supposant qu'ils sont situés sur une même ligne continue, c'est-à-dire qu'avec le temps l'un peut « rattraper » l'autre, combler son retard. Si l'on estime que le PIB par habitant est un indice de développement, on résumera le rapport relatif des deux pays en disant que l'un est développé et l'autre sous-développé. Mais à cette formulation statique, on préfère en général l'évocation du mouvement, qui témoigne mieux du caractère temporaire de l'écart : on parle alors de pays en voie de développement, ou plus optimiste encore, de pays en développement.

Depuis la Seconde Guerre mondiale, nous ne connaissons sans doute pas d'autre idole universelle : la vision quantitative de l'économie est le suprême enveloppement des réalités mondiales. L'organisation des Nations unies est entièrement dévouée à son culte. Dans une immense littérature polyglotte, l'ONU et ses institutions spécialisées produisent d'incessantes évaluations des performances relatives des différents États en matière économique. Il est à tout moment permis de connaître la position relative des Maldives et de l'Angleterre, du Yémen et des Pays-Bas dans cette course planétaire au développement.

Cet enveloppement n'a pas pour seule vertu de réunir des pays dissemblables : il est aussi l'unique point de rencontre des idéologies opposées. Entre libéraux et marxistes, développementalistes et dépendantistes, partisans du développement équilibré ou déséquilibré, le désaccord sur les moyens et les stratégies peut être total. Au moins, reste admise par tous la nécessité de l'enveloppement économique, pour rendre compte des résultats, c'est-à-dire de l'avance ou du retard de chacun. Sous ce registre, Marx est le concurrent d'Adam Smith et non son négateur : il veut faire « autrement », dans le seul espoir de faire mieux c'est-à-dire plus. La science économique et ses statistiques se sont affirmées. Mais toute analyse trop détaillée cesse d'être universelle. Seuls les grands agrégats permettent la comparaison internationale et parmi eux, le plus prisé, le plus positif, reste l'indice de la production, c'est-à-dire de la « création de richesse ».

Les États socialistes seront de fervents adeptes de cet enveloppement économique : plus que tout autre, ils sacrifieront à la religion du million de tonnes. Khrouchtchev, déclarant en 1959 qu'en vingt ans l'URSS rattraperait puis dépasserait les États-Unis, témoignait son respect pour les statistiques économiques et acceptait la compétition sur ce terrain.

Nous sommes habitués à vivre dans cet économisme omniprésent : il paraît naturel. Et personne ne songe à s'étonner que toute la planète, l'ensemble des États nouveaux, nés après la décolonisation, ait adopté les objectifs universels du développement : produire des biens ; en assurer l'échange, la distribution, la consommation ; participer au système financer international. Le productivisme occidental s'est étendu au monde entier. Le marxisme (sous ses diverses formes), loin de s'opposer à lui, a contribué à le propager, en prêchant mondialement les mêmes fins mais seulement une voie différente pour les atteindre.

Le tiers monde trouvera son existence, sa définition et jusqu'à son nom (donné par A. Sauvy) dans l'enveloppement économique. Dès qu'émerge le Sud dans les années cinquante, son inexistence politique est patente. Aux ambiguïtés puis à l'échec du non-alignement, se substitue le robuste concept économique de sous-développement. A défaut d'une unité, le Sud y trouve un classement : certains pays se révèlent plus avancés, prometteurs, d'autres cumulent les handicaps. C'est l'époque des miracles. A Buenos Aires ou Sao Paulo, on peut rencontrer aujourd'hui des scientifiques, des banquiers, des hommes d'affaires qui ont quitté l'Europe dans les années soixante et se sont installés dans ce qui s'annonçait être l'Eldorado. Ils sont aujourd'hui pour la plupart mal payés, déçus et très amers. Avec l'instabilité politique, le choc pétrolier, les miracles ont été moins nombreux que prévu. L'éventail du classement économique s'est élargi. En tête, viennent ceux que Sophie Bessis appelle les POM [1] : les pays officiellement miraculés, ceux qui ont été à la hauteur des espoirs initiaux. Ils sont peu nombreux : Corée du Sud, Taiwan, Singapour. Derrière, plus dispersé, suit le groupe des pays intermédiaires, pétroliers ou non ; enfin, tout en queue de peloton, arrive la masse croissante des pays les moins avancés. Ce n'est plus le concert des nations ; c'est leur défilé. Les têtes sont toutes tournées dans la même direction, l'avant, le progrès, là où, au loin, marchent les sept pays les plus industrialisés. Les derniers se recommandent à la sollicitude des premiers ; chacun s'émerveille des exploits de ses protégés. Il y a les sans histoire qui avancent doucement mais régulièrement, les fragiles qui menacent sans cesse de s'effondrer, les belliqueux qui se battent avec leurs voisins, les humiliés qui marchent à genoux et vivent d'aumônes. Mais tous, oui tous, marchent dans le même sens.

Cet enveloppement universel par l'économie laisse ouverts quelques espaces de controverse. Les tiers-mondistes affirment que « l'écart se creuse » c'est-à-dire que les pays de tête progressent plus vite et que les derniers, les nations prolétaires, font les frais d'un ordre mondial caractérisé par la domination économique et l'exploitation [2]. En face, les libéraux, type Héritage Fondation prétendent que « le niveau monte ». En comparant des agrégats économiques, ils affirment que les dernières décennies ont été les « trente glorieuses du tiers monde ». De 1950 à 1973, disent-ils, le PNB réel par habitant a crû de l'ordre de 3 % par an (depuis 1973, il serait autour de 2 %). Ils en concluent que les pays du Sud ont vu leur niveau de vie doubler depuis 1950. Ils annoncent la « revanche » du tiers monde, sa montée en puissance [3].

Dans les années quatre-vingt, la nouvelle vigueur de la pensée libérale, dans le sillage de la révolution conservatrice américaine, a donné un tour offensif à cette vision optimiste, anti-tiers-mondiste. Le débat a pris l'aspect d'une controverse violente. Les tiers-mondistes se défendirent bruyamment, contestant les chiffres et les raisonnements des thuriféraires de la « revanche du tiers monde ». Toutefois, malgré l'intensité de leurs divergences, les adversaires acceptaient de se placer sur un terrain commun de l'économie, reconnaissaient par là sa validité.

Nul n'aurait songé à dire que le raisonnement quantitatif sur ces pays n'avait pas de sens, que l'enveloppement économique n'était pas légitime.

RDA : LE LABORATOIRE DE L'IMPOSTURE

Curieusement, ce sont les événements d'Europe de l'Est après le retrait soviétique qui vont porter le coup le plus rude à cet économisme universel.

En entrant dans les démocraties populaires libérées et, en URSS pendant la pérestroïka, les Occidentaux vont pouvoir vérifier directement à quoi correspondent des résultats économiques de pays de structures différentes. Les découvertes faites à cette occasion sont troublantes. Prenons l'exemple des deux Allemagnes, chacune d'elles étant la vitrine de son bloc politique. La RDA semblait bien placée. Ses résultats économiques, exprimés par les agrégats habituels, montraient de bonnes performances, notamment pour la production. Les économistes de l'Ouest pensèrent pouvoir s'adjoindre cette puissance c'est-à-dire sinon l'additionner à celle de la RFA, du moins fusionner et conforter mutuellement les deux appareils industriels. Leurs désillusions ont été grandes : l'essence même des deux systèmes était si différente que toute comparaison perdait son sens. Cas parmi d'autres : les dirigeants de Mercedes-Benz, qui espéraient intégrer des usines de la RDA dans leur propre réseau de production, ont découvert des sites si pollués, des matériels si obsolètes, du personnel si mal qualifié, une gestion si différente, que toute récupération de l'outil était impossible.

Il valait mieux reconstruire autre chose ailleurs, à partir de rien. L'évaluation du « développement » de la RDA, telle qu'elle ressortait des agrégats économiques pendant la période communiste n'avait tout simplement pas de sens. L'URSS qui soutenait la compétition avec les États-Unis, au niveau des statistiques officielles, a montré, en entrouvrant ses portes, le naufrage véritable dans lequel elle était entraînée et que l'enveloppement économique pratiqué jusqu'à Andropov s'appliquait avec succès à cacher au monde.

Si la nature des systèmes est trop différente, la comparaison économique perd sa légitimité. On peut, certes, comparer une production à une autre, un déficit à un autre. Mais rien ne doit en ressortir de global. On ne peut classer des degrés de développement qu'en cas de similitude de structure.

Pourtant, au moment où cette constatation est faite en Europe de l'Est, elle cesse d'y être valable. L'ouverture à l'économie de marché, la sortie du communisme, l'intégration des méthodes et des courants de production et d'échange, procèdent à une égalisation rapide des systèmes à l'Est de l'Europe. Cette transformation achevée, il sera cette fois légitime d'« envelopper » et de classer leurs économies par rapport à celles de l'Ouest.

La mise en cause de l'universalisme du développement, la critique du terrorisme par des chiffres, provenant de systèmes différents, concernent désormais le Sud.

Prenons, par exemple, le cas des bons élèves, de ceux qui, dans le tiers monde, ont une forte croissance de leur PNB par tête, produisent, exportent et « se développent » rapidement. Ils traversent aujourd'hui une grave crise de défiance. Cette crise est d'abord liée à la récession, au recul quantitatif des résultats de ces pays : les PIB du Brésil et de l'Argentine ont diminué en 1990 de 4 et 6 %. La croissance des bons élèves marque le pas partout. Mais au-delà de ces déboires conjoncturels, c'est plus en profondeur que le développement de ces pays est mis en cause. Leur succès économique apparaît fondé sur un malentendu, des contradictions manifestes. Le Brésil en fournit le témoignage. Ce pays a vécu depuis le gétulisme * sur la double religion de la production et du protectionnisme. Produire est devenu une véritable obsession, occultant tout, en particulier les questions de financement et de marché. Cette politique a donné d'excellents résultats statistiques. Le Brésil est un poids lourd en matière de production. Mais faute d'avoir structuré un marché intérieur digne de ce nom, cette production ne stimule pas un véritable développement. Elle est largement exportée, chose qui améliore encore les performances économiques apparentes mais contraste avec le dénuement extrême de la plus grande partie de la population.

Le protectionnisme est également une option de développement défendable : l'idée est de privilégier les productions nationales, de construire sur place sous licence plutôt que d'importer, de parvenir à l'autosuffisance. En matière énergétique, le plan alcool a permis de diminuer la dépendance pétrolière et fournit des débouchés pour la canne en la transformant en combustible. Tout cela se défend fort bien sur le papier et, en termes économiques, permet de claironner des performances mondiales. Pourtant, depuis l'élection en novembre 1990 du président Collor de Melo, le pouvoir brésilien a changé de ton [4]. Il a dû admettre les limites, voire la faillite, de ces principes. Sous prétexte de développer ses productions nationales, le Brésil a accumulé des retards technologiques et donné à sa production une qualité médiocre. Le plan alcool, sans

* Getulio Vargas dirige le Brésil de 1930 à 1954 (avec une courte interruption après la guerre). Le gétulisme est un curieux mélange de populisme et d'opportunisme qui conduira son inventeur, après avoir flirté avec les fascismes européens, à prendre le parti des États-Unis en 1942.

réduire notablement la dépendance énergétique du pays, a eu l'inconvénient grave de ranimer artificiellement la culture de la canne. Cette production archaïque, latifundiaire, est un des principaux obstacles, particulièrement dans le Nord-Est, à la modernisation du monde rural. Elle maintient dans un demi-esclavage des masses misérables de coupeurs de canne. A terme, ce programme est condamné, mais les mutations rurales auront été retardées d'autant. Surtout, on voit que la religion de la production cache un désastre financier (progression de la dette publique ; inflation ; déficit budgétaire incontrôlé) et un accroissement des inégalités sociales qui maintient plus de la moitié de la population hors de la vie économique. Le Brésil est un des plus frappants exemples de croissance sans développement, c'est-à-dire de divorce entre le jugement que l'on peut porter par « enveloppement » économique et la réalité sociale [5].

Ce divorce est une découverte beaucoup plus inquiétante que la simple constatation d'une « crise » conjoncturelle. Dans ces pays, le dualisme économique entre secteur officiel et économie souterraine, informelle, est tel que toute quantification ne peut être que partielle : elle concerne un seul secteur moderne, visible, et néglige l'essentiel. Dans des États où le gouvernement contrôle mal la vie économique, où des régions entières échappent à toute autorité, où la majorité de la population vit du secteur informel, les variables économiques ne rendent compte que d'une part succincte des évolutions. Le « développement » ne peut pas entrer dans cette enveloppe et la société vient se rappeler au bon souvenir des adorateurs de l'économie : dans tous les pays bons élèves, ceux qui étaient érigés en modèles, des convulsions violentes peuvent à tout moment contredire l'optimisme des chiffres. L'Iran n'a jamais eu de si bons résultats économiques que pendant la période qui a précédé la révolution. Un programme de coopération internationale avait été approuvé par le Shah et le pays consentait des prêts à des pays européens. Le renversement politique est venu montrer, au lendemain des fêtes fastueuses de Persépolis, qu'un divorce complet existait entre les succès officiels, enveloppés par les agrégats économiques et l'état social du pays. Un peu partout surgissent ces ombres menaçantes derrière la façade brillante des chiffres. Argentine et Brésil connaissent une situation sociale explosive. Le modèle algérien sombre dans une contestation violente ; la Côte d'Ivoire est au bord d'une transition politique dangereuse, l'Inde est déchirée par les luttes ethniques, sa démographie y est incontrôlée.

Hier, la mythologie du développement enveloppait tous ces pays, malgré leurs réalités sociales différentes. Aujourd'hui, l'économie n'unifie plus rien. Seules leurs évolutions sociales permettent de les rapprocher : croissance démographique incontrôlée, constitution d'archipels de misère, macrocéphalie des villes géantes, ruine écologique, prolifération du secteur informel, poussée migratoire vers le Nord. L'accord universel sur des objectifs productivistes imités du modèle occidental est rompu, en ce qui concerne les bons élèves. Il apparaît de plus en plus clairement que le développement économique comporte des inconvénients et même de grands dangers. Une pathologie tropicale de la croissance économique s'est manifestée en plusieurs occasions. Les pays les plus profondément transformés par les trente glorieuses sont également les plus instables, les plus explosifs. Les foules urbaines y sont des plus nombreuses et rendent la situation politique précaire. L'État peut tomber entre les mains de pouvoirs insurrectionnels comme en Iran. Le progrès, la puissance industrielle, l'armement peuvent être utilisés par des gens qu'anime la haine du progrès et de l'économisme occidental. Si bien qu'au terme de ces trente ans d'évolution, le développement économique, par une singulière tératologie, a produit les conditions et les armes de sa propre destruction.

Si l'on regarde maintenant les PMA, les derniers de la classe, on ne trouve guère plus de raisons de défendre l'économisme. La mythologie du développement y est aussi en crise bien que d'une façon différente. Au moment de la vague d'indépendance des années soixante, le développement était un objectif à long terme mais qui paraissait accessible. L'optimisme était général. On n'en connaissait ni le jour ni l'heure mais, avec la liberté politique, viendrait vite la fin des temps de misère et de peine. L'attente commença et rien ne vint. Finalement, comme Saint-Paul indiquant aux premiers chrétiens que l'Apocalypse tarderait peut-être et qu'il fallait s'organiser en attendant, les organisations internationales et les gouvernements avouèrent la nécessité de réduire leurs trop vastes et trop rapides ambitions. Les projets pharaoniques, les grands complexes industriels, les barrages immenses ont assez vite acquis mauvaise réputation. De même, les objectifs généraux et datés, tels que « la santé pour tous en l'an 2000 » proposé par l'OMS à la conférence d'Alma-Ata, ou « le Nouvel Ordre mondial de l'Information » de l'UNESCO, etc., ont été remis en caisse.

De ces trop vastes perspectives, on est passé à une échelle plus quotidienne, plus modeste : le culte nouveau est celui du microprojet. Le mot, dans le monde du développement, fait figure de potion magique. On entend par microprojet une intervention ponctuelle, limitée dans le temps, réalisée à la demande et avec le concours d'une communauté identifiée (village, coopérative agricole, comité de quartier, syndicat de résidents, etc.).

Le microprojet est à la mesure de l'homme selon une formule commune à Bernard Holzer, président du

CCFD * et à Platon, philosophe grec. Cette modestie de l'action satisfait tout le monde : les organisations privées, qui disposent de faibles moyens, passent à juste titre pour les inventeurs du microprojet ; elles sont fières d'avoir été rejointes sur ce terrain. Les grandes institutions internationales trouvent dans le microprojet un remède à la dilution dans laquelle disparaît leur action, compte tenu de l'ampleur et de l'inertie de leurs machines bureaucratiques. La montagne accouche peut-être d'une souris mais c'est une souris visible.

Cette modestie érigée en système peut donner lieu à des scènes assez surprenantes. J'ai accueilli au Brésil une mission du ministère des Affaires étrangères qui venait évaluer notre coopération agronomique dans les zones arides du Nord-Est. La délégation était imposante. Par avion long courrier, deux experts étaient arrivés de Paris ; un détachement diplomatique venu de Brasilia les accompagnait. Dans une impressionnante cohorte de véhicules tous terrains nous avons rejoint le site (lointain) du microprojet. Les coopérants locaux nous attendaient fébrilement. Une première séance de travail de quatre heures eut lieu le soir même à l'hôtel. On nous expliqua pourquoi ce qui avait été fait pendant dix ans dans cette zone ne convenait pas et quelles étaient les orientations nouvelles décidées par l'équipe depuis deux ans. Le lendemain, aux petites heures, le convoi repartit dans la poussière pour le « terrain ». Après un nouveau briefing en plein soleil, nous remontons en voiture et débouchons finalement dans un pauvre village du sertão, fait de maisons de bois et de torchis, entourées de jardinets où étaient alignés comme des plans de tomates de grands cactus verts. Grand bruit de portière, attroupement autour de quelque chose que je ne distingue pas. Un paysan, chapeau à la main, commence à réciter sa leçon. Je n'entends que des bribes de phrases. « ... avec la peau,

* Comité contre la faim et pour le développement.

nous ferons des sacs... on pourra les vendre... la chair se mange... protéines... que deux pour l'instant mais mâle et femelle... » Je ne pouvais voir l'objet des murmures admiratifs de l'assistance. Les experts hochaient la tête d'un air approbateur. « ... bon sens terrien... voilà un microprojet... » Enfin, hissé sur la pointe des pieds et jouant des coudes, j'aperçus, dans une méchante cage de grillage, terrorisé, un malheureux couple de hamsters, micro-héros du microprojet. Mais grand espoir, paraît-il, pour le Nord-Est brésilien.

On dira que je suis injuste. L'introduction expérimentale de ces nouvelles espèces est le fruit d'une réflexion cohérente et sans doute utile sur les problèmes agricoles de cette région. La plupart du temps, d'ailleurs, les microprojets sont efficaces : construire de petits barrages, creuser des puits, assainir des points d'eau, constituer des dispensaires de brousse, apporte des bienfaits incontestables. La dimension que je veux souligner dans cette religion du microprojet, c'est la résignation. Je n'ai pratiquement pas d'exemple de programme de ce type qui ne vienne se substituer à une autorité locale défaillante, hostile ou corrompue. Au Burkina, dans la région du Nord si aride et si délaissée, une association a construit des dispensaires. Elle les fait fonctionner sans autre difficulté que de devoir lutter contre le représentant du ministère de la Santé. Non seulement ce fonctionnaire ne fait pas son travail – qui est la couverture sanitaire de la région – mais il revend les médicaments dont l'association fournit les dispensaires. Le microprojet se fait dans les mailles du réseau de corruption local. Il le contourne ou lui paie un tribut pour acheter sa tranquillité. Le microprojet est une façon non de corriger les abus politiques ou économiques mais de les compenser.

On peut dire que la coopération aujourd'hui dans les pays les plus pauvres n'a plus pour objectif le développement. Elle reste en dehors des processus politico-économiques et intervient à deux niveaux : le premier, tout en bas, est le microprojet qui tente, malgré tout, de compenser les carences du pays et d'aider la population. Apolitiques, les opérateurs du microprojet refusent de regarder plus haut et plus loin ; ils agissent localement et dans le temps présent, rusant avec la corruption. L'autre niveau, tout en haut, est l'aide macro-économique, celle qui finance les programmes d'État soit à priori (coopération) soit à posteriori, en procédant à des annulations ou des arrangements réguliers de la dette.

Entre ces deux niveaux, le développement propre des PMA est un sujet de scepticisme et de désespoir. Le nombre de ces pays est en augmentation et leur situation économique de plus en plus préoccupante. Leur part dans le commerce mondial décroît ; régulièrement, les termes de l'échange pour les matières premières qu'ils exportent se dégradent. Les transferts industriels et l'investissement sur leur territoire sont de plus en plus difficiles compte tenu de leur instabilité politique. Les chocs pétroliers les ont atteints en premier [6]. La majorité des PMA, en termes économiques, voient leur retard s'aggraver et s'éloigner la perspective du développement. Mais ici encore, l'enveloppement économique révèle ses limites. Car ces pays en faillite survivent. Les sociologues et les historiens qui les étudient rappellent qu'en particulier en Afrique ce sont par tradition des sociétés où l'échange et la prise de contrôle des richesses dominent largement les activités de production. Nos critères économiques du développement seraient au fond assez inadaptés à ces sociétés fondées sur la prédation et la circulation des biens. Ce que nous appelons corruption ne serait que l'un des aspects de cette économie sans production.

Pour ces raisons, nous assistons à une sorte d'abandon des objectifs du développement, au sens productiviste occidental, pour ces sociétés. Nous sommes d'autant plus prêts à leur laisser mener elles-mêmes leur processus historique et leur structuration économique que nos intérêts stratégiques et politiques y sont de moins en moins importants. La coopération se borne à introduire des richesses pour que le mécanisme de la prédation fonctionne sans éclater. Elle le fait en quelque sorte par les deux bouts : au niveau local du microprojet, et au niveau global de l'État.

Toute velléité d'intervention intermédiaire, de remise en question des mécanismes économiques se heurte à un tir de barrage. En France, l'éphémère expérience de Jean-Pierre Cot a suffi à montrer qu'entre la coopération politique globale (domaine du chef de l'État) et le domaine du microprojet (domaine des lampistes de tous bords) il n'était pas question de tolérer une quelconque « ingérance ». Les mésaventures du rapport Essel qui avait l'audace de reprendre quelques thèmes cotistes montrent que la situation n'est pas en passe de s'améliorer [7].

En surface tout est calme. Les grands vaisseaux de l'aide internationale et de la coopération (Banque mondiale, CAD, UNICEF, etc.) courent sur leur erre en silence. Les budgets sont reconduits, les programmes continuent, tout est dans l'ordre.

Pourtant, le petit monde du développement est inquiet depuis l'ouverture de l'Europe orientale. Le premier réflexe a été de craindre pour ses sous. Compte tenu des sommes requises pour l'investissement à l'Est, il paraissait probable que le Sud verrait sa dotation réduite d'autant. La proposition anglo-saxonne de comptabiliser dans la rubrique « aide au développement » les sommes versées aux anciens États communistes a aggravé ces craintes.

En termes purement financiers, ils semble en effet que l'ouverture à l'Est et plus encore la guerre du Golfe et les nouvelles orientations de défense doivent se faire au détriment de l'aide au tiers monde. Mais là n'est pas l'essentiel. La crise n'est pas seulement quantitative. Ce qui est en cause, c'est moins le volume de l'aide que son principe. Le danger ne vient pas seulement de ce que l'ouverture à l'Est déplace des fonds vers ce continent : il est plus grave et plus profond : avec ces événements c'est le mythe universel du développement économique qui a volé en éclats.

Deux univers se dessinent. D'un côté le Nord unifié dans son système économique (ou en voie de l'être) présente les conditions d'un véritable développement, c'est-à-dire d'une évolution analogue à celle des pays les plus avancés. L'enveloppement économique, dans ce monde homogène, est possible : classer la France par rapport à la Hongrie a un sens : même si beaucoup de choses les séparent encore, il est exact que ces États vont dans le même sens.

Le Sud au contraire est un monde très divers dont les paramètres économiques rendent mal compte. Les écarts entre ville et campagne, riches et pauvres, zones industrialisées et déserts, tout cela vide de son sens l'évaluation économique du développement. Les « bons résultats » quantitatifs cachent des situations sociales et politiques explosives. Les « mauvais résultats », ceux des PMA, sont paradoxalement les stigmates d'évolutions plus naturelles, de la libre structuration de sociétés « différentes ». Au Sud, le développement n'est pas toujours souhaitable : il peut être dangereux ou inutile.

La fin de la mythologie du développement ne signifie pas que le Sud va être abandonné à lui-même, ni même que la coopération internationale va cesser. Le changement s'opère non pas dans les actions ni dans les moyens mais dans les mentalités et donc, à brève échéance, dans les politiques de développement.

Ces politiques auront désormais moins comme but de promouvoir le développement économique du Sud que de prévenir les dangers politiques et sociaux de ce développement. La coopération devient un outil au service du Nord : c'est l'instrument de la stabilité du Sud *malgré* le développement ou *sans* lui.

AU-DELÀ DU MYTHE DU DÉVELOPPEMENT

Claude Lévi-Strauss, au beau milieu du dogmatisme idéologique des années soixante, a énoncé « en passant » une idée que bien peu ont accepté d'entendre : l'opposition universelle du marxisme et du libéralisme est une façon d'imposer au monde entier la pensée occidentale [8]. Aujourd'hui, alors que prend fin la guerre froide dans le tiers monde, cette intuition est magistralement confirmée : le couple Est/Ouest grâce à son antagonisme supposé a « couvert » la planète comme deux marques concurrentes mais complices couvrent un marché. Si vous n'aimez pas USA, buvez URSS ; de toute façon les deux nous appartiennent. Le holding « Nord » gagne à tous les coups.

La voie socialiste du développement s'oppose à la voie libérale ? Dans les deux cas, c'est un même économisme, une même idéologie de « l'avance » et du « retard » qui s'impose partout. Les forces prosoviétiques combattent des armées ou des guérillas pro-occidentales ? C'est toujours une logique étrangère au Sud qui coiffe les conflits et leur donne un sens. Deux méthodes s'affrontent pour contrôler la croissance démographique ? Oui, mais le principe de ce contrôle est admis par l'un et l'autre camp.

Tout à nos aveuglements partisans – quels qu'ils soient –, nous n'avons pas voulu nous rendre compte de cette complicité. C'est sa disparition, aujourd'hui, qui la rend visible, évidente, aveuglante.

Leur affrontement a cessé sous les tropiques, mais ni l'Est ni l'Ouest n'ont gagné. Leur reflux découvre ce qu'ils avaient si longtemps masqué derrière leur encombrant pugilat : le Sud. Un Sud qui ne s'oppose ni à l'un ni à l'autre mais à ce qu'ils ont en commun. Un Sud où trente ans de « développement » se traduit par un même désastre : l'apparition des archipels de la misère. Un Sud, morcelé par les conflits, au profond duquel se creusent de nouvelles taches blanches, des *terrae incognitae* inaccessibles et repliées sur leurs drames ignorés. Un Sud où la progression démographique s'entête à ne pas reproduire le « profil européen » de la transition. Un Sud où renaît le jaillissement révolutionnaire pur, délivré des bonnes résolutions que lui avait fait prendre le marxisme et qui prend pour cible la technologie, la rationalité, le matérialisme du Nord. Dès lors que l'économisme, la religion universelle du chiffre, ne peut plus envelopper tout cela dans son unité factice, deux mondes apparaissent, identifiés par des couples de contraires : dans tous les domaines, démographique, économique, politique, culturel, une fracture nette sépare le Nord et ce qui s'oppose à lui sous les traits de cette nouvelle barbarie.

Cette opposition est assez similaire à celle que les Romains avaient établie entre l'Empire et les barbares. Il faut voir là une preuve que le Nord, dans sa recherche des valeurs qui le définissent, reste assez largement fidèle à l'idée de civilisation telle que Polybe l'avait transmise à Rome. Les barbares sont perçus comme le contraire de cet idéal.

La première des valeurs « gréco-latines » est l'unité. Par unité, il faut comprendre « idéal d'unité », ce cheminement unificateur que Mommsen décrit comme « la transition du particularisme cantonal, par où commence l'histoire de tous les peuples, à l'unité nationale par où ils achèvent, ou doivent achever, la révolution de leur progrès [9] ». La barbarie suit le cheminement contraire, celui qui sans cesse perpétue et aggrave la division, le morcellement, celui même que nous avons vu à l'œuvre dans les nouvelles *terrae incognitae* du Sud et dans les conflits éclatés qui s'y multiplient.

Un autre idéal de l'Empire est la finitude, le classement, l'ordre, la connaissance. La caractéristique contraire des barbares n'est pas tant d'être nombreux que d'être innombrables. Innombrables aussi sont aujourd'hui les masses du Sud : on ne peut plus les compter et surtout les prévisions sont devenues impossibles ; nul ne peut plus dire ce qu'elles deviendront.

L'Empire est sédentaire. On s'y déplace d'un point à un autre mais il a un centre immuable et, partout, il cherche à peser sur la terre, à édifier, à accumuler ses richesses. Les barbares sont nomades : leur capacité de déferlement est à la mesure de la précarité de leur condition. Leur habitat peut être soulevé par le moindre cyclone météorologique ou politique. Aujourd'hui, l'archipel de la misère, masse de migrants suspendus dans leur errance, est un gigantesque campement de nomades immobiles.

L'Empire se veut administré par la raison, le Droit, la science. Les barbares, au contraire, sont la proie du fanatisme, de l'arbitraire et de la force. Le Sud est traversé par des idéologies de rupture qui rejettent le rationalisme et le matérialisme du Nord. Face à leur violence, l'autoritarisme violent fait valoir qu'il est le seul facteur d'ordre. « Les princes combattent pour la victoire et les soldats pour le prince[10]. » Violence et irrationalité, qu'elles soient d'opposition ou de gouvernement, se répandent dans la nouvelle barbarie.

L'Empire est prospère, il tient ses comptes, accroît ses richesses : les barbares sont misérables et prodigues. Ceci aussi n'est qu'un idéal : une grande partie des richesses de l'Empire provenait du pillage de ses conquêtes et certains barbares étaient riches et économes. Mais le projet impérial reste la formation d'un vaste espace économique pourvu de monnaies stables et de voies de communication. Au lieu de cela, les barbares ne connaissent que le troc, le pillage et Tacite note que les Germains (sauf ceux qui jouxtent l'Empire) ne font aucun cas des métaux précieux [11]. On trouve dans cette dernière opposition, celle qui aujourd'hui révèle toutes les autres : le divorce économique du Nord et des nouveaux barbares qui n'est pas seulement de nature quantitative mais traduit, face à la civilisation productiviste et commerciale, des dispositions opposées.

Ces oppositions, qu'elles concernent le monde antique ou la situation actuelle, sont des idées, non des faits. Il serait facile de démontrer que l'Empire n'a que rarement été uni et qu'il a évolué vers le morcellement, que sa rationalité était partielle et cachait des superstitions vivaces. On peut dire tout autant qu'entre la mosaïque des peuples de la Germanie du temps de Tacite et les grandes monarchies de l'époque des invasions, le monde barbare aussi cheminait vers l'intégration et l'unification [12]. Tout cela est exact. Il n'empêche que l'idéologie née avec Polybe et morte avec la chute de Rome était fondée sur l'idée de division et d'opposition de ces deux mondes. Plus leur similitude croîtra, à mesure que l'Empire approche de sa fin, plus cette idéologie de division et d'opposition aux barbares sera vivante et forte.

C'est une idéologie de même nature qui s'installe aujourd'hui entre le Nord et les nouveaux barbares. Le point n'est pas de savoir si elle est exacte. Elle prend la place d'une autre idéologie qui ne l'était pas plus : l'économisme, l'universalisme du développement. Ces idéologies ne rendent pas compte de ce qui est : elles décrivent ce vers quoi il faut tendre. La mythologie du développement était universaliste : derrière l'opposition Est/Ouest, un accord général prévalait sur l'idée d'un seul monde et la nécessité d'un rattrapage des « retards ». L'idéologie qui oppose aujourd'hui le Nord et les nouveaux barbares accepte et aggrave au contraire la division. En identifiant non pas un monde mais deux, elle transforme les priorités et ouvre une nouvelle histoire : celle de la confrontation de ces deux mondes.

Deuxième partie

L'IDÉOLOGIE DU LIMES

7

LA RÉTRACTION DES TERRES HISTORIQUES

C'était une de ses maximes qu'il fallait craindre les ennemis de loin pour ne les plus craindre de près.

Bossuet, Éloge funèbre du Prince de Condé *(II)*

Le Sud est entré dans l'Histoire il y a peu de temps : trois siècles au plus. En vérité, c'est plutôt l'Histoire européenne qui est entrée au Sud, au moment de son explosion planétaire. Au XVe siècle, le monde compte huit pôles de puissance répartis dans les deux hémisphères * ; l'Europe occidentale n'est encore que l'un de ces pôles. Rien ne permet de prévoir qu'elle est destinée à prévaloir sur tous les autres [1]. Pour des raisons variées et qui ne nous importent pas ici, c'est elle qui a connu une prépondérance mondiale : ses petits peuples ont essaimé sur toute la terre. Le reste du monde est conduit à la soumission selon des formes variées qui vont du remplacement quasi total d'une population par une autre (Amérique du Nord) jusqu'à la simple « protection » des autorités et hiérarchies locales (Laos, Maroc par exemple) [2].

Tout le malentendu est là : le Sud entre dans l'Histoire comme une scène, non comme un acteur. Les drames qui

* La Chine des Ming, l'Empire mongol, l'Empire perse, l'Empire ottoman, la Moscovie, l'Empire aztèque, l'Europe occidentale, le Japon.

s'y jouent n'ont que peu à voir avec les lieux où ils se déroulent. La longue aventure de la colonisation est d'abord la chronique des rivalités entre puissances européennes. Le rôle des colonisés se borne à quelques apparitions, en tenue de huron, pour résister à la pénétration bienveillante du progrès, et justifier, par leur prétendue stupidité, la sollicitude armée que des peuples plus avancés ont pour eux.

Cette aventure dure trois siècles, c'est-à-dire jusqu'au début du nôtre. Elle commence par la conquête des civilisations les plus vulnérables ou les plus primitives et se termine par le dépeçage de l'Empire ottoman et des monarchies d'Extrême-Orient.

Dans les terres vierges ou peuplées de tribus primitives, l'irruption des Européens marque purement et simplement le début du temps ordonné, de la mémoire factuelle, bref de la conscience historique. Mais les terres d'ancienne culture qui, elles, possédaient une histoire propre, vont devoir l'abandonner pour entrer, nues, courbées, dans le nouvel ordre qui leur est imposé. Quand les trois provinces indochinoises sont conquises par les Français, elles sont à la veille de réaliser elles-mêmes, autour de la cour de Huê, leur unité : cette histoire locale n'a plus d'importance dès lors que les conquérants en imposent une autre, venue de l'extérieur. L'avenir de la péninsule asiatique se rattachera désormais aux rapports de force du Palais Bourbon. Quand Pizarro, sanglant bouffon, anéantit le dernier Inca, l'histoire de ce royaume est soudain suspendue, comme un geste inachevé. Sur cette terre désormais règne Philippe II.

Le pouvoir colonial aura, selon les pays, des attitudes différentes quant à cette histoire locale : à certains endroits (Amérique latine), il persécute ses témoins et détruit ses vestiges. Ailleurs (notamment dans les ex-colonies françaises), il se fera le greffier de ce passé, étudiera les langues, classera les ethnies et multipliera entre elles les distinctions et les divisions. Cette entomologie des cultures révolues n'a plus rien à voir avec l'Histoire vivante : c'est plutôt une préhistoire que l'on sollicite pour mieux réaliser la fusion des colonisés avec les temps nouveaux, ceux du progrès, de la science, c'est-à-dire de la Métropole. Au banquet de l'histoire européenne, les colonies sont conviées à des places subalternes où on les prie d'apporter leurs coutumes colorées, leurs peaux cuivrées et leur or. Mais elles n'ont rien à dire : les personnages principaux viennent du Nord.

Cette situation dure jusqu'à la Seconde Guerre mondiale, période pendant laquelle le Sud fera de nouveau lourdement les frais des divisions européennes. L'ère des indépendances (en particulier dans les années cinquante) va redonner une place de premier plan à l'histoire locale. Pendant les luttes de décolonisation, on croit voir le passé ressusciter ; sur la scène de l'Histoire mondiale, des figures, des langues, des références culturelles qui semblaient perdues font une apparition bruyante ; Ghandi et son rouet symbolise assez bien ce retour militant aux racines locales. Cette renaissance sera de courte durée. Soviétiques et Américains, qui ont contribué à libérer le Sud de ses colons, prennent leur place. L'affrontement Est/Ouest, sortant d'Europe, s'étend au monde entier. Les histoires locales sont de nouveau, pendant trente ans, dominées par des enjeux politiques et idéologiques qui n'appartiennent qu'au Nord.

Voici qu'aujourd'hui survient une rupture brutale, un repli inattendu. L'affrontement Est/Ouest prend fin, tout au moins sur les terres lointaines des continents Sud. Et les terres historiques, d'un coup, se contractent.

LE SUD SORT DE L'HISTOIRE

Dès lors que le Nord ne se reconnaît plus comme universel (à travers la lutte d'influence planétaire de ses deux composantes Est et Ouest) il n'a plus d'histoire qu'à l'intérieur d'une limite : celle qui le sépare du Sud. Tout ce qui est au-delà n'a plus d'importance, plus de sens. Fachoda, Bir Hakeim, Dien Bien Phu, Da Nang, Peshawar, Aranyapratêt sont des curiosités au milieu de la jungle, les vestiges d'une histoire européenne en vacances dans le Sud et qui, depuis lors, est rentrée chez elle.

Cette rétraction de l'Histoire a quelque chose de rassurant. Beaucoup pensaient qu'il n'était décidément pas raisonnable de jouer la sécurité du monde dans des endroits aussi reculés, primitifs, imprévisibles. La moindre querelle de tribu, le plus insignifiant incident de frontière, pouvait faire dégénérer la rivalité Est/Ouest. Les grandes puissances devaient se garder sans cesse de s'affronter directement tout en se démenant pour faire néanmoins servir leurs propres intérêts par des moyens indirects. En Afghanistan, en Érythrée, au Nicaragua, une des superpuissances étant engagée visiblement, l'autre ne pouvait envoyer de troupes : elle devait se contenter de fournir discrètement des armes ou mieux encore une aide humanitaire permettant d'améliorer l'ordinaire de forces de libération dépenaillées et plus ou moins dociles. Les deux Grands connaissaient les contraintes de la dissuasion nucléaire et le risque qu'il y avait à les négliger. Mais, au Sud, des excités de la gâchette, des fanatiques résolus à se battre alors qu'ils avaient déjà tout perdu, cherchaient sans cesse à précipiter le monde dans un conflit plus vaste dont ils auraient été le centre. Bref, c'est avec des contorsions inouïes, en bridant sans cesse leur puissance militaire, en retenant d'une main ceux qu'ils soutenaient discrètement de l'autre, que l'Est et l'Ouest ont dû s'affronter pendant trente ans. A chaque fois, l'actualité se logeait dans les endroits les plus invraisemblables : au fond des jungles d'Indochine, sur les volcans d'Amérique centrale, dans les montagnes afghanes, ou les fondrières cambodgiennes. Cette époque est enfin révolue.

On en revient à un critère de proximité. Seul nous

importe ce qui concerne le Nord : la zone cruciale est à sa périphérie, la ligne le long de laquelle il jouxte les nouveaux barbares. Plus question là de lutte indirecte, de camouflage, c'est soi-même qu'on défend. On peut libérer toute la puissance, ouvertement, avec pour seule limite le respect du Droit puisque le Nord entend le représenter et le défendre. La guerre du Golfe est le premier conflit de ce type. Il se déroule dans une zone de contact direct entre le Nord et le Sud, où l'équilibre entre les deux n'était pas assuré. L'un des buts avoués de ce conflit de la part des Alliés est d'établir cet équilibre régional, c'est-à-dire de construire à cet endroit une zone de stabilité entre Nord et Sud. Le déploiement des forces s'est fait sans limite et sans faux-semblant, sous les yeux du monde entier. Dans le même temps, se déroulaient au Liberia, au Soudan, en Somalie, au Pérou, des drames terribles dans une indifférence générale. Il est clair que les enjeux mondiaux ne sont plus là.

La contraction des terres historiques a mis à nu ce Sud comme le fond d'une mer qu'une gigantesque marée aurait dévoilé. Il grouille d'une vie différente de ce que l'eau, à sa surface, laissait précédemment deviner.

Le Sud qui, pour la première fois, se montre tel qu'en lui-même, après le reflux de l'histoire européenne, est bien singulier : c'est tout l'opposé du Nord, son contraire. Cette nouvelle barbarie a révélé sa spécificité en tout : dans la croissance de sa population, dans l'ampleur et l'aspect de sa misère, dans les racines séculaires de ses conflits, dans la violence de ses idéologies. Les sociétés du tiers monde peuvent affirmer leur historicité ; le Nord la leur reconnaît d'autant plus volontiers que, sauf dans la zone qui est en contact avec lui et menace ses intérêts, tout lui est désormais indifférent. Le Sud est en train de quitter le champ de l'Histoire universelle que le Nord a emporté avec lui dans sa retraite.

La nature des pouvoirs politiques, les rivalités violentes

de groupes ou de nations, les drames, les famines, les morts prennent de plus en plus, au Sud, une valeur exclusivement locale.

« Seul l'État à une Histoire », dit Hegel. Le Nord qui se veut terre du Droit, de la démocratie, de l'unité, est aussi la terre de l'Histoire. Chacun des points de son territoire est historique et tout particulièrement sa limite extrême, l'endroit où il fait face à la nouvelle barbarie, son contraire. Au-delà, dans le profond de ce Sud que son retrait a mis à découvert, il y a des dangers mais le Nord s'en tient séparé ; des drames, mais ils sont l'ordinaire d'un monde lointain.

Strabon, considérant l'Irlande où les légions avaient arrêté leur conquête, se demande : « Y a-t-il, au-delà de Ierné (l'Irlande) des contrées encore habitables ? » Et pour que les Romains ne voient aucun dommage à cette limitation de leur Empire, il répond tout de suite : la question est celle « dont il ne faut prendre nul souci... Pour les besoins du gouvernement, il ne saurait y avoir aucun avantage à connaître de tels pays ni leurs habitants, surtout quand ils vivent dans des îles qui ne peuvent nous causer ni tourment, ni profit, vu l'inexistence des relations [3]. »

A ceux qui s'inquiètent désormais du Sud, il sera répondu que s'il ne nous cause ni tourment ni profit, il n'en faut plus prendre nul souci.

Ainsi naît l'idéologie de la séparation. Elle exerce une extraordinaire séduction sur ceux qu'effraie le Sud qui apparaît aujourd'hui. Contre les catastrophes qui semblent s'y préparer et l'hostilité qu'il exprime envers les valeurs du Nord, l'établissement d'une limite, d'une ceinture de stabilité, qui isole les deux mondes, Nord et Sud, rassure. Faute de pouvoir éviter les drames, on peut au moins les éloigner. Tant qu'à se savoir finie, notre civilisation préfère qu'on la limite dans l'espace plutôt que dans le temps.

Des miradors, des barbelés et des chiens, à cinq cents kilomètres de Paris, donnaient, jusqu'en 1989, une idée assez précise de ce que pouvait être la limite entre l'Est et l'Ouest. A cette frontière européenne s'ajoutaient d'autres lignes de contact entre ces deux mondes : le no man's land qui sépare les deux Corées, la frontière thaïlandaise et son rempart humain contre la progression vietnamienne, etc. Entre Est et Ouest, la démarcation s'opérait selon un *front*. Le terme de « front » désigne une ligne de contact bien définie et fortement militarisée entre deux adversaires. Par le combat, il s'y décide quel protagoniste vaincra l'autre. A moins qu'un équilibre ne prolonge indéfiniment l'attente armée...

De nombreux fronts sont apparus dans l'Histoire, à mesure que se concentrait l'autorité politique dans les États-nations, et que s'exacerbaient entre eux des rivalités de puissance. Le douloureux piétinement des combattants allemands et français, en 1914-1918, dans la boue des Ardennes, restera longtemps l'image la plus achevée, la plus concrète de ce qu'est un front.

Rome, pendant la première partie de son histoire, a connu contre les Étrusques de Véies, les Sabins, les Samnites, les Grecs puis contre Carthage, semblables fronts : le front est la figure stratégique qui caractérise la lutte entre des forces comparables.

Mais entre une puissance et son contraire, entre le Nord et le Sud aujourd'hui, entre un monde cohérent et des peuples dispersés, l'affrontement est de nature différente. A la deuxième période romaine, c'est-à-dire à partir de la naissance de l'idée impériale, apparaît une nouvelle figure stratégique. Entre l'Empire et les barbares se dessine une frontière qui prendra le nom de *limes*.

Le limes n'est pas un front : il est trop étendu. Il ceint à son pourtour la totalité de l'Empire. Le front ne naît qu'au point de friction, de contact, entre deux masses. Le limes, lui, définit une masse isolée, il la contient et l'identifie par rapport à ce qui l'entoure et qui en est la négation. Le but du limes n'est pas de faire la guerre, même si, à certains endroits, il est le théâtre d'offensives. Au contraire, le limes établit autour de l'Empire une zone de stabilité et, si possible, de paix : c'est une limite d'équilibre. Son tracé n'a pas la rigueur d'un front ; il peut être incertain, variable, flou en certaines de ses portions. C'est peu à peu, au cours de son évolution, qu'il va en quelque sorte se figer, se durcir et se militariser.

On dira qu'il y a quelqu'anachronisme à employer le mot « limes » dès le début, voire dès l'ébauche, de l'Empire romain. A proprement parler, le limes est une création bien postérieure. Assurément le limes fortifié, avec mur, fossé et tours de défense n'apparaît qu'au IIe siècle après Jésus-Christ. Les empereurs flaviens, en construisant le long de la Germanie une palissade de bois sont les inventeurs du limes matérialisé et militarisé. Pourtant la question de la limite entre Empire et barbares est présente dès le début de l'idée impériale. Dans la conception de Polybe, le problème de la démarcation entre ces deux mondes est déjà posé.

L'Empire romain tel que le conçoit Polybe est bien différent de celui d'Alexandre, constitué au gré de chevauchées précipitées. Le Macédonien a conquis des territoires en les traversant, y a fondé des villes et repris son chemin. La cohérence de l'Empire d'Alexandre était, si l'on peut dire, linéaire : il n'a pas organisé un territoire, il a suivi un trajet. Glorieux, hâtif, comme s'il eût le pressentiment de sa fin rapide, tendu comme un long fil entre des mondes jusque-là ennemis ou étrangers, l'empire alexandrin s'est disloqué sitôt son fondateur mort. Les diadoques, ses héritiers, ont alors entrepris, sur ces dépouilles, de transformer la ligne en surface ; chacun autour de sa capitale a organisé un territoire et une entité politique. Polybe, lui, commence par là. Lorsqu'il conseille Scipion, au lendemain de la chute de Carthage, les légions romaines sont dispersées dans les anciennes possessions puniques, en Espagne, en Afrique, en Sicile et elles stationnent également en Grèce. Il n'y a pas d'autre cohérence dans ces premiers territoires que la logique de poursuite qui a lancé les Romains aux trousses de leurs ennemis. Que faire de cet ensemble disparate ? Caton pense qu'il vaut mieux abandonner ces terres trop lointaines et se replier sur l'Italie, autour des valeurs traditionnelles de la latinité, être en somme un peuple parmi d'autres, le plus puissant certes, mais n'en tirant d'autre profit que la paix [4]. Polybe jette au contraire les Romains sur la voie de la conquête : non seulement il faut demeurer là où vous êtes, leur dit-il, mais il est indispensable de poursuivre votre progression. Pourquoi ? Certes pas, comme Alexandre, pour chevaucher jusqu'aux confins de l'univers. Non, la conquête s'impose dans un souci de cohérence. Ces territoires disparates, il faut les unir, les relier, les défendre. L'Empire est romain dans la mesure où il gardera, même avec une ambition universelle, le souci traditionnellement latin de finitude.

Rome, dès ses origines, est un ensemble fini. On en compte les hommes, régulièrement. Au début, ce recensement était pratiqué sur le Champ de Mars. De ce dénombrement découle l'organisation de la cité, le paiement de l'impôt, la répartition en tribus (étymologiquement : au nombre de trois), les fonctions militaires. A chaque conquête, Rome aménage cette finitude mais la conserve. Le nombre des tribus augmentera, le territoire de la République s'étendra. Toujours, il restera fini. Le terme de *fines,* qui veut dire frontière, est sans cesse employé par César dans le sens de territoire : il n'y a de territoire que fini [5]. L'Empire gardera, même avec une ambition universelle, ce souci de finitude : la question de sa limite sera d'entrée et constamment posée.

De la chute de Carthage à la victoire d'Auguste, les conquêtes romaines compléteront le dessin de l'Empire. Elles combleront les premiers trous, relieront les possessions éloignées, chercheront des frontières cohérentes – qui ne sont pas nécessairement naturelles. Auguste, au terme de cette expansion, émettra l'opinion que l'Empire a atteint le point d'équilibre. Par orgueil, les Romains voudront croire qu'ils gouvernent alors tout l'univers. Les géographes de cour, avec une complaisance remarquable, répandront l'idée qu'au-delà des limites de l'Empire, il n'y a plus rien. Strabon dira justement : « Les Romains, supérieurs à tous les autres conquérants dont l'Histoire a laissé le souvenir, sont arrivés à posséder ce que la terre habitée contient de plus riche et de plus célèbre. » Mais c'est la flagornerie qui lui fait ajouter : ce qu'ils laissent en dehors de leur Empire « est ou inhabitable ou habité seulement par des populations misérables ou nomades [6] ». En vérité, si Auguste juge nécessaire de s'en tenir à l'espace qu'il gouverne, c'est parce que cet espace est cohérent. Le limes qui le sépare des barbares est équilibré et sûr. Il n'ignore pas qu'il laisse en dehors de l'Empire des barbares puissants tels que les Parthes qui n'ont rien de misérable ni de nomade [7]. Mais il sait qu'avec eux a été obtenu une sorte de statu quo territorial qui assure à Rome la sécurité.

Les Romains aiment entendre raconter leur histoire avec des accents héroïques. C'est pourtant avec une parcimonie de boutiquiers qu'ils ont bâti pièce à pièce un ensemble où chaque acquisition a pour but de renforcer le tout. Dès l'origine, le but des conquêtes, le critère de leur utilité, est le limes. Définir, conquérir puis protéger ce limes, c'est-à-dire la ligne qui sépare harmonieusement l'Empire de ce qui n'est pas lui, telle est l'ambition de Rome depuis que l'idée impériale l'a dominée.

La figure du limes, tombée en désuétude avec la chute de l'Empire d'Occident, reprend aujourd'hui un grand intérêt théorique. Entre Est et Ouest, puissances comparables, se dessinait un front ; désormais entre le Nord et les nouveaux barbares, c'est-à-dire entre un monde et son contraire, c'est un limes qui s'établit.

A la différence d'un front, ce limes contemporain ne se borne pas aux seuls endroits militairement conflictuels. La démarcation entre Nord et Sud est une ligne continue : les garde-côtes de Floride, les douaniers marseillais, la police soviétique d'Azerbaïdjan surveillent un limes silencieux où, pourtant, Nord et Sud sont en contact, sans toujours s'affronter violemment.

Entre ces deux mondes contraires, une ligne se dessine : le lieu où les oppositions idéologiques que nous avons décrites dans la première partie se matérialisent. De part et d'autre de cette ligne, toutes les valeurs s'inversent. Ce que nous avons jusqu'ici énoncé en termes généraux et abstrait, prend une dimension géographique : le limes est la limite physique de ces deux mondes. Nous allons la suivre, la tracer, tenter un repérage qui ne soit plus seulement idéologique mais traverse les cours d'eau, les montagnes, dessine le visage de cette opposition.

Le limes Nord/Sud est une ligne nouvelle. Jusqu'à présent chaque fois que l'on évoquait la notion de Nord/Sud, c'était pour relier ces deux mondes non pour les opposer. La question de leur délimitation ne se posait pas : tous les efforts tendaient au contraire à nier cette opposition. Les grandes divisions du globe, depuis plus d'un siècle, sont verticales et non équatoriales. La doctrine Monroe oppose « deux hémisphères » mais c'est l'Est (le vieux monde) et l'Ouest (le continent américain)[8]. Elle annule toute séparation entre le Nord et le Sud de ce continent et établit entre eux une solidarité (ou beaucoup ont vu un impérialisme). De même le monde colonial établissait la fiction d'États européens démesurément étendus vers le Sud. La France, jusqu'en 1958, allait de Dunkerque à Brazzaville. L'Angleterre, par un chemin il est vrai moins direct, s'étendait jusqu'au Cap. Inversement, le Sud, par endroit, remontait jusqu'en Europe. L'Espagne, le Mezzogiorno, la Grèce, terres de misère et d'émigration, ne paraissaient pas faire partie du Nord industriel.

Carlo Levi avait vu le Christ s'arrêter à Éboli et les mauvaises langues ajoutaient que la Sicile était le seul pays arabe qui ne fût pas en guerre contre Israël. À la conférence afro-asiatique de Bandoeng, qui reste dans l'Histoire comme le lieu de naissance du tiers monde, l'un des trois pays leaders était européen : la Yougoslavie.

En politique, la démarcation Nord/Sud est une nouveauté. Elle en est encore à une phase de tâtonnement, d'ébauche. Au jeu de Go, les premiers coups permettent de délimiter ce que les Japonais appellent un moyo, un territoire présomptif, une sorte de fantôme de ce que sera le tracé futur du territoire définitif. Dès l'époque de Polybe, en regardant la carte des possessions romaines, on peut deviner le moyo de l'Empire futur. Il est clair par exemple qu'entre Espagne et Italie du Nord la Gaule, qui n'est pas encore conquise, est potentiellement contenue dans le moyo. Mais on ne peut dire à cette époque si sa conquête se limitera à la Narbonnaise ou concernera, au-dessus, toute la Gaule dite « chevelue ». Le territoire est présomptif : le limes passera par là nécessairement mais sa position haute ou basse est encore imprévisible. On peut faire le même raisonnement entre Italie et Grèce : la conquête de l'Illyrie est une nécessité mais le limes passera-t-il derrière la côte ou beaucoup plus haut, jusqu'au Danube ? L'Histoire seule nous l'apprendra.

Nous pouvons aujourd'hui dessiner le moyo du limes

Nord/Sud avec une raisonnable précision. Certaines portions du limes sont déjà bien définies et stables, quelques autres sont encore ébauchées et donc conflictuelles. Nous allons suivre rapidement les différents tronçons de ce tracé présomptif.

Dans les tronçons stables, bien définis, le limes a déjà pris une réalité historique : il y a eu lutte, établissement clair d'une ligne de partage. Dans les tronçons encore flous, on peut tout au plus repérer des oppositions naturelles : inégalités démographiques, inégalités de revenus, inégalités politiques. Ces oppositions permettent de faire des suppositions quant au tracé à venir du limes mais elles ne suffisent pas. L'existence de limites naturelles (fleuve, montagne, mer) n'est pas non plus suffisante en soi pour repérer le limes. Il faut que le limes reçoive une confirmation historique et prenne une identité politique. Des événements violents accompagnent fréquemment cette période de stabilisation.

8

NAISSANCE DE L'ÉQUATEUR

La frontière la mieux dessinée et la plus pure au regard de la démonstration est la portion de limes qui sépare le Mexique et les États-Unis. Il n'est pas exagéré de dire que le limes est né là. Tous les principes de stratégie qui lui sont liés ont trouvé leur expression sinon leur origine dans cette étroite zone entre Amérique anglo-saxonne et Amérique latine.

La frontière entre Mexique et États-Unis, même si elle suit sur une longue distance le cours du Rio Grande n'est en rien une frontière « naturelle ». Elle est le produit d'une histoire violente, d'un conflit armé au terme duquel une concession territoriale majeure a été imposée au Mexique. Les États-Unis ont pu, grâce à la guerre de 1847, conserver le Texas et acquérir le Nouveau-Mexique et la Californie. La frontière entre Mexique et États-Unis ne séparait pas au départ des zones différentes. Au contraire, elle passait en plein peuplement hispanique. Ensuite les deux côtés ont suivi des évolutions divergentes. Le limes historique et politique est né d'abord ; c'est après qu'autour de lui s'est développé le contraste démographique, économique, politique, etc.

Au XIXe siècle, la frontière du Rio Grande a fait l'objet d'une grande vigilance militaire de la part des Nord-Américains qui craignaient une revanche mexicaine. Les États-Unis entretenaient des garnisons sur place. Mais, dans le même temps, les migrations humaines restaient libres entre les deux pays. La prospérité de la Californie après la découverte de l'or puis l'essor économique général de l'Union ont stimulé de forts courants migratoires. L'immigration en provenance du Mexique s'est encore accrue après la Seconde Guerre mondiale pendant la phase de croissance industrielle rapide des États-Unis. Jusqu'à la fin des années soixante, les flux à travers la frontière sont restés pratiquement libres. Mais dans le même temps, l'évolution des conditions démographiques, économiques et politiques de part et d'autre de cette ligne ont été fortement divergentes. Le Rio Grande sépare désormais deux mondes opposés ou, si l'on veut, un monde et son contraire : le Nord développé, prospère, démocratique et une Amérique latine où la croissance de la population, sa pauvreté, son dénuement matériel et culturel sont préoccupants. Il y a bien longtemps que la menace militaire du Mexique ne terrorise plus les États-Unis : la frontière n'est plus un front, entre deux entités équivalentes. Elle est devenue, entre un monde et son contraire, une portion de limes, une figure marquée par l'asymétrie, l'inégalité et le déséquilibre.

La prise de conscience par les États-Unis de ce danger nouveau a accompagné la crise sociale et morale de la fin des années soixante. Elle s'est étendue avec la récession économique qui l'a suivie. L'immigration est devenue une charge excessive dans ce contexte de ralentissement de l'activité industrielle et de tensions internes. La frontière mexicaine apparut comme une porte dangereusement ouverte sur le monde latino-américain surpeuplé (Mexico avec ses 18 millions d'habitants en était le symbole), misérable, politiquement instable (c'est la période où des dictatures militaires se répandent en Amérique du Sud et tentent de décapiter les mouvements progressistes ou révolutionnaires).

Cette porte, les États-Unis vont la refermer énergiquement. Ils établissent des restrictions de circulation, des contrôles sévères aux points de passage. L'immigration continue mais elle se fait illégalement, par tous les moyens possibles, notamment à travers le fleuve *(wet backs)*. Pour lutter contre les infiltrations sur une si grande étendue, les Nord-Américains ont dû remettre des garnisons sur la frontière. En un demi-siècle le danger militaire est revenu mais il s'est inversé : à la crainte d'un Mexique fort s'est substituée la nécessité de contenir les effets de sa faiblesse et de la ruine du continent sud.

Autre enseignement du limes Mexique/États-Unis, que nous retrouverons ailleurs : la frontière n'est défendable que si l'on parvient à contrôler et à stabiliser sa berge sud. Les Nord-Américains ont compris que, sauf à entretenir une immense armée le long du Rio Grande, les flux illégaux ne pouvaient être arrêtés. La solution est de faire baisser la pression, c'est-à-dire d'améliorer la situation au Mexique. Sans rêver d'en faire un État du Nord (ce qui déplacerait le problème sans le résoudre), on peut espérer donner au Mexique une situation meilleure sur le plan démographique et économique, stable et relativement démocratique du point de vue politique[1]. Les États-Unis, en même temps qu'ils fermaient leur frontière, ont consenti pour le Mexique un important effort de coopération. En premier lieu, ils ont financé un programme de planning familial qui est sans doute l'un des seuls au monde à concilier à la fois liberté et efficacité[2]. Le fléchissement de la fécondité en est le résultat (mais elle reste encore à un niveau beaucoup plus élevé que la fécondité moyenne du Nord). Du point de vue économique, le Mexique est un des plus grands bénéficiaires des aides financières internationales. Le développement d'usines sous douane (les *maquiladoras*), d'abord près de la frontière, puis à l'intérieur du territoire, a pour but de fixer la main d'œuvre sur place. Considérée du seul point de vue des « indices », la situation économique mexicaine est bonne. Le gouvernement envisage dans un avenir bref de signer avec les États-Unis un accord de libre échange permettant une intégration du Mexique dans l'économie du Nord[3]. Ici encore, il faut se méfier des pièges de l'économisme et ne pas considérer que le Mexique est devenu pour autant un État « développé ». La misère y reste écrasante et les inégalités sociales explosives. Le Mexique est un État intermédiaire entre Nord et Sud, l'exemple même de ce que nous appellerons plus loin un État-tampon.

LE FOSSÉ MÉDITERRANÉEN

La deuxième zone stable et bien définie du limes est la Méditerranée. Ici encore, la limite paraît « naturelle » (les deux rives d'une mer). Pourtant sa constitution est récente ; elle est le produit d'une évolution historique et politique. C'est une frontière humaine.

Le Sud, il y a trente ans encore, était en Europe : l'Espagne franquiste, le Portugal de Salazar, le Mezzogiorno italien, la Yougoslavie de Tito s'opposaient radicalement aux États et régions du nord de l'Europe. Pays d'émigration, de misère, de violence politique, ils présentaient bien des traits que l'on prête aujourd'hui aux nouveaux barbares.

Deux phénomènes ont transposé cette opposition, l'ont fait glisser plus bas, à l'emplacement où elle se trouve actuellement, de part et d'autre de la Méditerranée. Le premier est la construction européenne : elle a produit sur l'ensemble de la communauté un effet unificateur. Unification économique : l'application d'une tarification unique, les efforts de développement agricole et industriel vers les régions défavorisées, l'élargissement aux pays du Sud à partir de 1983 ont constitué un espace économique unifié fortement profitable aux régions méridionales[4]. Unification politique : la mort du général Franco et la révolution portugaise, la fin des colonels en

Grèce, la coopération policière internationale en vue d'éradiquer le terrorisme en Italie, toutes les évolutions se sont faites dans le sens d'une démocratisation de l'Europe du Sud. Unification culturelle : les immigrants portugais ou italiens sont aujourd'hui cités en modèles par les plus xénophobes des mouvements d'extrême-droite : le racisme dont ces Européens ont pu faire l'objet, il y a moins de vingt ans, paraît aujourd'hui presque incompréhensible.

L'Europe est l'Europe jusque dans ses tentacules les plus extrêmes, vers le Sud : quand le colonel Kadhafi lance un missile sur Lampedusa, le point le plus méridional de l'Europe, une petite île ignorée, c'est toute la communauté européenne qui se sent attaquée et menace de riposter.

L'autre phénomène qui a produit le limes méditerranéen est la décolonisation de l'Afrique du Nord et particulièrement la guerre d'Algérie. Aux liens de la France avec l'Afrique, à cette continuité Nord/Sud qui plaçait notre pays à cheval sur la Méditerranée, cette guerre va substituer un fossé. Quoi qu'en dise la phraséologie officielle, l'histoire du Maghreb et de la France est racinienne : je vous ai trop aimé pour ne vous point haïr. Selon un mécanisme que René Girard a bien décrypté, ce qui unit le plus est ce qui divise le plus[5]. La lutte d'indépendance algérienne, l'incident franco-tunisien de Bizerte, le différent entre Espagne et Maroc à propos des enclaves territoriales de Ceuta et Melilla, l'agressivité du colonel Kadhafi à l'égard de l'ex-colonisateur italien, vont creuser un fossé culturel profond entre les deux rives de la Méditerranée. L'économisme, là encore, va tenter de recouvrir ces réalités gênantes en soulignant « l'intensité des échanges » entre ces pays. Il reste que la Méditerranée sépare aujourd'hui deux mondes dont les évolutions divergent fortement ; une Europe qui prend conscience d'elle-même et poursuit, jusque dans ses régions les plus écartées, une évolution homogène ; une Afrique du Nord qui exalte son identité arabe et africaine et entend prolonger la lutte anticoloniale par un combat pour l'émancipation économique. Par les profils de leurs populations, de leurs vies politiques, de leurs économies, ces deux mondes s'opposent de plus en plus nettement.

Comme entre Mexique et États-Unis, la nouvelle frontière méditerranéenne est d'abord restée largement perméable aux hommes. Il faut attendre le début des années soixante-dix, pour que les pays d'Europe se convainquent d'un danger démographique et placent des obstacles importants sur les voies de l'immigration économique. Actuellement, cette politique de contrôle est spectaculaire. Beaucoup, au Nord, la jugent inefficace sans réaliser avec quelle puissance s'effectue la poussée du Sud. Les quelques centaines de milliers d'immigrants annuels (légaux ou illégaux) en Europe ne sont rien en comparaison de l'accroissement (par reproduction et exode rural) des masses misérables de la rive sud. L'opposition de part et d'autre de la Méditerranée est beaucoup plus tranchée qu'entre les deux berges du Rio Grande, en particulier sur le plan démographique[6].

A cette inégalité croissante, on peut déceler plusieurs causes. Tout d'abord, malgré l'intensité de leurs efforts de coopération, les pays du Nord n'ont pas, au Maghreb, l'influence que les États-Unis exercent au sein même du pouvoir mexicain. On imagine mal la France, par exemple, imposer à l'Algérie un programme de planning familial généralisé. Entre les États d'Afrique du Nord, divisés et rivaux, sont engagées des surenchères qui aggravent encore la situation. L'opposition entre chrétienté au nord et islam au sud joue également dans le sens d'un écart culturel croissant. Enfin le Maghreb est adossé au continent africain dont l'évolution est dramatique et qui constitue autant de *terrae incognitae* d'où peut venir la catastrophe.

Le limes méditerranéen est donc plus contrasté que son équivalent américain et tous les paramètres semblent indiquer que ce contraste va continuer à s'aggraver tandis qu'il tend désormais à se réduire de part et d'autre des deux Amériques.

SUR LE FLEUVE AMOUR

Une autre zone du limes est constituée par la frontière orientale de l'URSS à l'est de l'Altaï. Cette frontière comprend deux portions distinctes : une portion mongole constituée par un État satellite de l'URSS mais relativement autonome (il dispose d'une voix à l'ONU). La Mongolie extérieure réalise un tampon entre Russie et Chine. Ces deux Empires, ayant été subjugués dans le passé par les Mongols, s'emploient à maintenir cette zone dans une situation de stabilité, de faiblesse et de neutralité forcée qui est, croient-ils, le meilleur gage de la tranquillité de tous. La portion orientale de cette frontière met en contact directement le monde chinois et le monde soviétique de part et d'autre de l'Amour et de l'Oussouri. Cette dernière zone est évidemment la plus conflictuelle, celle où les oppositions sont les plus tranchées. Malgré la présence d'un fleuve, la frontière n'est en rien « naturelle » à cet endroit. Son tracé résulte des célèbres Traités Inégaux (1858/1860 et 1881). Par ces accords imposés à une Chine divisée et affaiblie, la Russie abaissait sa frontière et se dotait d'une bande de sécurité : la province maritime avec Vladivostok[7].

Le refus soviétique de remettre en cause ces traités après la révolution chinoise traduit bien la très ancienne prise de conscience par les Russes des dangers de ce limes. La rupture sino-soviétique officialisée en 1963 est l'aboutissement logique de cette attitude de méfiance. Entre la solidarité prolétarienne et la défense de leur frontière sud, les Soviétiques n'ont pas longtemps hésité. Cette frontière a eu longtemps l'apparence d'un front, une ligne militaire entre deux Empires. Dans la nouvelle configuration des rapports internationaux, elle a de plus en plus nettement les caractères d'un limes qui oppose le vide et les richesses sibériennes aux hautes concentrations des populations pauvres de la Chine.

A ces portions bien définies du limes s'ajoutent deux tronçons instables. On ne peut encore décider sur quelle ligne se fixera finalement la démarcation Nord/Sud dans ces zones.

Le premier de ces segments instables est situé en Extrême-Orient. Dans cette région, les certitudes sont en nombre limité. On peut dire seulement que le Japon par sa démographie, sa puissance industrielle, son intégration politique appartient au Nord même s'il y tient une place très particulière. A l'inverse, quelles que soient leurs performances économiques, le développement de pays tels que la Malaisie, la Thaïlande et même les Philippines reste très partiel. La dualité de ces sociétés est patente : leur instabilité politique, la progression de la misère, le profil de leur population les apparentent clairement au Sud. La restitution de Hong Kong à la Chine, acceptée par l'Angleterre sans que soit obtenue la moindre assurance du maintien de l'autonomie et des libertés de la colonie, montre assez que le Nord ne peut se maintenir de force dans ces régions éloignées[8]. Tout au plus verra-t-on subsister, au flanc des masses du Sud, des comptoirs industriels et financiers tels que Singapour ou les secteurs développés d'Indonésie, de Malaisie, de Thaïlande, largement dominés comme ils le sont déjà par l'influence économique nippone. Mais la plus grande incertitude demeure sur le destin de la zone intermédiaire, en particulier sur l'évolution de la Corée et de Taïwan. Il est possible que le front Est/Ouest à cet endroit soit en quelque sorte reconduit sous la forme d'un limes Nord/Sud. Le tracé, contournerait la Corée et Taïwan qui continueraient d'être inclus dans le Nord. Mais il est également possible qu'un nationalisme sino-coréen anti-japonais rapproche ces pays de la Chine. Le récent différent à propos de la souveraineté sur les îles Tiadyutai, montre que cette évolution n'est pas tout à fait exclue[9].

L'autre tronçon instable du limes va de la Méditerranée orientale à l'Asie centrale. Il n'y a aucun hasard dans le fait que les premiers conflits du limes se soient précisément produits dans cette zone où il est historiquement mal défini.

Cette zone est composée de deux ensembles distincts : le groupe Caucase-Asie centrale et le Proche-Orient que nous allons considérer d'abord. Il y aurait quelque prétention à vouloir faire en quelques lignes l'analyse d'une région aussi complexe, troublée, et sur laquelle tant de choses s'écrivent chaque jour. Il n'est pas question ici de mener une étude géostratégique même partielle. Il s'agit seulement de suggérer comment, à travers ces multiples péripéties, le destin de la région peut se rattacher à l'ensemble plus vaste que constitue la nouvelle opposition Nord/Sud.

LE FLOU MOYEN-ORIENTAL

En France, une polémique assez divertissante s'est développée après l'invasion du Koweït : la question était de savoir si l'Irak était ou non un pays du Sud. Pour les socialistes français, il s'agissait d'écarter à tout prix l'idée que le gouvernement qu'ils dirigeaient pût prendre part à un affrontement militaire Nord/Sud. Le legs idéologique de la commission Willy Brandt qui faisait du Nord/Sud un axe de solidarité et de développement était encore trop puissant dans les esprits pour qu'on pût accepter d'en faire un axe de confrontation militaire. Pour éviter à tout prix que cette guerre ne dégénère en un conflit Nord/Sud, on s'est ingénié à démontrer que l'Irak... n'était pas un pays du Sud (comme si une guerre contre un pays du Sud devait nécessairement entraîner un affrontement Nord/Sud global).

Le déroulement de la guerre a fait rapidement évoluer les mentalités occidentales à propos de l'Irak. Certes il s'agit d'un pays qui dispose d'importantes réserves pétrolières. Mais par la structure extrêmement dépendante et fragile de son économie, par son profil démographique, l'accoutumance de sa population à la misère et aux privations, par l'archaïsme violent de son régime politique, il est sans ambiguïté un État du tiers monde.

Ceci ne signifie pas pour autant que la guerre du Golfe a opposé dans leur ensemble Sud et Nord. La guerre ne s'est pas limitée à faire découvrir l'Irak : elle a également montré que l'ensemble des pays de la région – il faut pour l'instant mettre Israël à part – ont les traits du sous-développement et appartiennent au Sud. Les efforts de certains dirigeants arabes pour donner de leur pays une image prospère, pro-occidentale, stable, ont été ruinés d'un coup par le spectacle de ces masses hurlant leur haine des États-Unis, de l'Europe, du Nord en général car l'URSS n'était pas à l'abri de leur critique (au moins au début). Des citoyens ordinaires de pays réputés souriants et xénophiles, comme la Jordanie ou la Tunisie, sont venus crier devant des caméras complaisantes que démocratie et Droits de l'Homme n'avaient pas de sens pour eux, que la vengeance justifiait tout et que Saddam devait frapper le plus durement possible. La haine des « idéaux gréco-latins » de Fanon explosait dans ces témoignages où l'on voyait à l'œuvre et à grande échelle l'idéologie de rupture avec le Nord.

Du côté des royaumes pétroliers, les choses se sont également clarifiées. Peu peuplés, à hauts revenus par habitant, terres d'appel pour la main d'œuvre étrangère, alliés de l'Occident et intégrés aux circuits de l'économie mondiale, ces États pouvaient prétendre être rattachés au Nord. Leur ouverture aux forces armées internationales rassemblées contre l'Irak a montré sans ambiguïté aux opinions publiques occidentales à quel point il leur était impossible de s'identifier à ces théocraties féodales. Leur mépris des Droits de l'Homme, la rigueur étroite et intolérante de leur pratique religieuse, le caractère artificiel et dépendant d'économies basées sur le revenu pétrolier, l'immobilisme véritablement totalitaire de leurs pouvoirs politiques, rattachent clairement ces pays au Sud.

Si l'on s'en tient à des caractères démographiques, économiques et politiques, le limes, au Proche-Orient, suit un tracé simple qui rejette toute la région au Sud : la ligne de démarcation part du détroit du Bosphore et va jusqu'au Caucase en suivant la frontière nord de la Turquie. Pourtant ce limes naturel n'est pas historiquement stabilisé : la défense d'Israël et les intérêts pétroliers de la région du Golfe contribuent à abaisser la ligne de confrontation Nord/Sud. La guerre du Golfe n'est pas à proprement parler un conflit Nord/Sud : c'est un conflit de stabilisation du limes, un événement lié à l'instabilité de la démarcation Nord/Sud à cet endroit et destiné à la consolider.

Il est impossible de dire pour l'heure à quel tracé va aboutir la nouvelle sécurité recherchée dans la région. Pourtant, il reste vraisemblable qu'un limes cohérent ne puisse jamais être installé ailleurs que le long de la ligne que nous avons mentionnée. Par une politique d'affaiblissement, d'équilibre et de neutralisation des États de la région, il sera sans doute possible d'aboutir à une sanctuarisation d'Israël et des zones pétrolières. Mais ces sanctuaires resteront situés au milieu d'États dont la nature « sudiste » ne se démentira pas avant longtemps.

L'autre portion instable de ce limes est la zone Caucase-Asie centrale. Dans cette région existe un écart géographique majeur entre la frontière tracée par l'Histoire et la répartition Nord/Sud.

La frontière de l'URSS passe à des latitudes basses : elle englobe le massif caucasien et la Géorgie, longe le Turkestan jusqu'au Pamir. Les voisins directs de l'Union soviétique sont d'Ouest en Est : la Turquie, l'Iran, l'Afghanistan, le Pakistan et la Chine. Cette frontière a changé de nature avec le temps. A l'origine, elle délimitait la zone d'influence de deux empires coloniaux concurrents : russe au Nord et anglais au Sud. Aujourd'hui, l'Empire russe est devenu soviétique et ses peuples divers, souvent mal délimités et nomades, ont été organisés en Républiques nettement découpées. L'Empire anglais a été démantelé et la décolonisation a accouché d'États souverains. La région forme désormais un puzzle complexe que la frontière soviétique paraît trancher arbitrairement : elle divise l'Azerbaïdjan en deux parties, passe au milieu du peuplement turkmène ; Ouzbeks, Kurdes et Tadjiks se répartissent entre plusieurs pays voisins[10].

Surtout, l'ensemble des Républiques du Caucase et d'Asie centrale présente des caractères communs qui les rendent bien différents du reste de l'URSS : un accroissement démographique élevé ; l'islam comme religion dominante ; une situation économique caractérisée par la spécialisation, l'exploitation et la dépendance (coton ouzbek) ; et surtout un contrôle social très particulier qui mêle structures totalitaires marxistes, clientélisme mafieux et autorités claniques et religieuses traditionnelles. A cela s'ajoute une grande inégalité ethnique avec le Nord puisque les populations slaves sont restées en minorité dans ces régions – et que les troubles actuels tendent à réduire leur nombre rapidement[11].

Le problème du limes Nord/Sud est, dans cette zone, ouvertement posé. Il est impossible de savoir comment il se stabilisera mais on peut circonscrire le choix en deux grandes options. La première privilégie le tracé historique c'est-à-dire le statu quo de l'Empire (carte n° 5, variante 1), l'autre correspond au tracé sociologique : elle suppose le réaménagement de l'ensemble fédéral et le découpage entre Nord et Sud. Les modalités de ce réaménagement sont le sujet de graves interrogations. La répartition la plus « logique » détacherait les Républiques musulmanes suivant le nord du Caucase et couperait le Kazakhstan selon une ligne à peu près médiane joignant la mer d'Aral (ou ce qu'il en reste) au lac Balkhach (carte n° 5, variante 2).

Mais entre ces deux tracés extrêmes tout est possible. Si ces régions s'opposent au Nord par une série de caractères communs, elles n'en sont pas moins très divisées entre elles. Le terme de République musulmane ne doit pas faire oublier la présence de plusieurs entités chrétiennes (Géorgie, Arménie avec le fameux Haut-Karabakh). Les facteurs religieux ne sont pas seuls en cause : comme le montre Olivier Roy, la « solidarité islamique » est un concept à manier prudemment. Il est moins que certain que l'Iran souhaite voir se développer des États indépendants sur son flanc nord : sunnites et turcophones, ces masses sont des facteurs de déstabilisation interne ou externe pour l'entité perse chiite. Personne dans les empires (russe, chinois ou perse) ne souhaite l'autonomie de ce Milieu si longtemps redouté[12]. La division linguistique, entretenue par le pouvoir soviétique depuis la période stalinienne, a permis l'affaiblissement et le contrôle de ces régions. Le procédé était double : d'une part, les identités nationales et ethniques ont été multipliées et dressées les unes contre les autres, d'autre part, les valeurs communes du socialisme devaient assurer leur fusion. Aujourd'hui, ces valeurs ôtées, reste la haine intercommunautaire, qui éclate depuis trois ans sous la forme d'émeutes et d'assassinats dirigés à la fois contre les Russes de souche mais aussi contre toute forme d'étranger. Il y a donc dans cette zone une grande indétermination sur l'avenir. Le danger est d'autant plus grand que la cassure Nord/Sud à cet endroit ne longe pas un État mais le traverse de part en part.

Voilà bouclé un tour du monde rapide et très sommaire. Chaque tronçon du limes est le produit d'une histoire locale longue et souvent violente. L'événement idéologique nouveau qui caractérise l'époque actuelle, c'est la mise en commun de ces histoires particulières, leur englobement dans une logique d'ensemble qui est celle du limes.

La loi de Pascal, en physique, établit que la pression exercée en un point de la surface d'un fluide s'exerce également en tout point de cette surface. C'est une semblable mise en commun de la poussée que réalise l'idéologie du limes. Chaque portion représente plus qu'elle-même : une pièce de l'opposition mondiale.

Un changement de perspective globale s'était déjà produit, dans un passé récent, lorsque, à l'affrontement colonial/anticolonial, s'est substituée l'opposition Est/Ouest. On a vu de la sorte le conflit indochinois changer de nature : jusqu'au départ des Français, c'était une guerre de décolonisation. A partir de l'intervention américaine, c'était une portion d'une opposition mondiale : celle du communisme et de l'Ouest.

De la même façon aujourd'hui, d'anciennes frontières prennent part à un dispositif idéologique nouveau qui les dépasse. Les gardes frontières russes sur l'Oussouri, après avoir défendu la terre des tsars contre les Chinois, ont ensuite veillé sur la limite entre deux « pays frères » puis, toujours en faisant, dans le froid, les mêmes rondes le long du fleuve, ils ont protégé l'orthodoxie contre le déviationnisme. Aujourd'hui, les voilà patrouillant le long du limes Nord-Sud. Pas un caillou n'a bougé mais une idéologie nouvelle est venue faire de ces mêmes hommes les compères et peut-être en cas d'attaque des compagnons d'armes de ceux qui scrutent les rives du Rio Grande ou celles de la Méditerranée.

9

PERDRE LE SUD

Quelque contrainte, quelque violence qu'on emploie pour contenir un peuple, il n'est que deux moyens d'en venir à bout : celui d'avoir toujours prête à mettre en campagne une bonne armée comme les Romains ; ou celui de le détruire, de le dissiper, de le diviser, de manière qu'il lui soit impossible de se rassembler pour vous nuire. En effet, lui enlevez-vous ses richesses ? « La misère fait trouver des armes. » Le désarmez-vous ? « La fureur lui en fournira de nouvelles. » Ferez-vous périr tous les chefs en continuant à opprimer les autres ? Les chefs renaissent comme les têtes de l'hydre.

Machiavel, Discours sur la première décade de Tite-Live,
Livre 2, Chap. XXIV

Le limes est une ligne étrange et paradoxale : ce n'est pas une frontière ordinaire. Elle sépare deux mondes et en même temps unifie chacun d'eux. Le couple installé par Polybe tire sa puissance de là : c'est par leur opposition que se définissent et se solidifient les deux univers face à face que sont l'Empire et les barbares. Quand même ils seraient totalement éclatés, le péril extérieur qu'ils représentent l'un pour l'autre, les rassemble et les fait persévérer dans leur être.

Comment s'exerce cet effet unificateur du limes côté Nord ?

Pour la longue métaphore latine qui parcourt ce livre, il était commode de présenter l'Empire romain comme s'il était une entité permanente. Or son Histoire n'est qu'une suite de déchirements, de fractures, de divisions. De la chute de Carthage à celle de l'Empire d'Occident, six siècles s'écoulent pendant lesquels l'unité intérieure de l'Empire n'est réalisée qu'une moitié du temps. Les époques brillantes d'Auguste, des Antonins ou de Julien ne doivent pas faire oublier que ces moments d'harmonie ont été éphémères. Les guerres sociales et civiles, les luttes de succession, les morcellements du Bas-Empire n'ont cessé de le fracturer. Pendant ces périodes de division, l'unité du monde romain n'était maintenue que du dehors : par son opposition aux barbares. Quand les rivalités internes se font trop fortes, le danger extérieur est là pour rappeler l'exigence d'unité. Ammien Marcellin, l'historien du IVᵉ siècle, le souligne quand il raconte la lutte fratricide que se livrent Procope et Valentinien tandis que les Allamans menacent l'Empire. « Il faisait valoir que Procope était son ennemi et celui de son seul frère mais que les Allamans étaient ceux du monde romain tout entier [1]. »

Dioclétien poussera cette logique jusqu'au bout. Il fera cette découverte tardive mais capitale : l'unité extérieure de l'Empire est d'autant mieux défendue qu'il est, au-dedans, divisé. En appliquant ce principe, il créera la tétrarchie c'est-à-dire la division du monde romain en quatre pouvoirs autonomes mais tous dédiés à la même entreprise : défendre l'Empire à son pourtour [*]. Et cet Empire coupé en quatre, par un mystère véritablement

* Les résidences des princes de la tétrarchie sont Trèves, Milan, Sirmiun et Nicomédie. Rome reste la capitale universelle mais elle est désertée par le pouvoir.

chrétien, préservera son unité d'ensemble. Que ce monde romain se soit finalement disloqué, restaurant avec la séparation durable des empires d'Orient et d'Occident l'antique opposition du monde grec et du monde latin, est une autre affaire. L'essentiel reste ceci : l'Empire désigne une entité définie de façon prédominante par l'extérieur, c'est-à-dire par son opposition (violente ou non) aux barbares. Selon les époques, à cette unité extérieure correspondra soit une unité intérieure (période d'Auguste) soit une division en plusieurs centres de pouvoir (période de Dioclétien).

Nous entrons aujourd'hui dans l'idéologie du limes par Dioclétien. Le Nord est composé de plusieurs pôles de pouvoir. Si l'on résume, on peut dire que la tétrarchie contemporaine est constituée par les États-Unis, l'Europe, l'URSS et le Japon. Le limes va représenter pour eux une idéologie unificatrice. Leurs rivalités restent fortes et leurs divisions profondes. Mais leurs intérêts convergent dans la définition et la reconnaissance de ce limes. Ils sont unis par la reconnaissance de leur commune opposition au monde des nouveaux barbares. Nous allons voir la position de chacun de ces pôles par rapport au Sud et l'intérêt qu'ils trouvent à la reconnaissance et au renforcement du limes. Ce sont des raisons profondément différentes qui motivent cette attitude commune.

ÉTATS-UNIS : UNE SUPERPUISSANCE À LOUER

L'immense succès du livre de Paul Kennedy *Rise and Fall of the Great Powers* a révélé à quel point les États-Unis sont désormais habités par l'idée de décadence. L'Amérique a découvert récemment qu'elle ne domine plus la scène mondiale et doit partager sa puissance avec des concurrents qui ne sont pas pour autant des ennemis. « Le plus marquant des événements qui oblige à changer de politique (étrangère), écrit J.D. Steinbruner, est l'échelle du développement économique international. L'économie américaine n'est plus un bastion national et une source automatique de suprématie mondiale. Conformément à nos propres intentions, la capacité économique s'est développée globalement, et a été irréversiblement internationalisée, apportant aux États-Unis une prospérité supérieure dans l'absolu mais un avantage relatif inférieur (...) En 1945, les États-Unis produisaient la moitié de la production mondiale dans un monde sévèrement retardé par les destructions de la guerre. En 1985, les États-Unis produisent moins du quart du produit économique mondial qui s'est accru cinq fois depuis 1945 [3]. » A cette situation, Paul Kennedy a donné une explication en forme de loi : l'exercice de la puissance militaire est économiquement coûteux. Les pays qui sont délivrés de cette contrainte (comme l'Allemagne et le Japon de l'après-guerre) peuvent consacrer tout leur effort à des investissements qui favorisent la croissance économique. Leur succès actuel en témoigne. A l'opposé, la grande puissance qui stérilise son économie par ses dépenses militaires, s'appauvrit relativement et cet appauvrissement, en retour, sape les bases de sa puissance. Le chemin du déclin est ainsi tracé pour l'Empire américain. Vraie ou fausse, cette thèse a une énorme influence idéologique sur les États-Unis. Elle flatte l'idée d'ingratitude du monde à leur égard et leur renvoie l'image d'un pays victime de ses responsabilités mondiales et de sa générosité.

Dans ce contexte, l'effondrement des Soviétiques, leur recul en tant que grande puissance, a d'abord plongé les Américains dans la perplexité. Que signifie ce retrait ? Ouvre-t-il la voie à un désarmement massif ? Les États-Unis se trouveraient alors soulagés d'une grande partie de leur handicap militaire. Au contraire s'accompagne-t-il du maintien des menaces mondiales ? Les États-Unis seraient désormais la seule superpuissance militaire capable d'y répondre et cela signifierait la poursuite de l'effort et donc, à terme, du déclin.

La question ne s'est pas longtemps posée. Certes, un progrès important a été enregistré avec les Soviétiques dans le domaine du désarmement. Mais les événements des deux années écoulées ont montré que le monde reste très instable (principalement du côté soviétique) et que l'Amérique reste en première ligne. Dans ce monde multipolaire, où l'équilibre n'est pas acquis, la menace est extrêmement sérieuse. Comme l'écrit Steinbruner, « c'est la sécurité et la prospérité de la prochaine génération d'Américains qui est en jeu[4] ». Les États-Unis sont les seuls à disposer d'une force de taille mondiale capable de faire face aux ruptures d'équilibre graves qui sont désormais possibles. Ils doivent donc continuer de renforcer leur puissance militaire et se préparer à en faire usage car la dissuasion nucléaire ne paralyse plus le jeu.

Bien sûr, il est flatteur pour l'amour-propre d'un peuple de se savoir la dernière superpuissance. Mais les États-Unis sont trop hantés par l'idée de leur déclin, pour ne pas ressentir en même temps toute la fragilité de ce triomphe. On pense à la couronne de lauriers que César portait en permanence, nous dit Suétone, moins comme marque d'honneur que pour dissimuler sa calvitie[5]...

La seule issue, pour l'Amérique, est de diviser le fardeau qui lui échoit. Elle ne peut combattre qu'au nom d'idéaux collectifs et doit exiger une contribution de la part de ceux qu'elle défend dans leurs intérêts – avec les siens. La diplomatie américaine est coutumière depuis ses origines de cet exercice : faire une présentation morale et universelle d'opérations qui sont, par ailleurs, de bonnes affaires pour l'Union. Elle l'a prouvé dès le XIXe siècle, au moment de la décolonisation de l'Amérique latine, en élaborant par exemple la doctrine Monroe qui « protège » le continent. Jusqu'ici ce moralisme formel était à destination du public américain lui-même. Désormais, il est à l'usage du monde entier et doit faire comprendre à ceux que l'on défend qu'ils ne peuvent tirer profit de leur supposée faiblesse.

Les opérations militaires en Amérique latine et centrale menées par les États-Unis en 1990 portaient déjà l'empreinte de cette nouvelle orientation. Leur objectif « antidrogue » leur donnait une tonalité collective et montrait à tous les pays menacés par ce fléau qu'ils étaient redevables aux États-Unis de cette action d'assainissement. Toutefois, l'ampleur modeste de l'affaire ne permettait pas un véritable partage du fardeau.

Bien entendu, c'est la guerre du Golfe qui a constitué la première circonstance propice à une véritable prise en charge internationale de l'effort militaire américain. On sait que le coût de cette guerre sera largement supporté par les Alliés, les États-Unis prenant seulement leur part « pour ne pas apparaître comme mercenaires » selon la formule de James Baker. Ce partage des frais – et des tâches – force les nations concurrentes des États-Unis mais néanmoins alliées à eux, à une solidarité que le chacun-pour-soi de l'économie leur avait fait négliger. L'Amérique peut de cette manière espérer tenir un rôle de superpuissance tout en cassant la logique de déclin à laquelle cet effort la condamnait. Cette fois, les dépenses de guerre sont divisées mais les profits de guerre (vente d'armes ; avantages stratégiques ; reconstruction) n'échapperont pas aux États-Unis [6].

Cette coopération internationale a été rendue possible par une soigneuse présentation idéologique de l'affaire. La guerre du Golfe a été placée dans une perspective plus vaste et surtout plus durable, qui préfigure la nouvelle organisation de la planète telle que la souhaitent les États-Unis. En évoquant Saddam Hussein, les Américains ont pris soin de s'adresser, au-delà de lui, à tous ceux qui, à l'avenir, seraient tentés de violer les règles internationales. Le « nouvel ordre mondial », derrière la question du Koweït, est l'objectif avoué de l'intervention américaine. L'idéologie de ce nouvel ordre est directement empruntée à Polybe. On reconnaît l'opposition entre, d'un côté, le Droit, la liberté, le respect de l'individu, la technologie, bref la civilisation, et de l'autre son contraire : l'agression, la destruction, la violence politique, le fanatisme, bref la nouvelle barbarie.

Cette menace n'est pas formulée directement comme venant du Sud : ce serait politiquement catastrophique. Cependant, les États-Unis ont pris conscience depuis plusieurs années que le danger et l'instabilité se développe d'abord dans cet azimut. Leur lutte avec l'Union soviétique est restée toujours lointaine, immatérielle, théorique. Seuls les périls venant du Sud ont atteint l'Amérique du Nord directement : le trafic de drogue ; l'immigration clandestine ; le terrorisme contre leurs ressortissants, leurs ambassades ou leurs avions ; la prise d'otage et le chantage. Les Américains ont le sentiment d'avoir été bien mal récompensés de leur sollicitude pour les continents opprimés. Alors qu'ils ont lutté contre la colonisation, qu'ils ont apporté partout où ils le purent les bienfaits du libre échange et de la technologie, qu'ils ont protégé ces jeunes États contre la menace marxiste, ils sont indignés de ne recueillir qu'ingratitude et insulte. Il ne s'agit pas de savoir si cette vision est juste : elle est majoritairement celle des citoyens des États-Unis et se reflète dans le choix politique de leur nation. Il est vrai qu'aujourd'hui, les porteurs de passeport américain ne sont pas les bienvenus dans un grand nombre de pays. De plus en plus, le Sud est pour eux une terre interdite.

Jusqu'à une période récente, on pouvait toujours accuser les Soviétiques d'encourager les agressions venues du Sud. Cuba ne servait-il pas de plaque tournante au trafic de coca ? Le lien entre le terrorisme international et le KGB n'était-il pas démontré ? L'afflux de réfugiés n'était-il pas la conséquence directe de la soviétisation récente de plusieurs pays ? Pendant longtemps, le Sud n'a paru aux États-Unis qu'un instrument des menées subversives de l'Est. Il a fallu la guerre d'Afghanistan, les démêlés des Soviétiques avec les Républiques musulmanes et l'apparition de régimes vraiment incontrôlés comme celui de l'Iran, pour que les États-Unis réalisent à quel point le Sud pouvait constituer une entité autonome et créer des difficultés à l'Est autant qu'à l'Ouest. Au Vietnam comme en Afghanistan, les superpuissances croyaient se battre l'une contre l'autre ; chacune avait été, en réalité, vaincue par le Sud. Dans un contexte de réunification, la défense d'un limes Nord/Sud apparaît comme la seule cause permanente qui s'impose à la fois aux autres Occidentaux et aux Soviétiques. Le nouvel ordre mondial rassemble, sur les débris de la guerre froide, tous ceux qui entendent collectivement se prémunir contre la nouvelle barbarie et qui sont prêts, pour y parvenir, à coopérer avec les États-Unis. Les premiers effets de ce regroupement Nord/Sud commencent à se faire sentir.

A l'ONU, le blocage du Conseil de sécurité par l'opposition russo-américaine a donné libre cours pendant des années à l'expression des pays du Sud – grâce au système : un État, une voix. Les États-Unis ont longtemps dénoncé le « double standard » qui permettait de les mettre sans cesse en accusation alors que les violations des Droits de l'Homme à l'Est ou au Sud étaient passées sous silence [7]. Ils ont critiqué le système, quitté certaines institutions (l'UNESCO) mais ils sont restés attachés à l'idée d'une organisation internationale et ils n'ont pas abandonné purement et simplement les Nations unies. On avait le sentiment qu'ils attendaient leur heure. Elle est venue avec la nouvelle politique soviétique et surtout avec la crise du Golfe. Les puissances du Nord ont repris l'initiative. Le conseil de sécurité, où les principales capitales du Nord disposent d'une place permanente et d'un veto, les met en mesure d'énoncer le Droit et de l'imposer.

Dans le domaine moral, à la vigueur de la dénonciation de l'Irak – situé sur le limes – répond la grande indifférence dans laquelle ont été tenus d'autres conflits survenant à la même époque. De même, les critiques à l'égard du « boucher » de Bagdad, n'ont pas empêché d'opérer un rapprochement avec l'Iran (dont on connaît les vertus démocratiques), la Chine et de laisser la Syrie s'emparer du Liban chrétien. Il est clair que le nouvel ordre mondial fondé sur la démocratie et le Droit est limité dans l'espace. Pour le défendre, les États-Unis sont prêts à soutenir des États qui ne respectent ni la démocratie ni le Droit pourvu qu'ils remplissent une fonction utile de stabilisation du limes.

Au contraire, des régimes démocratiques très menacés qui font des efforts parfois désespérés pour accomplir un redressement mais qui n'ont pas l'heur d'être sur le limes ne reçoivent guère d'attention : Brésil, Argentine, Chili.

Cette inégalité de traitement est perceptible dans la répartition de l'aide américaine. Le Pakistan, avec le retrait soviétique d'Afghanistan perd à la fois son intérêt et ses crédits. Les États qui la captent sont ceux qui participent à l'effort de stabilité au Proche-Orient, ceux qui sont situés le long du limes ou ceux qui constituent une menace directe pour l'Amérique du Nord (Pérou et Colombie pour la production de la coca) [8].

Nul doute que les États-Unis se sont convertis au limes et qu'ils en sont les principaux défenseurs. A première vue, l'idéologie d'un monde divisé paraît contradictoire avec la tradition d'universalité démocratique des États-Unis. Il est possible qu'il y ait là, au contraire, une profonde continuité. Le prosélytisme libéral et démocratique des États-Unis est inséparable de l'idée d'une mission civilisatrice à connotation religieuse. Les historiens issus de la gauche américaine ont bien montré comment, depuis les origines de l'Union, existe dans son idéologie une dichotomie marquée – ils parlent même d'un véritable racisme – entre le Bien (que représentent les États-Unis) et les autres : sauvages, païens, sous-développés[9].

Aujourd'hui, seuls les adversaires changent mais la dynamique de la conversion qui pousse à défendre le Bien contre ce qui le menace, demeure.

Le limes contemporain – ou si l'on veut le nouvel ordre international – établit la séparation entre le Nord qui adhère aux valeurs démocratiques et humaines qui sont celles des États-Unis et le reste du monde, c'est-à-dire les nouveaux barbares.

Dans cette tradition de pensée, deux règles différentes s'appliquent selon que l'on a affaire à un monde ou à l'autre. Chez soi, c'est-à-dire aux États-Unis ou plus généralement au Nord, doit prévaloir le Droit, la liberté, la solidarité. Contre les autres, c'est-à-dire les nouveaux barbares, le Sud, le plus grand pragmatisme est toléré. Seule compte la fin et comme le dit le proverbe chinois : il faut utiliser les barbares contre les barbares. De même que les États-Unis, pour défendre le camp de la liberté contre le marxisme, se sont résolus autrefois à soutenir des gens peu recommandables, de même, ils font preuve, pour asseoir et protéger le nouvel ordre, d'assez peu d'exigence dans le choix de leurs amis : la grande indulgence à l'égard de la Chine est certainement le prix de ce partage mental du monde qui réserve l'idéalisme à un camp et autorise le réalisme contre l'autre.

EUROPE : RICHE ET LÉGÈRE

Dans leurs relations avec le Sud, les pays d'Europe ont longtemps présenté entre eux de considérables différences. Certains possédaient des colonies et d'autres pas – ou plus. Entre les puissances coloniales, les rivalités étaient vives. Les rapports entre Empire et métropole divergeaient fortement : l'immensité du domaine portugais contrastait avec la pauvreté et la modestie de sa métropole. A l'autre extrême, l'Espagne choyait ses minuscules colonies africaines, derniers vestiges d'un univers englouti.

Les pays d'Europe s'étaient lancés dans l'entreprise coloniale avec la certitude de sa nécessité. Le destin du Sud ne faisait aucun doute : ces terres étaient le débouché naturel d'une Europe trop à l'étroit pour ses peuples où la rivalité de puissance passait par la conquête d'espaces nouveaux. Von Bülow disait : « La question n'est pas de savoir s'il faut coloniser mais ce qu'il faut coloniser et comment. » Ce premier consensus sur la nécessité d'une fusion Nord/Sud sera évidemment tempéré avec le temps, à mesure que certains – comme l'Angleterre ou la France – apparaîtront comme les gagnants de l'entreprise tandis que les perdants seront amenés à la rejeter.

La décolonisation a été contemporaine de l'unification européenne. On peut dire qu'à partir du début des années soixante, l'Europe commence à avoir une position plus homogène en face du Sud. Tous les pays qui entrent dans la communauté ont décolonisé – ou le feront rapidement. Ce sera le cas notamment de l'Espagne et du Portugal au moment de l'élargissement en 1986. La CEE trace autour de l'Europe une frontière nette : chaque État y est réduit à son espace métropolitain. La colonisation ne subsiste plus que sous la forme des « liens privilégiés » maintenus par les puissances coloniales avec leurs anciens territoires (et par la possession résiduelle de quelques confettis d'Empire).

Avec le temps ces liens privilégiés perdent de leur importance. Malgré les efforts de la coopération française en direction de l'Afrique, les relations des anciennes colonies se diversifient. L'ampleur des problèmes que rencontre ce continent ne peut qu'accentuer l'insuffisance du soutien français. Face aux crises qui s'annoncent, les relations bilatérales deviennent de plus en plus marginales. L'aide d'un seul pays d'Europe n'est plus à la mesure des enjeux économiques et démographiques [10].

Ces liens privilégiés, quand ils subsistent, prennent plutôt le caractère d'une aide politique destinée à préserver aux ex-puissances coloniales un « rayonnement » et à leur laisser la douce consolation de se croire plus qu'elles-mêmes.

Le poids lourd, désormais, en terme de coopération, est la Communauté économique. Elle dispense son aide dans le cadre d'un accord négocié tous les cinq ans avec les pays dit ACP (Afrique, Caraïbes, Pacifique). Des arbitrages subtils président à la distribution de cette aide. Ils tiennent peu compte de données directement politiques. A la différence de la coopération bilatérale, l'aide de la CEE est une manne répartie de façon neutre. La mention – qui eût été un minimum – d'une clause suspensive de l'aide en cas de violation grave des Droits de l'Homme, a toujours été vigoureusement rejetée par les partenaires ACP. Si bien qu'aux pires moments de la famine en Éthiopie, l'aide de la CEE continuait à se déverser dans ce pays sans condition, c'est-à-dire en pratique au service d'une politique criminelle. Sur la pression de plusieurs gouvernements européens, elle a été finalement suspendue mais non arrêtée puisque l'accord de Lomé la rend en quelque sorte obligatoire. L'Europe communautaire maintient un puissant lien financier entre Nord et Sud mais elle le fait d'une façon presque détachée. Elle se comporte en quelque sorte à la manière des institutions internationales de type BERD ou UNICEF. Cette sollicitude financière est comme la rançon de son retrait politique. Aux relations passionnelles entre les États membres et leurs anciennes colonies, la CEE oppose une forme de coopération calme, neutre et passablement bureaucratique.

A l'égard du Sud, les États européens sont donc désor

mais liés par le paiement automatique d'une sorte de tribut communautaire.

Ces relations désincarnées et froides contrastent avec la seule véritable passion que le Sud déchaîne dans toute l'Europe : la peur de l'immigration. Après une période d'ouverture et d'appel de main-d'œuvre, l'heure est à la fermeture. Chaque État reste responsable de ses frontières mais la CEE sert de cadre à une harmonisation des contrôles (c'est l'objet de la négociation de Schengen).

L'Europe méridionale, les anciens pays coloniaux, les puissances industrielles sont tous des points d'appel à l'immigration hors des anciens empires. Au mouvement du Nord vers le Sud de la colonisation répond, depuis, le mouvement du Sud vers le Nord de l'immigration. En Europe, la question du limes apparaît vitale. Le tiers monde n'est pas un univers lointain et dont la menace se manifeste indirectement : ce sont des terres voisines et des peuples familiers qui parlent souvent les mêmes langues. Le fantasme en Europe est celui de submersion, « d'invasion » [11]. Ce terme qui évoque le déferlement est employé alors que la frontière Nord/Sud, au contraire, se renforce. Il y a là une déformation idéologique analogue à celle dont ont été victimes les Romains au IVe siècle. Quand Ammien Marcellin, historien de cette époque parle de « colonnes barbares dévalant comme la lave de l'Etna », de « marées et de lames déferlantes », les Romains le croient volontiers. Or il apparaît qu'à cette époque les invasions étaient des affaires assez modestes, mettant en jeu de petits groupes de guerriers [12]. Il s'agissait plus d'infiltrations que d'assauts massifs. Les propos d'Ammien ont moins pour but de décrire une réalité que de la conjurer en provoquant une réaction. Ils s'adressent à une classe romaine de souche qui s'indigne de voir les barbares occuper de plus en plus nombreux et en toute légalité des postes de responsabilité dans l'Empire. La description de l'invasion traduit cette réalité intérieure. En parlant de ces lames déferlantes, Ammien suggère qu'il faut défendre le limes, le durcir, le rendre imperméable.

L'Europe se réunit, aujourd'hui, face au Sud, autour d'une semblable idéologie défensive. Le fantasme de l'invasion commande le renforcement du contrôle. Pour des raisons différentes de celles de l'Amérique, raison de proximité et crainte de voir se retourner contre elle la masse de ses anciens empires, l'Europe adopte le limes et se dispose à le défendre.

URSS : RETOUR A LA TCHERTA

Il n'est pas inutile de se souvenir qu'à l'origine de l'expansion russe était la peur. Les princes de Moscovie puis les tsars, leurs successeurs, lancent leurs premières attaques contre les Tatars pour se délivrer de leur sujétion. Cet expansionnisme est d'abord défensif.

Les Cosaques en sont l'instrument. Ils cheminent dans le milieu qui est le leur : la steppe. L'immense Sibérie qu'ils conquièrent n'est que peu peuplée et par une politique d'immigration, massive et violente, les Slaves vont rapidement y prédominer.

Fascinés et attirés par l'Est, les Cosaques sont au contraire arrêtés par le Sud. Au bord des déserts d'Asie centrale, ils établiront une longue ligne défensive qui joint la mer Caspienne au massif du Pamir. Cette *tcherta* n'est rien d'autre qu'un limes. Au Nord, l'Empire tsariste s'étend sur toute la largeur du continent, de Crimée à la mer d'Okhotsk ; au Sud, tourbillonne une poussière de peuples nomades. Il faut garder le souvenir de cette longue étape qui prend fin il y a cent cinquante ans (fort peu de temps). L'Empire russe a cherché longtemps à établir entre le Sud et lui une séparation, comme s'il avait conscience qu'au-delà de ce limes était le danger. Il ne franchira cet équateur qu'en 1839, au moment où les Anglais lancent l'armée des Indes à l'assaut de l'Afghanistan. Coïncidence ? Non, c'est bien sous l'influence de l'Europe que les Russes vont entreprendre de détruire la séparation Nord/Sud. La colonisation européenne semble avoir aboli une frontière mentale et persuadé les Russes que leur progrès n'avait pas de limite. Les Cosaques se lancent à l'assaut de l'Asie centrale au nom d'un mythe qui n'est pas le leur. On insiste généralement sur la continuité de la politique d'expansion des tsars : il semble bien pourtant que, passé la première phase d'expansion défensive antimongole, les Russes ont été souvent entraînés dans le rêve des autres. Au milieu du XIXe siècle, ils cèdent à la mode coloniale venue de Paris et de Londres. Partout, ils cherchent à étendre vers le Sud leur influence. Ils concluent avec la Chine affaiblie les Traités Inégaux (succès) et tentent des expéditions vers la Mandchourie (échec). La concurrence anglaise et japonaise rendra éphémère l'aventure chinoise des Russes. Dans cette région orientale, un limes stable sera précocement dessiné le long de la Mongolie, de l'Amour et de l'Oussouri : il n'a pas bougé jusqu'à aujourd'hui[13].

Malheureusement, en Asie centrale et au Caucase, la conquête est rapide, facile et donne la redoutable illusion que la Russie peut effectivement s'étendre loin et durablement au Sud. Mais ces territoires conquis, il faut encore les pacifier, les peupler, les exploiter. Passons sur les détails de ce long processus pour retenir seulement un trait : par la même répugnance peut-être que les Cosaques avaient eue à s'aventurer dans cette direction, les Slaves peupleront ces régions avec difficulté et y resteront toujours minoritaires.

La Révolution bolchevique donne un regain de vigueur à l'expansion sud. En 1918, les attaques des Anglais en Asie centrale, des Blancs en Mongolie convainquent Lénine de l'existence d'un danger au Sud. L'expansionnisme défensif est de retour. Cette fois, les nouveaux dirigeants de Moscou ne craignent pas seulement les Tatars mais la terre entière. De ce complexe obsidional naîtra la volonté d'organiser solidement les marches sud de l'Union. L'idéologie socialiste et les institutions complexes de la Fédération tentent de fondre les différences Nord/ Sud dans le moule bolchevik. En même temps les transferts de population et la politique stalinienne de morcellement culturel, linguistique, ethnique, divisent la région à l'extrême.

Après la Seconde Guerre mondiale, l'expansionnisme vers le Sud reprend : le refus d'évacuer l'Azerbaïdjan iranien en 1946 en est un signe ; de même la politique de grignotage du Turkestan chinois – d'où les Russes seront définitivement mis à la porte en 1960 – mais où ils continueront à entretenir la subversion. Enfin, la dernière preuve de cette permanente « demande de Sud », sera l'invasion de l'Afghanistan en 1979.

Dans tout cela, beaucoup n'ont voulu voir que la continuité de la vieille politique impériale. Il est permis d'en douter si l'on rapproche cette expansionnisme de proximité de l'attitude soviétique à distance de son territoire, dans le Sud lointain, ce que nous appelons le tiers monde. Rompant avec la prudence stalinienne et jdanovienne (que l'on peut, elle, qualifier d'impériale), les Soviétiques vont se lancer dans une compétition planétaire non plus avec les Anglais cette fois-ci, mais avec les Américains : Cuba, Vietnam puis, à partir des années soixante-dix, cône sud et corne de l'Afrique, Amérique centrale. La partie qu'ils jouent là est-elle la leur ? N'y a-t-il pas dans cette surestimation de leur puissance, la réponse de l'orgueil à un défi occidental? En allant si loin vers le Sud, ne veulent-ils pas, une fois de plus, prouver qu'eux aussi sont des Européens ?

Derrière son apparente continuité, l'impérialisme russe comporte au moins trois phases distinctes et trois logiques : logique nationale, puis logique coloniale, enfin logique mondiale appuyée sur le Parti et justifiée dans une perspective marxiste. Ce passé donnerait matière à de longs développements et controverses. La seule certitude est que ce processus s'est aujourd'hui inversé. A la « demande de Sud » fait place soudain le retrait, l'abandon, la contraction des Russes vers les terres du Nord. L'ambition, qui leur a fait étendre à l'extrême vers le Sud leur puissance, se retourne d'un coup contre les Slaves.

Il y a dix ans, les auteurs les plus sérieux voyaient dans le Sud de l'Empire soviétique l'instrument d'une expansion continue dans la même direction. « Une manipulation par le politburo des musulmans voire des bouddhistes mongols et soviétiques paraît envisageable. On imagine ce que serait l'impact d'Ouzbeks en Turquie, de Tadjiks en Iran, de Mongols au Tibet. Cet emploi, sans doute hardi, serait compensé par un contrôle accru de la " base arrière ". Le Parti et l'appareil policier en donnent les moyens[14]. »

Aujourd'hui, la tendance s'est retournée. On voit, au contraire, dans les masses musulmanes d'URSS, l'instrument d'une subversion venue de l'extérieur.

Le repli a été extrêmement soudain et rapide. Il a concerné en premier lieu le Sud lointain, celui d'Afrique, d'Indochine ou d'Amérique latine. A l'égard de ce tiers monde profond, l'URSS ne peut que pratiquer désormais un désintérêt actif. L'installation d'un limes Nord/Sud en Europe ou en Amérique centrale lui est indifférente. Quant à l'abandon, voire au chaos dans lequel peuvent se trouver l'Afrique ou l'Amérique latine, elle y voit d'autant moins d'inconvénients qu'elle est à leur égard dans une position de concurrence commerciale. Elle ne peut que profiter d'une précarisation des sources d'approvisionnement du Nord en matières premières dont elle dispose d'abondance et qu'elle peut vendre en priorité et cher.

Plus complexe est la question du Sud intérieur, les territoires caucasiens et d'Asie centrale. D'un coup, la glasnost a mis en évidence de part et d'autre, au Sud comme au Nord, la fin de la logique de fusion et une intense demande de séparation. Après un siècle et demi d'illusions, on en revient à la recherche désespérée d'une tcherta, d'un limes qui maintienne l'équilibre entre Nord et Sud.

Du côté Nord, on a brutalement pris conscience du handicap qu'a constitué l'entretien de cet Empire. Il y a, en particulier dans la République de Russie, le violent désir de se libérer d'une égalité Nord/Sud qui a généré l'inégalité et spolié la majorité au profit des minorités [15].

Du côté Sud, on développe les griefs naturels aux peuples colonisés et qui s'estiment tenus en dépendance : l'exploitation économique (par exemple la culture exclusive du coton en Ouzbékistan), le désastre écologique de la mer d'Aral, l'appauvrissement et la déculturation sont mis en cause mais surtout l'aggravation des conditions de vie [16]. La situation des Russes dans les Républiques musulmanes est extrêmement mauvaise. Vexations, menaces, révoltes armées se succèdent depuis deux ans et entraînent un exode massif des populations slaves. Cette logique de séparation annule à très grande vitesse les efforts de peuplement effectués par le pouvoir impérial puis soviétique depuis un siècle. L'opposition ethnique va s'ajouter de plus en plus nettement aux oppositions démographiques, économiques, religieuses qui caractérisent déjà les deux parties de l'Empire.

Le limes se dessine donc très nettement. D'un côté la République russe, malgré son hostilité au fédéralisme, peut espérer constituer un bloc – au moins économique – avec les grands, et les autres entités du Nord : Ukraine, Biélorussie. Cette « Union slave » a un potentiel économique important [17]. De l'autre côté, les Républiques musulmanes prennent tous les caractères d'un Sud tels que nous les avons rencontrés dans le reste du monde. A la pléthore des populations, à la dépendance et à la faillite économique s'ajoutent les deux caractères principaux de la nouvelle barbarie : la tendance au morcellement et les idéologies de rupture. La tendance au morcellement est nettement perceptible dans les émeutes interethniques de ces deux dernières années. Si elles ont les Russes pour objet principal de ressentiment, les populations de ces régions sont entraînées dans une haine plus globale de l'étranger.

J'ai été frappé, l'an dernier en parcourant les hautes vallées du Caucase, par la nature très générale de l'agressivité des peuples autochtones (Kabardes et Balkars). La pratique du tiers monde m'avait habitué à une haine plus sélective. Le « gringo » est souvent conspué en Amérique centrale mais si l'on est reconnu comme Français, l'attitude change et les mœurs s'adoucissent. Inversement, dans nombre d'anciennes colonies françaises d'Afrique de l'Ouest, un Américain est l'objet de toutes les grâces... Pour les Kabardes, qu'on soit russe ou français ne change rien. L'hostilité quotidienne ne fait aucune différence entre les nationalités – même chez les individus cultivés. Les affrontements interethniques des années 1989-1990 ont montré d'ailleurs que la haine de l'étranger s'étend également au « frère » d'une autre ethnie ou région.

Les divisions encouragées par la politique stalinienne de nationalité portent leurs fruits : on se déteste d'une vallée à l'autre. L'Islam n'intervient que fort peu pour tempérer cette xénophobie généralisée. La religion fournit plutôt le support des idéologies de combat, de rupture, en les dirigeant prioritairement contre le nationalisme, la science, la liberté, dont le marxisme-léninisme a été le plus acharné et le plus désastreux publiciste.

La substitution d'une idéologie de limes à une idéologie de fusion Nord/Sud est une évidence et désormais une tendance lourde de l'Union soviétique.

La question est de savoir quel tracé mais surtout quelle forme politique prendra ce limes. L'interdépendance est telle entre Nord et Sud, les liens tissés si multiples que la séparation sans déchirure paraît presque impossible. En annonçant l'éclatement de l'Empire, en 1978, Hélène Carrère d'Encausse avait montré à l'Occident que l'URSS connaissait elle aussi un problème Nord/Sud. Mais si ces deux pôles ont pu se détacher sans heurts en Europe ou en Amérique, c'est que le limes pouvait y emprunter les frontières des États. En URSS, il passe dans l'État. Contrairement aux craintes de l'époque, ce n'est pas cet éclatement intérieur qui a bouleversé l'Empire soviétique. Le changement politique est venu d'ailleurs, de l'appareil lui-même. La constitution d'un limes n'est donc plus un événement naturel, quelque chose comme la fracture d'une pierre chauffée à blanc, mais un événement dirigé qui s'apparente au lent désamorçage d'une bombe.

Cette politique requiert un budget. Quelle que soit la solution retenue – maintien de l'Empire dans ses frontières ou partition avec association – il faudra trouver les moyens à la fois de continuer à stabiliser la zone sud et de s'en défendre. En intégrant cette politique dans la problématique mondiale du limes Nord/Sud, l'URSS peut espérer trouver des appuis extérieurs pour réaliser ces deux objectifs. Déjà, très tôt, au moment de l'opération américaine au Panama, on a vu que pouvait s'établir une symétrie : les Soviétiques sont intervenus en Azerbaïdjan sans susciter de réactions. Chacun défendait sa portion de limes. Plus tard, pendant la négociation sur le désarmement conventionnel, ils ont été autorisés à soustraire une partie de leurs forces en les disposant au-delà de l'Oural : comme si leur était reconnue la nécessité de se défendre contre le danger sud dans ces régions orientales[18].

A terme, quel que soit le type de limes choisi – et les solutions sont encore très ouvertes – il est apparu que les Soviétiques ont intérêt à faire valoir la nécessité mondiale d'établir un équilibre dans cette zone. Ceci suppose le maintien d'une assistance à l'Asie centrale (même si la libanisation peut être une forme d'équilibre, il est préférable d'assurer à ces régions stabilité et développement minimum). Les Soviétiques, préposés à la défense de cette nouvelle tcherta seront les Cosaques d'un Empire qui n'est plus seulement celui de la Moscovie mais celui du Nord tout entier.

JAPON : L'EMPIRE D'ORIENT

La dernière entité, au Nord, est le Japon. Bien entendu, la question se pose d'entrée de savoir s'il appartient vraiment au Nord. En 1905, la victoire des armées nipponnes sur les Russes avait été saluée chez les colonisés comme la revanche du Sud : c'était la première fois qu'une puissance indigène mettait en déroute une armée européenne dans un conflit d'influence régionale (et non pas seulement dans une action de résistance nationale comme l'avaient fait les Éthiopiens à la bataille d'Adwa). A cette époque, le Japon était un modèle pour le Sud qui se reconnaissait en lui : aujourd'hui, il en est devenu un pour le Nord qui veut désormais croire qu'il figure parmi ses membres. Le profil démographique du Japon moderne, son économie avancée, son intégration financière et commerciale, l'occidentalisation apparente de son régime et de ses mœurs, permettent au Nord de se retrouver en lui.

En réalité, le Japon paraît assez largement étranger à cette dichotomie Nord/Sud, tout au moins quant à s'y ranger lui-même. Le Japon n'est ni au Nord ni au Sud : il est le Japon, c'est-à-dire un univers homogène d'un point de vue géographique, ethnique, historique. Sa stratégie prend des formes variables selon le contexte international ; elle ne saurait pour autant se confondre avec les justifications qui en sont données. Cette autonomie du Japon par rapport à son environnement politique explique la variété des hypothèses faites à son propos. Dans les circonstances actuelles, l'État nippon a devant lui un grand nombre de possibilités d'action. Certains le voient s'allier aux Russes pour constituer un pôle sibérien et Pacifique, alliant ressources naturelles et savoir-faire technologique ; d'autres lui voient un avenir avec la Chine, unifiant sous sa houlette le monde sino-coréen (incluant Taïwan et Hong Kong) ; d'autres encore le voient s'étendre dans la direction du Pacifique et réaliser avec la côte Ouest des États-Unis, l'Amérique latine où il est implanté par ses communautés expatriées (Pérou, Brésil) et le groupe Australie-Nouvelle-Zélande, une aire de coprospérité.

Aucun de ces scénarios n'est invraisemblable. Seule déformation de la logique occidentale : nous pensons que le Japon doit choisir entre ces attitudes. La force de sa position est au contraire qu'il peut maintenir ouvertes toutes ces options. A la différence des autres pays du monde, il lui est possible d'adopter l'idéologie du limes sans avoir à se ranger dans un camp : c'est la division des *autres* qui est aujourd'hui le meilleur gage de sa stabilité. Il peut se rendre indispensable à tous sans avoir pour le moment à se lier à personne en particulier.

Pour comprendre à quel point le nouvel ordre mondial peut être favorable au Japon, il faut se représenter la contrainte qu'a représentée pour lui la guerre froide. Cette contrainte provenait moins du neutralisme forcé du Japon – qui s'en accommode fort bien – que de sa relation privilégiée et encombrante avec les États-Unis. Dans sa politique régionale, cette alliance a longtemps constitué un handicap lourd : elle bloquait toute initiative en direction des deux partenaires naturels que représentent la Chine et l'URSS. Pendant cette longue période d'après-guerre, le Japon va forger sa puissance économique. Mais il ne peut la déployer dans la région qu'en direction du Sud, vers les pays de l'ASEAN : Indonésie, Malaisie, Singapour, Hong Kong. On sent bien que cette zone ne représente pour lui que la portion congrue. Dès qu'une ouverture est faite en direction de la Chine, le Japon, en 1972, s'y engouffre. Il devient peu à peu son premier partenaire commercial. De même, la perestroïka lui permet d'obtenir très rapidement un accroissement de ses échanges avec l'URSS et en particulier de faire de nouvelles propositions pour l'aménagement et l'exploitation de la Sibérie.

Le Japon est en train de conduire silencieusement une véritable révolution politico-économique régionale. Il se dégage peu à peu de ses premiers liens avec les puissances « insulaires » (Indonésie, Philippines, Taïwan) et prend pied solidement sur le continent : élection de la Thaïlande comme pays d'investissement et de production délocalisée ; nouvelles relations commerciales avec le Vietnam et ses satellites ; renforcement des liens avec la Chine ; normalisation rapide avec l'URSS. Contrairement à l'affrontement Est/Ouest, dans lequel il devait prendre parti contre son gré, le Japon n'a pas à se déterminer par rapport au limes Nord/Sud. D'un point de vue régional, il ne peut que lui être profitable : la stabilité – fût-elle autoritaire – des régimes de la région est une condition de la solidité des liens économiques que l'on peut tisser avec eux. Les rivalités – ou la méfiance – qui existent de part et d'autre du limes entre Chine et URSS ne peuvent que provoquer une surenchère dans les demandes de ces pays auprès du Japon. En d'autres termes, il se rend d'autant plus indispensable qu'il ne prend pas parti. On voit d'ailleurs avec quelle prudence le Japon se tient à l'écart de toute intervention brutale dans l'affaire délicate que représente la réunification coréenne.

Le résultat de cette révolution est la promesse d'un prodigieux accroissement de la puissance économique du Japon. Tant pour l'accès aux matières premières que comme marché potentiel et réservoir extérieur de main-d'œuvre, les grandes alliances continentales fournissent à l'État nippon l'espoir de parvenir à une autonomie régionale.

Voilà, sans doute, l'une des plus anciennes et plus constantes ambitions du Japon moderne : concentrer autour de lui les moyens et les débouchés de sa puissance, se délivrer de toute sujétion à l'égard des autres centres que sont l'Europe et les États-Unis et mettre fin à leur présence dans la région.

Pendant la Seconde Guerre mondiale, le projet nippon de Grande Asie Orientale visait explicitement à chasser de la zone tous les étrangers et à proposer aux anciennes colonies un nouvel ordre asiatique dominé par le Japon. Cinquante ans plus tard, après plusieurs révolutions communistes, des guerres de décolonisation et des guerres Est/Ouest, survenues hors de toute action directe du Japon (mais né cependant des graines qu'il avait semées en Chine et en Indochine), cette ambition n'a jamais été aussi près d'être réalisée.

L'idéologie du limes lui offre une chance de parfaire rapidement cette œuvre d'autonomie régionale. En adoptant cette idéologie, le Japon justifie le dédoublement croissant de son comportement. Sur les portions lointaines du limes (Amérique latine, Afrique, Moyen-Orient), la présence japonaise est politiquement inexistante : le Japon paraît s'en remettre complètement aux autres puissances du Nord. Même au Proche-Orient, d'où pourtant il importe la quasi-totalité de son pétrole, le Japon n'a pas élaboré une diplomatie en rapport avec sa puissance. N'a-t-il pas su le faire, comme on l'a prétendu, ou a-t-il délibérément abandonné ces zones lointaines à la garde des États-Unis, pour mieux concentrer ses efforts en Asie ?

La présence japonaise dans le tiers monde est essentiellement commerciale ; son aide au développement, quantitativement importante, est d'une neutralité si scrupuleuse qu'elle confine à l'indifférence. Pratiquement, le Japon n'intervient pas dans les affaires de l'hémisphère Sud (sauf par le biais très indirect de ses communautés d'émigrants en Amérique latine qui commencent à prendre une part active dans les pouvoirs locaux – mais n'ont de cesse de faire surtout oublier qu'ils sont d'origine japonaise).

Ceci contraste avec la grande activité, la constance politique et l'habileté diplomatique dont le Japon fait preuve dans sa propre région. Dans la nouvelle répartition du fardeau de la sécurité, il peut être désormais tenté de demander sa part sur cette portion extrême-orientale du limes. Par son réarmement modéré mais significatif, par son rôle d'arbitre économique, il peut prendre la relève régionale des États-Unis qui perdent peu à peu leurs implantations militaires asiatiques (bases philippines en particulier) et ont gardé un mauvais souvenir des opérations dans la région.

Préposé à la défense du limes oriental, le Japon peut donner à sa remontée en puissance militaire un caractère rassurant. Il ne s'agit plus d'établir une domination régionale mais de stabiliser, à cet endroit comme ailleurs, la poussée d'un Sud instable.

S'il parvient à prendre cette responsabilité, le Japon aura écarté de la zone la dernière puissance non-asiatique : les États-Unis. On sera passé, alors, de l'ambition d'Ikeda, dans les années soixante-dix, de « Nouvel Age du Pacifique » (c'est-à-dire, guerre froide oblige, du couple États-Unis/Japon) à la première idée, celle de la Grande Asie Orientale où le Japon est la seule grande puissance régionale.

On ne peut qu'être frappé de ceci : le Japon est, à l'égard du limes, dans une position radicalement inverse de celle des autres pays du Nord. Alors qu'ils sont tous, États-Unis, Europe, URSS, dans une position défensive à l'égard du Sud, le Japon est le seul pays qui reste en posture d'expansion. Ceci tient d'abord au fait qu'il ignore le danger migratoire – même s'il s'émeut actuellement de l'immigration clandestine d'environ 400 000 Coréens, le pays reste globalement homogène et très fermé en terme de nationalité. Mais, surtout, il poursuit un double rêve de puissance et d'autonomie qui lui fait préférer à toute dépendance lointaine le contrôle régional de sa puissance. Le Japon est, à rebours des autres, une économie-monde qui rêve d'être une économie régionale.

Cette stratégie japonaise empruntera demain l'idéologie du limes, comme elle empruntait hier les voies étroites que lui laissaient les querelles Est/Ouest. Faut-il y voir l'amorce, par une singulière répétition de l'Histoire, d'une fracture de l'Empire ? Y aurait-il de nouveau en germe un Empire d'Orient, d'abord uni à son jumeau d'Occident, puis décidé à lui survivre et à porter plus haut et plus loin ses principes fondateurs ?

10

LA POLITIQUE DE SAINT AMBROISE

> *Puisse-t-elle durer, persister chez ces nations, sinon la volonté de nous plaire, du moins la haine qu'elles se portent, puisqu'aux destins de l'Empire, la fortune ne peut, désormais, faire plus beau cadeau que la discorde de ses ennemis.*
>
> *Tacite,* Germanie, XXXIII.

La plupart des historiens latins établissent une distinction entre les barbares selon leur proximité par rapport au limes. « De tous les Gaulois, les plus forts sont les Belges parce qu'ils sont les plus éloignés de la culture et de l'humanité de la Province (romaine) et que les marchands leur fournissent plus rarement qu'ailleurs ces choses qui efféminent l'âme [1]. » Tacite, Pline, Strabon, soulignent tous les transformations que la civilisation romaine opère sur les peuples qui sont à son contact. Les fouilles récentes le confirment : les tribus proches du limes se contentent de l'élevage et cessent de cultiver ce que le commerce ou l'assistance de Rome peut leur fournir. Tacite, qui souligne le mépris des Germains pour l'or et l'argent, remarque toutefois que ceux d'entre eux qui vivent près du limes ont compris la valeur de ces métaux : « Ils connaissent et apprécient l'usage de notre monnaie. » A l'opposé de ces frontaliers, les historiens mentionnent l existence de barbares lointains, inconnues, mystérieux. D'eux, on ne sait rien de certain, *cetera iam fabulosa,* sinon ce qu'en ont rapporté les explorateurs. Ces témoignages sont parfois difficiles à croire. Pomponius Mela rapporte par exemple l'existence, du côté de l'Afrique d'une « grande île qui n'est peuplée que de femmes dont tout le corps est velu et qui deviennent fécondes sans aucun commerce avec des hommes. Elles sont, en outre, d'un naturel si sauvage et si farouche, qu'il s'en trouve quelquefois qu'on peut à peine contenir en les enchaînant ». Visiblement, notre auteur doute de ce qu'il rapporte. Pourtant, il est bien obligé de s'en tenir aux propos du seul témoin de ces faits étranges. « C'est, dit-il, ce qu'Hamon a raconté, et l'on ne peut se refuser à le croire en voyant les peaux de quelques-unes de ces femmes qu'il avait fait tuer et écorcher [2]. »...

Étranges, fabuleux, ces barbares lointains sont sauvages, cruels, dangereux. Ils justifient toutes les rudesses tant leur commerce est périlleux. De ces profondeurs lointaines peuvent à tout moment surgir des peuples inconnus, nouveaux. Derrière la surface lisse des barbares frontaliers et familiers, on devine un abîme et la civilisation surplombe ces mondes formidables.

Le limes établit en quelque sorte un champ magnétique qui dessine, dans le monde barbare, plusieurs cercles. Selon l'intensité de l'attraction romaine, on distingue trois zones. La première, au contact immédiat du limes, est une région de commerce, de stabilité, de connaissance mutuelle. Une seconde, plus à distance, n'est plus directement contrôlée par Rome mais ses marchands et ses voyageurs y circulent encore. Enfin, la dernière est inconnue, dangereuse, sans doute infinie mais relativement indifférente.

Le limes contemporain exerce sur le Sud une polarisation de même nature. La première zone, celle qui est en contact direct avec le Nord, est constituée par des États tels que le Mexique, Cuba, les nations de Maghreb, la Turquie, l'Iran, l'Inde, la Chine. En tous ces points, le contact entre les deux mondes est direct, le danger maximum. Plus loin, se dessinent dans le Sud des comptoirs, des zones où le Nord possède des intérêts soit d'ordre économique, soit liés à la présence d'une communauté ectopique (Afrique du Sud, Israël). Enfin, la dernière zone est constituée par les profondeurs des continents, les *terrae incognitae*, mystérieuses, dangereuses mais de peu d'importance apparente.

Les États tampons

La première de ces zones, celle qui jouxte le limes est l'objet de toutes les attentions diplomatiques, économiques et militaires. Le précurseur de cette diplomatie du limes est incontestablement Auguste. Sitôt le monde romain unifié par ses soins, il va limiter les conquêtes, stabiliser les frontières extérieures de l'Empire. Sa politique repose sur deux piliers : l'armée et la diplomatie. L'armée, Auguste va la déployer au pourtour de l'Empire. Une grande partie de ce pourtour est constituée de limites naturelles (fleuves, montagnes) mais d'autres portions restent floues, instables. Empire et monde barbare sont séparés comme le dit Tacite par la crainte mutuelle ou des montagnes. Mais cette délimitation par la force ne suffit pas. Auguste sait que la limite de l'Empire est désormais trop vaste pour en faire un front : les territoires où passe le limes doivent devenir des zones tampons. Avec les tribus qui les peuplent, une diplomatie de stabilité s'établit, faite de dépendance économique et de corruption, de contrôle des populations et d'échanges fructueux.

La solidité du limes contemporain repose sur une diplomatie de même nature visant à créer et soutenir des États tampons.

Qu'est-ce, aujourd'hui, qu'un État tampon ? C'est un État qui jouxte le limes, qui se situe au voisinage de cette ligne, la touche physiquement. Un État tampon fait partie du monde barbare, il est toujours *au-delà* du limes, côté Sud. Situé entre le Nord et la profondeur du monde barbare, l'État tampon est le lieu des plus grandes oppositions démographiques, économiques et politiques. Il a pour fonction d'absorber, donc d'amortir, ces tensions, de diluer les différences. L'État tampon doit fixer les masses du Sud et atténuer leur capacité de déferlement sur la ligne du limes. En termes politiques, il est tenu d'assurer un bon contrôle social de sa population et de nouer avec le Nord des relations pacifiques. Peu importe sa couleur politique, la rhétorique de ses dirigeants, du moment que la condition essentielle est remplie : pas d'agression du Nord et préservation avec lui d'une véritable entente – fût-elle secrète.

Cette définition théorique de l'État tampon, on peut la résumer d'un mot : stabilité. Quelques que soient sa taille, ses ressources, son histoire, son régime politique, le respect qu'il accorde aux Droits de l'homme, lorsqu'il touche le limes, un État du Sud n'a qu'une chose à vendre, une chose sans prix, une richesse inépuisable : sa stabilité.

Plus concrètement, les États tampons, aujourd'hui, sont de plusieurs types. Viennent d'abord ceux, comme le Mexique ou la Turquie, qui sont en relation suffisamment étroite avec le Nord, pour que l'impératif de stabilité soit compatible avec une vie démocratique. En Turquie, la vigilance de l'armée lui permet, tous les dix ans, de procéder à une épuration des extrêmes et à une restauration démocratique rapide. Au Mexique, la stabilité politique est assurée dans un cadre formel par l'inusable Parti de la Révolution institutionnelle. Le poids des États-Unis se fait lourdement sentir tant par les liens culturels qui unissent à eux la classe politique dirigeante que par leur influence sur l'armée, la presse, l'économie.

Plus loin, moins directement contrôlés par le Nord, viennent les États tampons où la stabilité n'est assurée qu'au prix d'un régime autoritaire souvent violent. Le Maroc en est un excellent exemple. Les bonnes relations de ce pays avec le Nord (France, Espagne, États-Unis en particulier) n'ont que fort peu à voir avec le respect qu'il porte aux Droits de l'Homme. Toute dénonciation des exécutions, des emprisonnements arbitraires, de la corruption, des blocages démocratiques est qualifiée de tentative de déstabilisation. Et c'est à juste titre. Car la police secrète, l'armée, le contrôle de la liberté d'expression, le carcan monarchique sont effectivement les piliers de la stabilité de cet État. Le Nord ne craint rien comme l'ébranlement d'un tel État tampon : il suffit pour s'en convaincre de considérer la situation de l'Algérie et de la Tunisie, où la poussée islamique et la faiblesse des partis uniques au pouvoir se conjuguent pour faire craindre de profondes et violentes mutations. Les scénarios « d'explosion » régulièrement évoqués font ressortir la crainte d'« effusion barbare », de migration massive que suscitent ces ruptures d'équilibre le long du limes. Rien ne paraît pire que ce risque : en comparaison, n'importe quelle stabilité paraît bonne à prendre.

Le retour rapide de l'Iran sur la scène diplomatique n'est pas seulement le fait de la guerre du Golfe. Par sa disposition, l'Iran est plus que jamais destinée à être un État tampon. Il a su à merveille vendre sa stabilité, démontée après la mort de l'ayatollah Khomeiny et la guerre contre l'Irak. Sa capacité à contrôler sa population, à maintenir des institutions solides et peu susceptibles d'alternances brutales, sa position de demande en matière économique et, malgré la violence de sa rhétorique, son ouverture à une négociation avec le Nord, tout cela lui vaut une grande faveur internationale[3]. Sans doute fallait-il que quelque chose change – le Shah – pour que tout pût rester comme avant. Le mépris des

Doits de l'Homme, la violence politique, l'obscurantisme et l'archaïsme des mœurs publiques, l'infériorité civile des femmes, l'inefficacité économique, rien de tout cela n'est un obstacle à une nouvelle reconnaissance internationale : ce ne sont que les moyens de fabriquer ce joyau qu'est la stabilité.

Dans les transitions à haut risque qui se profilent en Algérie, on distingue déjà les éléments d'un accord futur. N'étaient les incertitudes de la période révolutionnaire, le Nord s'accommoderait sans doute assez bien de voir à Alger régner un pouvoir fort et stable fût-il islamique. Face à la déliquescence dangereuse du FLN, les religieux peuvent faire valoir par avance le précédent iranien. Cheikh Madani affirme à qui veut l'entendre qu'il ferait « revenir les musulmans français » [4]. Quel plus beau gage de stabilité et de contention à venir ?

Il y a là une propagande très voisine de celle mise au point par Lénine dans les années vingt. Pour sauver le régime communiste et obtenir sa reconnaissance commerciale puis diplomatique, il a attisé, en particulier chez les Anglais, la crainte de l'explosion complète de la Russie. Au milieu de la faillite économique la plus évidente, il n'avait plus qu'une chose à faire valoir : sa stabilité et le risque, s'il était balayé, d'une évolution anarchique du pays [5]. Il avait raison au moins sur un point : on peut reprocher bien des choses au régime communiste soviétique sauf son instabilité.

Tout comme nous l'avons vu pour les idéologies de rupture, nous retrouvons le marxisme à l'œuvre dans les États tampons non comme idéologie, perspective historique et avenir radieux mais comme technique : contention des masses, organisation kafkaïenne de la vie politique et sociale, soumission de l'individu à l'État. Le noyau totalitaire garde son utilité. Le marxisme, en tant qu'outil, ne dit pas toujours son nom mais il reste l'horizon indépassable de notre siècle et sans doute du prochain. La teinte religieuse des idéologies qui l'habillent ne doit pas faire méconnaître tout ce qu'elles lui doivent.

A vrai dire que peut-on imaginer de plus efficace, pour s'assurer le contrôle de masses gigantesques, éloignées du Nord, inaccessibles, que l'État totalitaire, en particulier dans sa version marxiste. La Chine en est l'exemple le plus prospère. Dans le monde troublé par la perestroïka, sa position le long du limes rend fructueux son immobilisme et sa stabilité, quel qu'en soit le prix. Qui aurait voulu d'une Chine démocratique ? A quel monde aurions-nous affaire si elle venait ajouter son chaos et la migration de ses masses aux désordres incontrôlables déjà amorcés ? Au lieu de quoi, la Chine totalitaire possède au plus haut degré toutes les qualités d'un État tampon. Elle peut se prévaloir d'une grande efficacité en matière de contrôle démographique : elle a conduit une véritable politique de mutilation malthusienne. Elle sait garder ses frontières fermées et a transformé avec méthode sa population en serfs selon l'expression d'Alan Dowty[6]. Ses médiocres performances économiques la placent en position de demande par rapport aux pays du Nord et limite sa puissance. Elle s'est engagée dans un effort d'armement relativement modeste. L'opposition politique y est extrêmement faible et ses relais au Nord réduits et peu actifs. La haute concentration du pouvoir au sein de l'appareil rend possible le dialogue entre le Nord et un petit nombre de dirigeants fiables. Voilà ce que les Chinois ont à vendre : une stabilité à toute épreuve.

Curieuse hâte. Ceux qui croyaient le communisme éternel, le voient aujourd'hui condamné partout. Or, contrairement aux espoirs un peu rapides d'un éphémère printemps, il n'y a aucun signe d'effondrement dans le monolithe totalitaire chinois. Depuis 1971, la Chine a bénéficié de l'aide occidentale à cause de sa position tampon en face de l'URSS. Désormais c'est au titre d'État tampon entre Nord et Sud qu'elle peut prétendre à un soutien identique voire supérieur. Les pressions pour la libéralisation du régime sont rares et très molles. Les dissidents chinois ne sont pas et continueront à ne pas être traités comme l'étaient ceux de l'Est européen ou même du Viêt-nam. Leur exode n'est pas exploité contre la Chine. Qu'une protestation un peu plus forte soit émise, et les dirigeants chinois sont à même, en peu de temps, de montrer ce qu'il en coûterait de les déstabiliser. L'affaire Yang Yang en est un exemple : « Lorsque le nageur chinois Yang Yang, de passage à Hong-Kong, fut autorisé à chercher asile aux États-Unis, la Chine fit sentir son déplaisir en refusant de reprendre, comme il est d'usage depuis un accord conclu en 1982, les immigrants illégaux refoulés par la colonie. (...) Après quinze jours de blocage, mille Chinois du continent s'entassaient aux mains de la police, en attente d'un renvoi en Chine. Le commentaire de l'agence Chine Nouvelle pour engager les autorités de Hong Kong à s'incliner résonne comme un écho à la réponse, dix ans auparavant, de Deng Xiaoping à Carter qui lui demandait de respecter la liberté de circuler en Chine : « Vous en voulez combien de millions ? » Après d'intenses négociations, la Chine accepta de reprendre ses ressortissants égarés mais tint à faire valoir que Londres avait courbé l'échine. Une lettre fut publiée dans laquelle le conseiller politique du gouverneur assurait les autorités que « le gouvernement de Hong Kong (n'avait) pas l'intention de permettre que le territoire soit utilisé comme base d'activités subversives contre la Chine »[7].

La Chine a su prendre le tournant des années quatre-vingt-dix. Parfaitement à l'aise dans son rôle d'État tampon, elle n'est pas une scorie, un vestige du monde soviétique en voie d'extinction. Elle est au contraire, en tant que technologie de la stabilité, un modèle : celui des futurs États tampons qui s'installent le long du limes. La caractéristique de ce modèle est un mélange tout à fait étonnant d'efficacité politique – dans le contrôle et l'oppression – et de marasme économique. Dans le cas de l'URSS de la période brejnévienne, ce mélange a fini par devenir intenable pour une raison simple : l'URSS était engagée dans une confrontation, en particulier militaire, avec l'Ouest. Mais dans la situation d'État tampon, ce mélange efficacité/faillite n'est pas le gage d'un effondrement à venir : dans cette position, l'Occident n'est plus un ennemi mais un soutien. La Chine en fait l'heureuse expérience : elle bénéficie d'une prime dans ses relations avec le Nord eu égard à la nouvelle fonction qu'elle remplit [8]. Il est d'ailleurs préférable pour le Nord d'avoir en bordure du limes des interlocuteurs stables mais économiquement dépendants que des États à haute performance. Qui dit dépendance dit contrôle : il est essentiel pour le Nord d'en exercer un sur ces voisins directs, en particulier dans le domaine militaire. L'expérience irakienne le montre : la richesse ne sied pas à des États trop proches, trop violents, trop ambitieux.

Stabilité, dépendance, voilà ce que le Nord demande aux États tampons. Pour le reste, leurs vociférations lui importent peu. Dans le cas des totalitarismes marxistes de type chinois, la rhétorique anticapitaliste peut se développer sans inconvénient. Elle sert au contraire à fédérer ce qui reste de mouvements révolutionnaires internationalistes de par le monde et à éviter leur dispersion anarchique. Mais l'inefficacité économique est le gage que le tigre a les dents et les griffes limées. On peut le laisser mordre, on peut le laisser rugir. Il tient solidement sur ses pattes et voilà tout ce qu'on lui demande.

COMPTOIRS, ESCALES, FRÈRES ÉGARÉS

Au-delà des États tampons, qui, par rapport au limes, sont, si l'on veut, en première ligne, se dessine une seconde zone : celle des comptoirs. Elle s'enfonce plus profondément dans le Sud, perd le contact avec le limes, n'est reliée à lui que par un réseau d'intérêts. Il n'y a pas d'ordre dans ces comptoirs : ils sont disséminés. La valeur du Sud a d'ailleurs beaucoup baissée si l'on exclut le Moyen-Orient, région où le tracé du limes est incertain. Les comptoirs, au Sud, aujourd'hui, sont liés soit à l'existence d'une communauté du Nord isolée (Afrique du Sud), soit à un lieu d'intérêt commercial ou stratégique (Panama), soit à une région d'où naissent des menaces pour le Nord (zones productrices de coca, de pavot). Enfin un réseau assez lâche de mégapoles – ou tout au moins leur centre industriel et d'affaires – constitue des escales financières du Nord. Certaines lui sont fortement intégrées : Singapour, par exemple ; d'autres de moindre importance : la région de Sao Paulo, Rio, Montevideo, Manille, Djakarta.

La vie de ces comptoirs est assez largement animée par des flux économiques et commerciaux « spontanés ». Les États n'ont que peu à y voir : l'inefficacité des sanctions économiques contre l'Afrique du Sud montre assez que les comptoirs sont alimentés par de multiples réseaux, largement autonomes voire occultes.

Les États du Nord sont parfois amenés, pour protéger certains de leurs intérêts, à intervenir visiblement. Ils le font en respectant des zones d'influence traditionnelles. L'aide économique aux régimes latino-américains est largement le fait des États-Unis, cependant que l'action de la France s'exerce principalement en Afrique et celle de l'Angleterre dans le Commonwealth. Enfin, lorsque la stabilité d'un comptoir est directement menacée, le Nord peut entreprendre une action militaire : débarquement au Panama, soutien armé de la France au président gabonais, opérations anti-drogue conjointes des États-Unis et de la Colombie.

Les comptoirs sont précieux, pas assez toutefois pour être défendus à n'importe quel prix. La lutte sur le limes est une question de vie ou de mort ; autour des comptoirs, elle est une affaire de gros sous. Le Nord évitera de livrer pour eux des combats coûteux ou douteux : l'Angleterre a conservé les Malouines au prix d'une guerre qu'elle pouvait gagner contre l'Argentine. Mais elle s'apprête à restituer Hong Kong à la Chine sans aucune garantie sur l'avenir de la colonie...

AILLEURS, DES SPECTRES

La dernière région, la troisième, la plus profonde, est celle qui s'éloigne le plus du limes. Là, le contraste avec le Nord est extrême. Ces profondeurs barbares sont faites d'éclatement, de régression à l'état sauvage comme au Liberia, au Soudan, en Somalie... La violence qui s'y déchaîne est incontrôlée. La faillite économique prend des allures de banqueroute ; le développement de pouvoirs occultes et criminels est rapide. Un équilibre malthusien de la pénurie s'établit entre une fécondité restée forte et des fléaux tels que les maladies, les guerres, les restrictions alimentaires.

En Afrique, cette évolution est particulièrement visible car l'éclatement des États est rapide [9]. Mais l'évolution de l'Amérique latine n'est pas moins préoccupante après l'échec au Brésil comme en Argentine de tous les plans de réduction de l'inflation – et Dieu sait pourtant avec quelle vigueur ils ont été menés. Le sous-continent indien entre aussi dans une grave période de turbulence [10].

Ces évolutions sont à la fois tragiques et insignifiantes. Tragiques parce qu'elles donnent lieu à un déchaînement de drames ; insignifiantes parce que dans ces zones lointaines situées hors du limes et ne menaçant guère les comptoirs du Nord, ces morts n'émeuvent personne.

Pendant la guerre froide, au moins, la politique servait de groupe sanguin : il y avait le sang de l'Est et celui de l'Ouest. Dans chaque camp, on avait à cœur de faire connaître ses victimes, de les pleurer, de les venger. Peu de catastrophes, même naturelles échappaient à ces enchères de la mort. On se plaignait, à l'époque, de ces revendications macabres. Elles paraissent aujourd'hui la condition même de la sollicitude. Quand les morts ne sont à personne, morts du Sud, mercenaires de nulle cause, le sang coule de plus en plus et intéresse de moins en moins. Extraordinaire raccourci, à la veille de la guerre du Golfe, que le grand-père en robe de chambre dessiné par Plantu devant un massacre télévisé et qui crie : « Ça y est ! » « Mais non, lui répond une voix venant, on l'imagine, de la cuisine, ce n'est que le Liberia ! »

Pour que « ça y soit », il faut que le Nord et le Sud s'affrontent, que notre chair participe. Sinon ça ne compte pas. Les journaux égrènent chaque jour une litanie de morts insignifiantes rassemblées en paquets de plus en plus volumineux : par dizaines, par centaines même et dans un seul entrefilet pourvu que ces centaines-là soient paysannes et péruviennes.

Il est courant, dans nos pays, de déplorer, sans s'attarder « le peu de prix de la vie humaine dans le tiers monde ». C'est un fait bien connu et qui paraît inévitable que la mort de deux religieuses blanches ou d'un journaliste américain déclenche une réprobation que des milliers de morts indigènes avaient été incapables de faire naître.

La vie dans le tiers monde nous a toujours paru exagérément peu cotée : pourtant, jusqu'à présent, la rivalité Est/Ouest contribuait à en soutenir fermement le cours. Aujourd'hui, il s'effondre. La vie au Sud ne vaut plus rien, rien là-bas, ce qui n'est pas nouveau, mais rien non plus ici.

Voilà une régression sensible. Si la vie des gens du Sud n'a jamais intéressé grand monde, leur mort, au moins, suspendait un instant la mastication. Or les professionnels de l'action d'urgence internationale sont formels : si l'aide humanitaire est née au Biafra, elle est morte au Liberia [11].

A vingt ans de distance, ces deux guerres alignent un nombre sans doute égal de morts atroces, d'enfants faméliques au ventre proéminent, de destructions aveugles. Le choc des reportages sur le Biafra avait été énorme ; c'est à peine si le Liberia est entrevu sur les écrans. On dira qu'une autre actualité dominait à ce moment. C'est oublier que la guerre du Vietnam, en 1971, battait son plein. Le Liberia illustre la décantation qui est opérée dans l'opinion entre spectacle et émotion. L'émotion a disparu, signe majeur de l'indifférence dans laquelle est en train de plonger le monde barbare « lointain ». « L'homme est rare » dit une publicité. Oui, il ne se trouve qu'au Nord. Ailleurs, ces figurants que l'on voit errer dans les décombres de pays ruinés, ne sont pas des hommes mais des images. Le spectacle de leur détresse reste car le Nord consomme énormément d'images et les cyclones, les famines, les guerres civiles y auront toujours leur place comme drame visuel. Mais ils ne déclenchent plus les élans de solidarité du passé récent ; la fameuse indifférence de l'opinion, tant redoutée par les associations humanitaires, s'est produite à l'égard du tiers monde.

Pourtant, elle n'a pas la forme qu'on pouvait craindre : celle d'un effondrement des dons. Les Français continuent de donner avec une régularité et une générosité qui ne se démentent pas. Cette régularité est plutôt mauvais signe. Auparavant, le don par à-coup, à l'occasion de tel ou tel appel en faveur des victimes d'une catastrophe était la marque d'une générosité active et concrète, d'un sentiment. Aujourd'hui, on donne pour donner ; c'est une fonction nécessaire, un fait de sociologie du Nord. Mais au lieu de témoigner de l'intérêt pour le tiers monde lointain, ce don rachète l'indifférence dans lequel on le tient désormais. « Ce qui s'y passe est tragique, soit, mais des gens sérieux s'en occupent. » Notre insouciance à l'égard de ces terres de lointaine barbarie, des drames qui s'y déroulent, notre renoncement à y intervenir, notre acceptation résignée, voire secrètement réjouie, de l'équilibre malthusien qui s'y installe sont annulés par l'absolution que confère une charité abstraite. Glissez le chèque dans l'enveloppe avec le coupon sur papier glacé et vos péchés seront remis.

Les professionnels de l'action humanitaire se résignent à ces nouvelles règles du jeu mais ils savent que leur action est de plus en plus dérisoire au regard des catastrophes qui se produisent. Ils sont aptes peut-être à racheter les âmes du Nord, de moins en moins à sauver des corps au Sud. Ils savent que la progression des *terrae incognitae* rend de plus en plus difficile leur intervention ; MSF a quitté le Soudan, très peu d'organismes peuvent travailler au Liberia ou en Somalie. Les conflits actuels se prêtent de plus en plus mal à l'intervention humanitaire. Ils sont trop éclatés, trop instables. Il leur manque la robuste simplicité des guérillas classiques opposant deux adversaires bien circonscrits. Biafra et Liberia marquent encore à cet égard les deux situations extrêmes. Au Biafra, l'opposition était nette entre gouvernementaux et Ibos rebelles dans le réduit du delta du Niger. Au Liberia, l'éclatement, l'anarchie produisent une violence tous azimuts.

Rendons-lui cette justice : l'illusion humanitaire n'est coupable que de travestir notre indifférence en générosité. Pour le reste, la machine de l'aide tourne bien mais reste de plus en plus en lisière des vrais drames : les dérives explosives du tiers monde ne sont même plus accessibles à la charité.

Il faudrait tenter d'agir préventivement, d'éviter ces situations d'éclatement quand c'est encore possible.

Les puissances du Nord, dans ces zones troubles, naviguent à vue. Elles soutiennent les pouvoirs encore stables : c'est du moins à quoi s'emploie la France en Afrique de l'Ouest – en donnant bien entendu la priorité à ses comptoirs, aux zones où elle a des intérêts : le Gabon mérite plus d'attention que le Burkina. Elles tentent de favoriser des transitions en douceur comme les États-Unis en Haïti.

Mais si l'anarchie s'installe vraiment, nul ne peut s'y opposer. Les étrangers sont les premiers à prendre la fuite. Dans les zones ravagées, les puissances du Nord ont mis au point la diplomatie non plus de la canonnière mais de l'hélicoptère.

Face au danger, on évacue des ressortissants et on regarde, de loin, ce qui se passe. Cette évacuation est toujours très mauvais signe. Les gouvernements le savent et s'opposent à ce qu'on déclare de cette manière leur mort politique prématurée. Omar Bongo a fait revenir vigoureusement les Français évacués du Gabon pendant les émeutes de Port-Gentil...

Car les « ressortissants » partis, la *terra incognita* est complète : les indigènes se battent entre eux. Spectacle pur : les Zoulous s'entretuent avec les Noirs des townships fidèles à l'ANC. Spectacle muet : l'invraisemblable Prince Johnson au Liberia affronte le non moins extravagant Charles Taylor sans que personne sache exactement où en est l'action. Pas de spectacle du tout : la guerre civile somalienne s'est faite sans témoins. Les dépêches grises des agences relatent la progression anonyme d'un certain MNS et d'un autre SPM...

Derrière le voile humanitaire dont le Nord enveloppe sa supposée vertu, nous assistons sans doute à une prodigieuse montée du cynisme politique. Ces terres dangereuses, lointaines, indifférentes, n'est-il pas préférable, au fond, de les savoir déchirées, divisées par des luttes de clans, affaiblies par des fléaux meurtriers qui compensent leur expansion menaçante ? Nous touchons là, sans doute, au noyau même de l'idéologie du limes.

L'inégalité entre Nord et Sud est apparente depuis longtemps : l'idéologie du développement se donnait pour tâche de la réduire. Les plaies du tiers monde constituaient des échecs, des défis sur cette voie de progrès général et de solidarité. Dans l'idéologie du limes, ces plaies sont utiles, inévitables : elles préservent l'ordre des choses, celui de la division des deux mondes. Le but n'est plus de les unifier mais au contraire de les tenir séparés, d'éviter que la barbarie de l'un ne compromette la civilisation de l'autre. Tous les moyens de cette contention sont bons. Les Romains exprimaient cette idéologie avec une impudeur étonnante. Saint Ambroise, par exemple, encourageait la vente de vin aux barbares « afin qu'ils s'anéantissent dans l'ivresse et qu'ils en soient affaiblis ». Très intéressante est la position de ce saint homme à propos de l'usure, opération interdite aux chrétiens : il en autorise la pratique dans les transactions avec les barbares. « Là où existe un droit de guerre, dit-il, existe également un droit d'usure [12]. » Autrement dit : avec des gens qui nous menacent, que nous devons combattre, les lois ordinaires ne s'appliquent pas. Ce qui n'est pas licite dans l'Empire, le devient au-delà du limes. On accepte dans cet espace barbare ce qu'on ne saurait tolérer en pays civilisé.

Traduit en termes contemporains, saint Ambroise nous dit ceci : tout ce qui est inacceptable au Nord, le recours à la force, la contrainte totalitaire, le malthusianisme violent, l'anomie meurtrière, devient au-delà du limes le moyen légitime de contenir des masses du Sud, donc de protéger la civilisation.

L'idéologie du limes est une morale de l'inégalité ; elle

la justifie, l'utilise et l'aggrave. On en perçoit les effets dans les domaines les plus divers. Du point de vue démographique, la croissance incontrôlée du Sud légitime l'emploi de méthodes malthusiennes violentes qui seraient proscrites au Nord. Elle impose, entre ces deux mondes, l'interposition d'une barrière destinée à limiter la migration. Du point de vue économique, l'inégalité justifie l'usage sélectif de l'aide pour conforter les États tampons et préserver les comptoirs du Nord. L'utopie d'un développement universel est inutile dans des sociétés qui n'y adhèrent pas, ou dangereux, source de transformations sociales explosives. Dans le domaine politique, l'idéal démocratique s'applique au Nord mais sur le limes comme dans le reste du monde barbare l'impératif de stabilité prime tout. Au Sud, le totalitarisme peut être accepté.

Lorsqu'Est et Ouest s'opposaient dans le tiers monde, chacun faisait assaut de démocratie et avait à cœur de jeter à la figure de l'autre ses alliés peu recommandables en matière de Droits de l'Homme. Les uns disaient « Afghanistan », les autres criaient « Chili ! ». A l'accusation « Éthiopie ! », ils répondaient « Afrique du Sud ! ». Cette surenchère avait fini par obliger tout le monde à surveiller ses fréquentations. Le retour de l'Amérique latine à la démocratie au début des années quatre-vingt n'était pas étranger à ce souci de respectabilité. Aujourd'hui, le Sud, délivré de cet affrontement et de ses exigences morales, peut retourner au chaos sans compromettre personne. L'anarchie, aussi, est une forme d'équilibre : à sa manière, Beyrouth avait trouvé, dans l'horreur, une sorte de routine qui ne menaçait personne. Dans les endroits (rares) que l'on veut absolument protéger, dans ces comptoirs lointains mais chers aux banques et au cœur, il est toujours possible d'appliquer quelque méthode de reprise en main musclée. Elles ne sont plus critiquées par personne aujourd'hui. Chacune des grandes puissances s'en réserve l'usage : les États-Unis à Panama, les Russes en Azerbaïdjan, les Français au Gabon ne s'en sont pas privés. De même le soutien de régimes autoritaires n'est plus tabou s'il apparaît que face à un Sud incontrôlable, ils sont les derniers remparts de l'ordre.

L'idéologie du limes ouvre un espace d'exception : si le Christ s'arrêtait autrefois à Éboli, c'est la démocratie, le développement, le Droit, qui s'arrêtent aujourd'hui aux rives de la Méditerranée, sur le Rio Grande ou le long de l'Himalaya.

Tandis que la mythologie du développement universel s'appliquait à rendre semblables les mondes divergents du Nord et du Sud, l'idéologie du limes prend pour objectif de les séparer plus nettement encore. Elle le fait au nom de la sécurité du Nord, pour le préserver du danger barbare. C'est sous un masque moral que revient aujourd'hui la vieille tentation de la fermeture.

11

L'APARTHEID MONDIAL

> *Voilà donc une première définition du héros tragique : il est l'enfermé, celui qui ne peut sortir sans mourir : sa limite est son privilège, la captivité sa distinction.*
>
> *R. Barthes,* Sur Racine

Prospère et vieillissant, l'Empire du Nord tend vers le même but que les individus qui le composent : ne pas se multiplier, ne pas se reproduire mais durer, durer le plus possible, durer toujours dans la douce tiédeur de la richesse et de la paix.

A l'homme du Nord, l'idéologie du limes offre la chose au monde qu'il désire le plus : la sécurité. Mais il s'agit d'un pacte. Le Nord, nouveau Faust, s'il veut la vie éternelle doit le payer d'un renoncement. Qu'on se rassure, dit la voix tentatrice, c'est peu de chose. Le sacrifice demandé n'est guère considérable puisque c'est le bonheur, la santé, la vie des *autres*, de ceux du Sud, que le pacte exige en échange. Qui ne serait prodigue d'une somme tirée sur le compte d'un inconnu ? Si scrupule il y a, il ne peut être que moral. Voilà exactement le pacte. D'un côté la sécurité pour le Nord, une forme d'éternité et de l'autre le simple abandon de la justice.

Sécurité et justice, jusqu'ici, les deux choses nous semblaient compatibles, mieux, complémentaires. Pendant la guerre froide, par exemple, l'Occident prétendait, en combattant le communisme, défendre à la fois la justice et sa sécurité. Quand McArthur débarquait en Corée, il venait refouler un ennemi et faire, du même coup, triompher la démocratie et le Droit dans ces terres lointaines. J.-F. Kennedy, en lançant le programme d'aide à l'Amérique latine, « Alliance pour la paix », faisait œuvre de solidarité et de justice sur le continent américain : il empêchait également que la subversion s'y développe.

Dans le nouveau pacte, il faut désormais choisir. Le Nord doit renoncer à étendre au monde entier son modèle démographique, ses idéaux démocratiques, son productivisme. Il doit employer de l'autre côté du limes des méthodes différentes et des règles spécifiques. Il doit accepter la violence si elle est nécessaire, la misère et les fléaux meurtriers quand ils sont utiles, la guerre si elle est fratricide et lointaine. Quand il entend Tien Anmen, il doit seulement détourner la tête. Si on lui montre les enfants affamés du Liberia, il lui suffit de mettre un billet dans un tronc spécialement disposé à cet effet ; il n'a pas à se préoccuper de son usage. Qu'un magazine lui expose les ravages du Sida en Afrique, il doit seulement se lamenter et surtout, surtout ne rien faire. Qu'y-a-t-il d'ailleurs à faire ? Ne lui représente-t-on pas chaque jour que le Sud échappe à toute influence et demande qu'on le laisse seul ; ne voit-il pas avec quelle violence ces peuples lointains rejettent l'idéal gréco-latin et vomissent notre société ?

Voilà, c'est tout : le renoncement exigé porte sur une utopie, l'absurde prétention à la justice universelle. Et en échange de ce rien, d'autres diraient de ce détail, que lui donne-t-on ? La certitude de vivre en paix.

Bien sûr, au début, il y aura quelques troubles, cette guerre du Golfe, par exemple, qui contribue à installer et à consolider le limes dans une région où il est encore mal défini. Mais une fois achevée la séparation des deux mondes, un nouvel ordre s'installera, défini par le Nord et qui lui assurera la paix. Ensuite, Nord et Sud se développeront séparément.

Accepter ce pacte, cette idéologie de la séparation, c'est installer en toute légitimité un apartheid mondial. Il ne s'agit pas de bafouer gratuitement la morale. L'échange proposé est équilibré : la morale et l'utopie sont échangées contre l'espoir : vivre en paix et en sécurité, entre soi.

Devant une telle proposition, si Faust se sent d'humeur à résister, il va commencer par mettre en doute ce qu'on lui promet. N'est-ce pas un marché de dupe ? La sécurité obtenue, en échange de ce sacrifice, sera-t-elle bien réelle ? N'est-ce pas un vain espoir ? Ne peut-on voir, à coup sûr, dans l'eau de ce diamant, le crapaud, comme disent les joailliers, qui l'altère ? Tout serait évidemment beaucoup plus simple si l'on pouvait prouver *a priori* que le limes n'est pas une figure d'équilibre et que l'ordre qu'il établit n'est pas viable. Dans ce cas, le pacte n'existerait plus : à l'injustice continuerait de s'accoupler l'insécurité. Le choix ne serait plus nécessaire.

Les historiens, qui aiment trop souvent tirer une morale du passé, apportent des arguments dans ce sens. L'observation du limes romain et de quelques autres permettrait de conclure que l'affaire se termine toujours mal. Il serait en quelque sorte dans la nature de cette frontière de se rompre et de laisser la place à l'invasion, au déferlement. Toynbee a formulé cette opinion de la façon la plus synthétique et la plus imagée. « La rupture de cette digue militaire (le limes) sous le flot irrésistible des envahisseurs barbares semble s'être reproduite dans le cas de chaque limes, dans chaque État universel connu dans l'Histoire [1]. »

Notre longue métaphore romaine devrait donc nous entraîner à rejeter, d'emblée et facilement, l'idéologie du limes en soulignant le drame auquel elle conduit.

Malheureusement, les choses ne sont pas aussi inéluctables. Les enseignements de l'Histoire ne suffisent pas à nous délivrer du choix.

Toynbee a raison mais seulement de son point de vue. A l'époque où il écrit, les limes ont tous disparu ; il les considère par la fin. Indiscutablement cette fin, ce sont les invasions (qui ne signifient pas toujours, d'ailleurs, rupture du limes). Cette vision postérieure est évidemment très déformante. Imaginez quelqu'un qui jugerait la production d'une usine d'automobiles en fouillant les épaves d'une décharge : il en conclurait que l'assemblage d'un véhicule est un échec puisqu'il se termine toujours par son immobilisation, l'attaque de la rouille, le pourrissement des sièges, etc. Entre les deux, l'observateur, *a posteriori*, aurait simplement négligé ces quelques années d'équilibre qu'a connu la voiture en fonctionnement. La grande nouveauté du moment présent est que nous considérons le limes non plus par la fin mais par le début : nous en voyons naître un, aujourd'hui, dans les consciences. Pour nous, il commence. Si l'on veut bien considérer les limes du passé au même stade de leur évolution, on verra la perspective changer. Certes, le monde romain sera emporté par les invasions ; mais entre les barbares et lui, l'équilibre aura d'abord été maintenu pendant six siècles *. Notre préoccupation n'est pas de savoir si le limes contemporain sera éternel : un jour viendra, sans doute, sur la longue période, où, comme toute figure historique, il prendra fin. La seule question pour l'instant est de savoir si, d'abord, il est capable d'établir un équilibre durable. Six siècles ne sont pas nécessaires pour juger de ce résultat : la dissuasion nucléaire Est/Ouest n'a offert la paix au Nord que pendant quarante-cinq ans. Personne ne conteste qu'il s'agit là, à l'échelle des temps modernes, d'une longue phase d'équilibre.

* De 146 av. J.-C. (chute de Carthage) puisque nous avons choisi de voir là l'invention (encore théorique) de l'Empire jusqu'à 476 (chute de l'Empire d'Occident).

Si l'idéologie du limes, le nouvelle séparation Nord/Sud, garantissait une aussi longue stabilité, on peut dire que le pacte, déjà, tiendrait sa promesse. Quarante-cinq ans de paix : n'est-ce pas l'éternité pour un homme, de quoi le tenter sérieusement.

La métaphore historique n'a aujourd'hui d'intérêt, que si, au lieu de rappeler la fin nécessaire du limes, elle détaille, au contraire, les conditions de sa longue stabilité. A la lumière de l'expérience romaine, on peut dire que ces conditions sont au nombre de trois.

L'Empire, d'abord, doit pouvoir établir un équilibre militaire le long du limes. Ensuite, il doit pouvoir se garantir des dangers lointains, ceux qui surviennent dans la profondeur du monde barbare. Enfin, il doit apprendre à conduire, le long du limes, une diplomatie de l'inégalité.

Malheureusement pour ceux qui voudraient être délivrés du choix de Faust, ces trois conditions ne semblent pas inaccessibles pour le limes contemporain.

LES ARMES DU SUD

Le Nord peut-il établir un équilibre militaire le long du limes ? A première vue, rien ne paraît plus inégal que les rapports militaires du Nord et du Sud. En terme de puissance économique et technologique, la supériorité du Nord est une évidence absolue. Pourtant la situation réelle est beaucoup plus équilibrée que les données quantitatives pourraient le laisser penser.

Le faible, d'abord, dispose d'armes qui lui sont propres et qui ont fait leurs preuves. Des maquis kurdes ou salvadoriens aux territoires occupés par Israël, on a vu des armées bien équipées incapables de venir à bout de combattants armés de façon artisanale, fondus dans la population et qui pratiquent le harcèlement. Ces techniques de guérilla ne remettent pas en cause la supériorité du Nord mais elles peuvent entraîner, après des conquêtes faciles, des situations de « mauvaise paix »[2], c'est-à-dire des occupations intenables. Le pourrissement, l'usure et la guerre de propagande, autre arme possible pour les plus faibles, déplaceront le conflit sur le terrain politique et auront raison, à terme, de la force.

Le Sud peut également tirer parti de sa masse. La pléthore humaine est une arme qui peut compenser, partiellement, l'infériorité technologique. La Chine, en lançant ses vagues humaines à l'assaut du Vietnam en 1979, l'Iran en disposant par centaines de milliers ses pasdarans sous le feu irakien, en ont fait la preuve.

Mais cette image d'un Sud réduit à la guérilla et aux moyens de combat indirects, a été occultée par la guerre du Golfe. L'Irak a montré que le Sud, s'il est globalement faible, peut à certains endroits receler des « points durs », des zones de grand danger militaire où la puissance du Nord peut être défiée en terme de guerre et non de guérilla. Ce surarmement local a de multiples causes dont certaines sont plus contrôlables que d'autres. La première a été, jusqu'ici, la rivalité Est/Ouest. L'Irak, comme le Vietnam ou Cuba, a été armé par les Soviétiques dans le cadre d'une stratégie d'influence mondiale. De même, l'Iran du Shah était armé par les États-Unis pour en faire un arbitre régional et un bastion de première ligne au flanc de l'URSS. On peut espérer que cette première source de surarmement a, sinon disparu, du moins été réduite par les difficultés des Soviétiques et leur retrait des théâtres lointains. Néanmoins, à supposer que cette première source se tarisse, une autre risque de la remplacer : la source commerciale. Quiconque paie peut obtenir aujourd'hui ce qu'il veut ou presque, sans avoir à rendre de compte à personnes.

La prolifération des armements au Sud et en particulier dans la zone tampon est pratiquement incontrôlable. A la logique commerciale du Nord s'ajoute celle du Sud, où plusieurs pays sont désormais producteurs et exportateurs d'armes dont certaines assez sophistiquées (Brésil, Argentine, Chine, Inde, Égypte par exemple). Il y a une évidente contradiction à encourager l'établissement d'une zone tampon relativement stable et développée, et à espérer qu'elle ne soit pas surarmée. Armement et développement sont liés par une logique inexorable. Ces pouvoirs durs mais menacés, stables grâce à la force, ne seront pas les derniers à rechercher les moyens de leur puissance dans une course à l'armement. Pour ces clients « moyens-riches », une gamme très étendue de produits est disponible : armes chimiques, missiles à courte et moyenne portée, armes classiques et même technologie nucléaire « sommaire » sont disponibles sur catalogue [3].

Si le Sud est globalement plus faible, la zone tampon entre Nord et Sud est engagée dans une dynamique d'armement qui tend à équilibrer les forces sur le limes.

Le conflit du Golfe a montré que, parvenus à un certain degré de puissance, les États du Sud disposent de deux atouts supplémentaires : l'instabilité de leurs peuples et leur insensibilité à la dissuasion.

L'instabilité de la zone tampon est l'objet de toutes les craintes pour les États de cette zone : ils s'appliquent, nous l'avons vu, à combattre ces forces centrifuges sur leur propre territoire. Mais ils ne dédaignent pas de mettre à profit cette instabilité chez leurs voisins. L'Irak a relativement échoué dans cette stratégie d'embrasement régional et dans ses tentatives de dresser les masses arabes contre leurs gouvernants. Cependant cette évolution a été la crainte permanente des Alliés pendant le conflit. La stabilité n'a été obtenue qu'au prix de grands efforts financiers en faveur des États voisins (au profit, par exemple, de l'Égypte, de la Turquie, d'Israël, de la Syrie). Surtout, la nature du conflit, qui n'était pas directement Nord/Sud mais opposait des puissances arabes, a permis de diviser les opinions publiques et de modérer leurs réactions. Cette contention ne sera peut-être pas toujours possible. Autant le front Est/Ouest était net et bien circonscrit, autant le Sud présente une surface de contact étendue, morcelée et imprévisible.

L'insensibilité à la dissuasion est l'autre force du Sud. L'Irak en a administré là-aussi une preuve partielle : il n'a jamais été question de faire porter sur cet État une véritable pression de dissuasion (au sens de destruction massive par armes non-conventionnelles). Cependant, la rhétorique du sacrifice, déployée par Saddam Hussein pendant toute la crise, montre assez qu'il n'aurait probablement guère été sensible à une telle pression.

Les États-majors réfléchissent aujourd'hui à la dissuasion dite du « Fort au Faible ». On peut se demander si le concept a une quelconque validité entre Nord et Sud. Quand on voit les dirigeants éthiopiens sacrifier volontairement une partie de leur peuple par la famine, dans le but de forcer l'Occident à financer leur politique mégalomane, on peut douter qu'ils soient sensibles à une logique de dissuasion. Plus troublante encore a été la détermination avec laquelle les grands pays débiteurs latino-américains ont aggravé leur dette jusqu'à mettre sciemment en péril le système financier international : ils ont pu, alors, négocier avec leurs créanciers en position de force. Il y avait là une véritable logique de la dissuasion du faible au fort. « Je n'ai rien à perdre ; je peux faire sauter la maison ; il faut vous rendre à mes exigences. » On peut se demander, dans ces conditions, s'il sera jamais possible d'exercer une quelconque dissuasion sur des pouvoirs aussi déterminés.

Le Sud n'est donc pas démuni face au Nord : un nouvel équilibre est possible. Il suppose, de la part du Nord, la révision de tous les concepts stratégiques, la surveillance d'une ligne très large et très morcelée, même si certaines zones doivent rester sans doute plus instables que d'autres et concentrer le danger. (Pendant toute l'histoire romaine, les fameux Champs décumates entre Rhin et Danube ont été l'objet de multiples campagnes et contre-attaques. Le Moyen-Orient sera peut-être les Champs décumates du limes contemporain.)

Surtout, il faudra, dans cette situation inédite, inventer des armes nouvelles, et l'industrie du Nord en prospèrera d'autant mieux. Il est intéressant de voir que l'IDS (Initiative de Défense stratégique) ou Guerre des Étoiles, contestée face à l'URSS, est relancée aujourd'hui : elle est sans doute le seul moyen pour le Nord d'établir un bouclier contre une zone tampon bien armée où la non-prolifération est incertaine [4].

La première condition de stabilité du limes, la constitution d'un équilibre militaire durable, est sans doute acquise : chacun dispose de ses armes et de ses atouts stratégiques. Les doctrines vont s'affiner, les recherches se développer et le commerce s'épanouir : l'équilibre sera peut-être localement et temporairement instable ; on ne voit pas ce qui le rendrait impossible.

RETOUR DE LA DISTANCE

La deuxième condition est plus complexe : pour que le limes reste stable, il faut que l'Empire ne soit pas concerné par les événements qui affectent la profondeur du monde barbare. *A contrario*, dans l'histoire romaine, les plus grands troubles sont survenus en conséquence d'éruptions profondes et lointaines : le cheminement vers l'Ouest des Huns a entraîné par contrecoup un glissement de tous les peuples barbares et précipité ce qu'il est convenu d'appeler les invasions. La question actuelle est en somme la suivante : Le Nord peut-il raisonnablement ignorer ce qui se passe dans le Sud ? Peut-il trouver profitable l'anarchie qui paralyse certains États, la dictature qui en stabilise d'autres, les fléaux qui les déciment presque tous. La morale voudrait que non. L'idée de solidarité est encore, dans beaucoup d'esprits, basée sur une sorte d'intérêt mutuel : les drames lointains doivent un jour ou l'autre nous affecter.

Reconnaissons que cette idée perd du terrain. Aujourd'hui s'installe de nouveau, dans le Nord, le concept de *distance.* Les années soixante, avec McLuhan ont vu naître le mythe de la proximité, du village planétaire et des médias. Le siècle va finir avec le retour de la vieille distinction près/loin. La médiatisation du monde a fini par produire l'exigence d'un nouveau classement : tant d'images, tant de drames nous assaillent, que des priorités doivent être attribuées.

On ne peut souffrir de tout également.

Désormais, il y a ce qui est près et qui compte, ces villages du Nord où chaque fait divers est rapporté, ces zones du limes où chaque tension est ressentie comme une menace ; et puis il y a ce qui est loin, les famines oubliées, les assassinats méconnus, les catastrophes ignorées. Le conflit du Liberia restera le moment fondateur de cette nouvelle distance. Cette tolérance à la souffrance et à la mort, pourvu qu'elles soient lointaines, n'est pas de l'indifférence. Le Nord ne s'est pas durci, il s'est organisé. Le public continue à alimenter de ses dons les organisations alimentaires mais il le fait sans participation directe. Le retour du religieux est un phénomène de même nature : c'est le renouveau de la médiation. On ne cherche plus le bonheur directement mais par l'intermédiaire d'un Dieu ; on n'intervient pas pour secourir un individu ou un peuple, on charge une association de le faire. Le don remplace l'action. C'est un intermédiaire entre la souffrance et soi ; ce qui permet de tenir le drame *à distance.*

Que devient donc l'idée d'interdépendance de la planète, chère aux années quatre-vingt : n'y a-t-il aucun moyen, pour un pays qui n'est pas situé sur le limes, de mettre en jeu quand même les intérêts du Nord ? En vérité, il en existe fort peu. Le Nord se protège de mieux en mieux. Le terrorisme ? Il est clair que sa prospérité n'a été possible que grâce à la complicité des polices de l'Est. Les États du tiers monde sont assez mal équipés pour un terrorisme véritablement menaçant, c'est-à-dire à la dimension des sociétés technologiquement évoluées. L'immigration ? Cela reste un phénomène de proximité. Même si l'on assiste à une mondialisation des flux migratoires en Europe, le phénomène reste assez largement un fait de contiguïté. Les émigrations lointaines, utilisées comme arme par certains pays, n'affectent pas le Nord qui parvient à s'en préserver, notamment par le biais du statut de réfugié. Cinq millions d'Afghans ont fui : combien sont allés en Europe ou aux États-Unis ?

Restent deux moyens d'atteindre le Nord « de loin » : le trafic de drogue et les menaces écologiques.

Le trafic de drogue est un des derniers grands courants d'échange entre Nord et Sud. La lutte contre cette activité contribue un peu plus à la division. Elle participe de l'établissement et du contrôle du limes : surveillance policière des individus, limitation des flux de capitaux, interventions douanières. L'action du Nord s'effectue de plus en plus en direction du trafic et moins de la production. L'aide sélectivement apportée aux pays producteurs de drogue, pour qu'ils procèdent à des adaptations de leurs politiques agricoles et dissuadent les paysans de planter la coca, est faible en comparaison des gains clandestins. Sur les surfaces étendues et inaccessibles d'Amérique latine, dans les retraits du Triangle d'or, la lutte contre la production s'avère difficile. Le principal effort porte donc désormais sur le contrôle du trafic. Des progrès ont été récemment enregistrés. La nouvelle politique des ex-États communistes a permis de briser certaines filières qui profitaient de leur bienveillance. Elle rend également possible des interventions militaires directes telles que l'opération au Panama ou en Colombie.

La drogue, si elle menace les États du Nord, est aussi l'un des facteurs qui contribue le plus efficacement au renforcement du limes.

Les menaces écologiques paraissent être une autre manifestation de l'interdépendance de la planète et de l'impossibilité d'en abandonner plus de la moitié à son sort. La destruction de la forêt amazonienne, la désertification du Sahel, la pollution par les hydrocarbures sont des dommages causés au Sud mais qui mettent en péril la planète entière. L'écologie, en théorie, réunit Nord et Sud. En pratique, elle est un des facteurs qui contribuent le plus à les éloigner.

A bien considérer les grands procès faits à la pollution dans le tiers monde, l'accusé est toujours le même : c'est le développement. Les dommages agricoles dans le Sahel ? Ils procèdent d'un déséquilibre en faveur des cultures intensives destinées à l'exportation. La production d'hydrocarbure ? A qui profite-t-elle sinon aux grandes compagnies multinationales qui en assurent l'extraction et le commerce. La destruction de l'Amazonie ? C'est l'effet combiné de la mégalomanie des projets de développement brésiliens (route transamazonienne), de la cupidité des entreprises d'exploitation du bois et d'une économie endettée, contrainte à « vendre » sa forêt. Ces accusations sont en partie fondées. Elles sont pourtant la source d'un malentendu croissant. Les écologistes font le procès du développement inadapté ; les pays du tiers monde comprennent qu'ils font celui de leur développement tout court. Beaucoup considèrent, au Sud, que l'écologie est un luxe que seul le Nord peut se permettre. Il est vrai qu'elle prend souvent, en direction du Sud, une tonalité de « croissance zéro » qu'elle a perdu ici. Il est admis désormais au Nord que l'environnement peut et doit accompagner la croissance économique.

Au Sud, les investissements écologiques sont souvent trop lourds. L'alternative est souvent de faire sale ou de ne rien faire. Au Brésil, à la grande période de l'affaire amazonienne, la réaction d'orgueil était vive et assez générale (du gouvernement au simple citoyen) : « C'est à notre pays que l'on en veut. Le Nord nous préfère nus dans la forêt plutôt qu'au volant de caterpilars. Vous faites de nous de méchants sauvages et vous n'avez qu'une intention : que nous devenions bons mais que nous restions sauvages. » Cette perception est souvent aggravée par la grande maladresse des initiatives « généreuses » du Nord. Le tribunal des peuples, par la voie d'un député de l'Allier, ce qui n'est pas rien, a cru bon de condamner officiellement le Brésil pour le sort que ce pays réserve aux Indiens. L'intention est louable mais, pour connaître un peu le Brésil, je crois pouvoir dire qu'une telle mise en accusation, à la fois solennelle et dérisoire, n'était sans doute pas la forme d'action la plus appropriée. Ce tribunal a-t-il sauvé la vie d'un seul Brésilien ? J'en doute ; il s'est certainement rendu coupable d'en avoir fait mourir plus d'un de rire...

L'écologie est un motif de plus de l'incompréhension et du divorce entre Nord et Sud. Dans un contexte de pénurie et de précarité, les investissements nécessaires à un développement « propre » sont difficilement disponibles ; la dette des pays du tiers monde les pousse à des politiques déséquilibrées vers l'exportation et à une surexploitation de leur milieu naturel. De là à penser que dans la nouvelle division internationale du travail, on veut faire d'eux des « réserves », des parcs naturels où la vie serait conservée dans son harmonie primitive, le pas est aisément franchi.

Sur la capacité d'éloigner les menaces lointaines (deuxième condition de la survie du limes), il faut aussi se prononcer sans dogmatisme : il n'y a pas pour l'instant de menace mortelle venue de la profondeur des pays du

Sud. Les dangers qu'on aperçoit, tels que le terrorisme, le trafic de drogue ou le péril écologique, loin de contrarier le limes, sont encore des arguments pour le renforcer.

UNE HISTOIRE SANS MORALE

Dernière condition pour que le nouvel ordre soit stable : peut-on longtemps pratiquer, entre Nord et Sud, une diplomatie de l'inégalité ?

L'étude du limes romain montre qu'il présente une sorte de faille mortelle, un défaut de conception qui le conduit nécessairement à se durcir et à se rompre. Mais ce phénomène est très progressif, très lent et compatible avec une longue stabilité.

Le concept nouveau qu'ont développé les historiens modernes du limes romain est en forme de paradoxe. Un limes est un barrage édifié pour séparer deux territoires mais qui, en pratique, les réunit [6]. Le mur de fortifications qui courait autour du monde romain était un intense lieu de passage. De part et d'autre circulaient les hommes – les barbares entraient nombreux dans l'Empire, attirés par sa prospérité – et les marchandises : on retrouve très loin au-delà du limes des objets (en particulier des armes) produits dans le monde romain et exportés au-delà. Contrairement à ce qu'écrit Toynbee, le limes n'est pas signe de décadence : c'est la très grande réussite d'une civilisation qui attire de cette manière les barbares à son pourtour.

A quoi sert donc le limes s'il n'empêche pas les courants d'échange ? A marquer une différence de statut. D'un côté, le monde romain avec ses lois, de l'autre l'espace barbare. Au cours de son histoire, Rome va peu à peu élargir sa citoyenneté. Réservée au début à une minorité et limitée à la ville, elle va s'étendre aux autres cités latines, puis aux alliés de l'Italie, puis à un nombre croissant de classes sociales dans l'Empire. Enfin par l'édit de Caracalla en 212 après J.-C., elle se généralise à toute personne de condition libre habitant à l'intérieur de l'Empire.

Le limes est le lieu d'une inégalité croissante à mesure que s'étend la citoyenneté romaine. Après Caracalla, il sépare deux mondes que tout réunit, qui échangent sans cesse hommes et biens, mais entre lesquels la différence de droit est majeure.

Nous pouvons soupçonner dès maintenant la reproduction de cet engrenage dans le limes contemporain. Elle est particulièrement perceptible en Europe. Les populations du Sud de la Méditerranée entretiennent avec les pays du Nord des relations étroites, nombre de leurs ressortissants y vivent. Les différences de statuts entre eux créent des tensions graves : tel jeune beur bénéficiera de la nationalité française tandis qu'un autre, son semblable en tout point, en sera privé. Ils sont en quelque sorte situés de part et d'autre du limes : l'un est rattaché au Nord avec tous ses droits et l'autre au Sud. Plus l'inégalité progresse, moins la différence est compréhensible. Ceci est perceptible à l'échelle plus vaste des États. L'effort des États tampons pour se rapprocher du Nord ne signifie pas qu'ils soient admis à en faire partie. La France favorise l'action de Hassan II du Maroc, sa politique étrangère docile à l'Occident et son libéralisme économique. Bref, elle veut bien de son pays comme État tampon. Mais qui prendrait le risque d'accéder à son désir de fonder un Euro-Maghreb, de donner au Maroc le statut de pays du Nord (en particulier en ce qui concerne la circulation des personnes) ? La Turquie, bon élève du Proche-Orient, maintenue avec précaution dans la démocratie et l'ouverture économique, ne se lassera-t-elle pas de se voir refuser à chaque fois son entrée dans la CEE ? Le Mexique rêve d'un marché commun avec les États-Unis ; mais quand la libre circulation sera-t-elle accordée à ses masses misérables ?

Plus l'infiltration d'hommes du Sud se développe dans les pays du Nord, et plus fortes sont la crainte de l'invasion, le renforcement du limes et le refus de s'assimiler quiconque venu de ces régions. La diplomatie du limes est un périlleux exercice de maintien de l'inégalité. Si elle néglige les États tampons et les laisse dans le chaos, elle met en danger le Nord très directement. Si, au contraire, elle développe cette zone, elle pose, à terme, la question de son intégration dans le Nord. Faute d'être récompensés de leurs efforts mimétiques, les bons élèves de la zone tampon risquent de se tourner vers les idéologies de rupture pour obtenir ce qu'ils veulent par la force.

Le limes est incontestablement un lieu de tension progressive et d'affrontement non parce qu'il sépare deux mondes différents mais parce qu'il égalise ses deux berges et tend à faire perdre toute justification à l'inégalité de statut qui les distingue. Il s'agit, à l'échelle mondiale, d'une diplomatie de l'apartheid.

Ce danger est théorique. Rien ne permet de dire quand se produira l'éclatement. Au grand dam des moralistes, dont je suis, il faut se rendre à l'évidence : l'apartheid fonctionne bien. On préfère l'oublier et penser que ce système est condamné de l'intérieur. C'est peut-être vrai mais l'Afrique du Sud a pu maintenir le « développement séparé » pendant presque un demi-siècle sans empêchement majeur. Les techniques policières et militaires contiennent la violence. Par des moyens économiques et politiques, on parvient à diviser les communautés et les ethnies pour les affaiblir. Enfin, la misère installe les masses dépendantes dans cette « accommodation » dont parle Galbraith ; leur prospérité relative par rapport aux pays voisins suffit aussi à les dissuader de mettre en péril ces précieux, bien que faibles, avantages.

Si l'apartheid sud-africain commence à disparaître, c'est moins par une victoire de l'extérieur qu'en raison du changement d'attitude du pouvoir blanc. De même, l'Empire romain s'est effondré en Occident non sous l'effet des invasions mais par éclatement et dissolution intérieure. Aujourd'hui, il est erroné de compter sur une rupture rapide et spontanée du limes Nord/Sud. Si quelque chose change, ce sera au Nord, à l'intérieur même du système. Autrement dit, et c'est bien l'essentiel, tout dépend de nous.

Le pacte proposé à l'homme du Nord est un vrai pacte, solide et honnête, même s'il est immoral et choquant : s'il renonce à la justice, il aura la sécurité. Les trois conditions sont remplies ou en mesure de l'être. On ne voit pas ce qui empêcherait d'établir un équilibre militaire sur le limes. On ne voit pas plus pourquoi il ne serait pas possible de maintenir des distances dans la planète et de tenir le Nord préservé de cataclysmes lointains. Enfin, une diplomatie de l'inégalité peut durer bien longtemps. Le système est viable. L'opposition de l'Empire et des nouveaux barbares est un véritable ordre mondial équilibré. Nous ne pouvons céder à la facilitié de le croire mort-né et d'attendre. Il n'y a pas, face à un tel pacte, une réponse objective et unique mais seulement une réponse morale qui ne vient ni de l'Histoire, ni de l'actualité mais de chacun de nous, en sa conscience.

24

TROIS FUTURS

Nous entrons dans l'ère de l'universalisme limité : le Droit, la démocratie, la justice sociale sont des idéaux légitimes pour tous mais seulement dans les limites de l'Empire, c'est-à-dire du Nord. Au XIXe siècle, la société américaine pouvait être à la fois égalitaire et esclavagiste car les esclaves n'étaient pas considérés comme des hommes. De même, les valeurs démocratiques et humanistes peuvent être à la fois universelles et limitées au Nord : le Sud ne fait plus partie des terres historiques.

L'idéologie du développement maintenait un lien entre les deux mondes : il postulait leur communauté de nature et la possibilité pour celui qui était en retard de rattraper celui qui avait pris de l'avance. L'idéologie du limes rompt cette unité. Elle sépare, d'un côté, le monde historique où s'appliquent des catégories universelles et de l'autre, le monde des nouveaux barbares où règne le relativisme culturel, c'est-à-dire les divisions ethniques, les haines intercommunautaires et le particularisme violent.

Cette division du monde sous-tend la vie internationale et rend compte de ses aspects nouveaux. Elle gagne les opinions publiques et éclaire les mentalités des dirigeants politiques : le pacte sécurité contre justice s'impose peu à peu à tous. Protéger la prospérité en la limitant, préserver la civilisation universelle en la réservant à un espace contrôlé, ceindre le Nord d'un limes, voilà à quoi l'on assiste à un rythme accéléré. Vouloir cerner cette mutation en temps réel, c'est-à-dire pendant qu'elle se déroule, avant même qu'elle soit achevée, c'est évidemment s'exposer à l'erreur, à des approximations, des prévisions démenties par la suite. Les historiens et les politologues, qui attendent pour prévoir un événement qu'il se soit produit, prennent évidemment moins de risques.

L'essentiel, en la matière, n'est pas seulement de connaître mais d'agir. Dans la mesure où, si peu que ce soit, ces évolutions et ces choix dépendent de nous, il ne nous est pas permis de les traiter avec la neutralité de scientifiques observant un phénomène naturel. Il faut comprendre mais surtout comprendre vite, comprendre *avant*. Une chance nous est enfin donnée de restaurer le lien si précieux, si proprement humain, si passionnant, entre l'analyse et l'action, l'évaluation d'une situation et le refus de la voir s'installer ou perdurer.

Voici trois réponses à ces questions nouvelles, trois voies, trois futurs. Chacune est présentée sous les traits d'un personnage historique qui n'en est que l'allégorie. Toutes ces attitudes sont en puissance, virtuelles. Aucune, sans doute, ne triomphera et le futur, le seul, celui que le temps finira par dégager, sera le bâtard de tous ces ancêtres imaginaires. Peut-être pourra-t-on quand même y retrouver certains de leurs traits.

MARC AURÈLE : LA SÉCURITÉ

Première attitude possible : accepter le pacte, choisir la sécurité au mépris de la justice, penser que, pour durer, la civilisation du Nord doit renoncer à être universelle. C'est la voie de Marc Aurèle.

Cet empereur philosophe, admirateur de la culture grecque, n'a cessé de défendre la civilisation les armes à la main. Il a combattu sur les limes et poursuivi sa fortification. Entre monde romain et monde barbare, il a choisi de renforcer la séparation, dans l'espoir de la rendre hermétique.

Pour Marc Aurèle, défendre le Droit, la justice, la liberté, consiste avant tout à les protéger contre le péril extérieur, à circonscrire l'espace où ils s'appliquent et à en tenir écartées les forces contraires du monde barbare. Transposé dans le monde d'aujourd'hui, cette attitude le conduirait à développer le limes Nord/Sud au nom de la survie des valeurs démocratiques, libérales et culturelles du Nord.

A l'évidence, celui qui fait ce choix s'expose à vivre une contradiction tragique. L'histoire réelle de Marc Aurèle le montre. Philosophe stoïcien, épris de sagesse et de paix, il a mené, dans la boue des champs de bataille, une existence de brute ; cet homme raffiné, admirateur de l'équilibre de la *polis* grecque, a passé la plupart de ses nuits sous des tentes sans confort, seul, au milieu de ses armées en campagne ; ce poète, orfèvre de délicats aphorismes sur l'harmonie du monde et la mansuétude, a dû sans cesse utiliser la force, la ruse et même la cruauté. Dans la gorge de ses déserteurs, il acceptait que l'on coulât du plomb fondu.

Les Marc Aurèle modernes n'échappent pas à ce paradoxe. Pour protéger le Nord démocratique, ils soutiennent les gouvernements totalitaires de Chine ou d'Iran, les autocrates d'Afrique noire ou de la péninsule arabique. Pour conjurer une menace démographique devenue incontrôlable, ils comptent sur les effets dévastateurs de la guerre, des famines et du Sida. Pour affaiblir les idéologies de rupture qui les prennent pour cible, ils sont prêts à s'accommoder de vastes poches d'anarchie, de division et de régression. Tout cela pour que le Nord puisse développer la tolérance, le raffinement culturel, le respect de l'invidivu et la prospérité matérielle.

A reconnaître des limites à la civilisation, on s'oblige à utiliser d'autres règles pour traiter la partie du monde située au-delà d'elle. La violence barbare justifie en retour la violence du Nord. Derrière le plus paisible de ses philanthropes, se profile toujours une ombre casquée.

Marc Aurèle voyait bien que ses soldats n'avaient rien à envier en dureté à ceux qu'ils combattaient. Lorsque, après une révolte, un de ses rivaux est exécuté par ses troupes, sa tête lui est présentée sur un plat. J'imagine volontiers qu'une telle scène était intolérable pour celui qui tenait de sa mère « la pitié, la libéralité, l'habitude de s'abstenir non seulement de mal faire, mais de s'arrêter encore sur une pensée mauvaise » (Livre I, III). Mais pour supporter cette violence, il lui plaisait de la croire circonscrite sur le limes. Au moins, pensait-il, dans la profondeur de l'Empire, pouvaient régner la douceur et la justice.

Énorme malentendu. La violence se développait autant au cœur du monde romain qu'à ses frontières.

Ceux qui, à Rome, encourageaient la défense du limes, ne le faisaient pas tous pour les mêmes raisons. Marc Aurèle repoussait la barbarie pour exalter la civilisation, le Droit et les valeurs grecques ; mais, à ses côtés, on trouvait beaucoup de gens mus par des sentiments exactement contraires. Déjà, Tacite, un siècle plus tôt, lorsqu'il parle des Germains, laisse percer une admiration secrète pour leur force, leur mépris de la richesse, leur ardeur religieuse, leur goût de la mort, des liens du sang, de la tribu. Beaucoup de Romains voient dans les barbares un adversaire salutaire qui contraint au combat donc au sursaut, donne à Rome l'exemple de sa robuste simplicité, et l'éloigne des tentations de la décadence.

En combattant les barbares, ils espèrent que la ville reviendra à l'époque où elle n'était pas encore amollie par le contact de la Grèce, c'est-à-dire au premier temps de son histoire, quand elle n'était encore qu'un peuple dur, ardent, fidèle à ses ancêtres et attaché à son sol sacré.

Dans l'idéologie du limes contemporain, on trouve, côte à côte, les défenseurs de la République, des Droits de l'Homme et de la liberté, et une extrême-droite qui exalte la séparation des peuples. Tous les partis politiques modérés, en France aujourd'hui, se retrouvent pour condamner l'immigration et demander le renforcement du limes Nord/Sud : ils le font pour éviter la déstabilisation des institutions démocratiques. Mais, ce faisant, ils rejoignent un Front national dont les intentions sont inverses : il dénonce « la barbarie » que représente l'immigration sur notre sol mais témoigne un grand respect à cette même barbarie lorsqu'elle se manifeste au Sud. La complaisance de l'extrême-droite française à l'égard de la dictature irakienne en est le témoignage. Pourquoi cette différence de traitement ? Simplement parce que les contempteurs de « l'État mou » véhiculent l'idée que les barbares, eux, sont un exemple de dureté. En face de leur fermeté, de leur fanatisme, de leur rudesse, nous devons rejeter les mœurs amollies de la démocratie. L'extrême-droite veut restaurer nos origines barbares, si proches. Avant d'être contaminés par les idéaux gréco-latins, nous étions ces Gaulois intrépides qu'Ammien Marcellin décrit de façon flatteuse : « Presque tous les Gaulois sont de haute taille ; ils ont la peau blanche et la chevelure rousse. Ils ont le goût des querelles et sont présomptueux à l'excès. Si l'un d'eux, au cours d'une rixe, a fait appel à sa femme, qui est beaucoup plus vigoureuse que lui et qui a les yeux pers, une troupe d'étrangers ne pourra lui tenir tête, surtout quand celle-ci, le cou gonflé et grinçant des dents, balançant d'énormes bras blancs, commence à décocher, en y mêlant des coups de pied, des coups de poing semblables à des projectiles de catapulte. »

Que ne nous rend-on de semblables compagnes !

Voilà le paradoxe de Marc Aurèle. Il combat pour la civilisation et le Droit. Mais, à ses côtés, nombreux sont ceux qui voient dans le limes l'occasion, au contraire, de rejeter ces valeurs.

Marc Aurèle est bien seul, pris entre deux feux redoutables. A l'extérieur, il combat les barbares, poursuivant le projet désespéré de les tenir à distance de l'Empire. « Le meilleur moyen de t'en défendre, dit-il, est de ne pas leur ressembler. » (Livre VI, VI.) A l'intérieur, il est soutenu par des gens que ses prétentions de civilisation font rire, qui méprisent sa délicatesse et sa philosophie. Ils luttent pour la même cause, mais en la trahissant plus gravement encore car c'est en leur ressemblant qu'ils comptent lutter contre les barbares. Au fond, sous couvert de stoïcisme, Marc Aurèle emprunte la seule voie que lui laisse le désespoir : c'est un esthète, un romantique. Il pousse la civilisation à son plus haut degré de subtilité mais c'est en sachant qu'elle est irrémédiablement limitée dans l'espace et condamnée dans le temps. Ce qu'il défend est mortel mais la conscience qu'il a de ce destin teinte son détachement du monde d'un plaisir supplémentaire de mélancolie.

« N'agis point comme si tu devais vivre des milliers d'années. L'inévitable est sur toi suspendu. Tant que tu vis, tant que cela t'est possible, deviens homme de bien. » (Livre IV, XVII.)

KLEBER : LA JUSTICE

On peut, au contraire, refuser le pacte. Kléber, général des armées de la Révolution, mort en Égypte où il avait pris la suite de Bonaparte, illustre cette attitude.

Cet homme est remarquable en ceci qu'il tient, si l'on veut, les deux bouts. C'est un esprit politique, on lui a même fait le reproche de ne pas avoir la puissance d'utopie de Napoléon. Mais c'est aussi un homme d'idéal. Il a tout acquis en se battant : métier, pouvoir, autorité. Jamais, pourtant, il n'a cherché à garder pour lui seul ces modestes privilèges. Kléber manque tout à fait de cet esprit bourgeois qui fait de la richesse une vengeance possible contre l'égalité. Ceux qui se sont élevés doivent combattre pour hausser les autres jusqu'à eux. Aucune sécurité ne justifie à ses yeux le renoncement à la justice.

A considérer sa vie, on voit combien Kléber ignore la notion de frontière. Il ne voit pas de cloison entre les hommes, entre les activités, entre les lieux. La Révolution le trouve architecte ; elle le fait soldat. Il assiste Jourdan à Fleurus. Bonaparte se l'attache. Il le suit en Italie puis le premier consul l'emmène en Égypte. Étonnante campagne, folie, rêve pur, qui mène cette armée dépenaillée sur le continent africain sous le prétexte d'y affronter l'Angleterre.

Pour un natif de Strasbourg que peut représenter, en 1799, l'Égypte ? Plus que le bout du monde : un autre monde. Mais pour Kléber, rien n'est loin. L'aisance de Bonaparte et la sienne, au pied des pyramides ont, en quelque sorte, des moteurs opposés. Napoléon est loin de tout, pas plus du Caire que du palais royal. Kléber éprouve partout la même proximité. Il ne voit de limite ni entre les territoires ni entre les hommes, quelles que soient leurs origines. Il fonde à Alexandrie la loge maçonnique Isis. Il ne se contente pas d'occuper une terre ottomane ; il veut l'éclairer, y installer entre les individus autre chose que la violence, la domination et une autorité figée. Pour lui, militaire, il n'y a pas de conquête sans fraternité, pas de sécurité sans justice. Il le paiera de sa vie. Bonaparte, après quatorze mois, quitte l'Égypte pour un autre rêve qui s'appellera l'Empire. Kléber reste au Caire où il mourra.

Comment s'incarneraient les principes de cette vie dans le monde contemporain ?

L'idée d'un limes, d'une frontière Nord/Sud, d'un monde cloisonné serait insupportable pour un homme comme Kléber. Il est de ceux qui ne peuvent voir ces limites sans chercher, séance tenante, à les briser. Il ne supporterait pas qu'on trahisse à sa racine l'idée de démocratie, en mettant en cause ce que Tocqueville un peu plus tard désignera comme l'égalité des conditions. Lui, de modeste origine, il imaginerait ce que serait sa vie s'il avait eu le malheur de naître au-delà du limes, plein d'envie, d'impuissance et de haine, au cœur du Sud. Il sentirait, comme s'ils étaient à nu devant lui, les talents inemployés, les douleurs méconnues, les grandeurs sans importance de ces foules misérables. Il s'indignerait qu'on les suppose aimer la barbarie dans laquelle ils sont condamnés à vivre, comme si le pauvre devait par essence aimer sa pouillerie et l'illettré jouir de ne regarder que des images.

Le désastre du tiers monde ne serait pas à ses yeux un motif suffisant pour y voir une différence de nature entre Nord et Sud et aggraver l'inégalité. Kléber se battrait plutôt pour le développement, la solidarité entre les deux mondes, l'extension de la démocratie.

Pratiquement que ferait-il ? D'abord, il refuserait de soutenir des dictatures pour cette seule raison qu'elles sont stables. Cette stabilité n'est à ses yeux d'aucune valeur : l'Histoire montre assez que derrière une paix de surface, les régimes totalitaires sont les plus destructeurs et, à terme, la cause des plus grandes explosions. La haine, par une sorte d'effet de serre, s'y échauffe à l'extrême. La tyrannie invoque la paix civile dans le seul but de maintenir son oppression. Lui, le révolutionnaire, sait que la démocratie ne peut pas toujours naître dans la stabilité. Elle est aussi fille de la rupture. Elle reste démocratie et mérite qu'on la défende autant qu'elle est encore capable d'absorber l'incertitude, de résoudre les conflits intérieurs, bref de contenir ce qui la menace et, en même temps, la nourrit.

Alors, il prendrait le risque. Contre toutes les prudences de la *realpolitik*, il continuerait de harceler la Chine, de soutenir ses dissidents, de militer pour sa démocratisation. Il poursuivrait Castro de sa vindicte jusqu'à ce qu'enfin le rêve de Valladares se réalise. Mais il ne limiterait pas ses assauts aux vieux marxismes essoufflés : il irait aussi faire le siège des nouveaux totalitarismes, en particulier celui des religieux. Aider l'Iran, le recevoir de nouveau parmi les nations, oui. Mais à condition d'exiger qu'il mette un terme à l'oppression que subit son peuple. Coopérer avec l'Afrique noire ; certes, mais pas pour le seul profit des chefs de clans qui verrouillent la vie politique locale.

Il ne réserverait pas sa fermeté aux seuls pouvoirs en place ; sa haine irait aussi et d'abord aux usurpateurs de la liberté, à ceux qui, en prétendant délivrer les peuples, installent déjà l'appareil qui va les asservir. Les nouvelles guérillas comme le Sentier lumineux, les fondamentalismes religieux d'opposition, les indigénismes et autres formes d'idéologies de rupture, lui seraient sans doute suprêmement antipathiques.

Kléber saurait que s'il est un limes à défendre, c'est celui qui passe, non entre le Nord et le Sud mais dans chaque État et peut-être dans chaque homme entre les forces de fraternité, de liberté et de justice, et les ténébreuses tentations de la barbarie. Le Sud n'est pas une terre à rejeter tout entière dans sa condition de pauvreté et d'hostilité. Il y a, hélas, partout, des gens qui se battent : un Vargas Llosa au Pérou aurait mérité plus d'appui, un Fernando Collor au Brésil joue une partie dramatique et essentielle; même Sankara, le burkinabe rétif et ombrageux, avait entrepris dans son pays un authentique processus de modernisation. Kléber aurait-il toléré qu'on l'abatte comme un chien ?

Je l'ai dit : il n'y a pas pour lui de distance. Il détesterait sentir que le monde se rétracte, qu'une moitié se referme et retourne à une forme archaïque et violente de solitude. Lui qui a initié des Ottomans à la fraternité, il croit plus que quiconque à l'universalité de l'homme. Il ne pourrait se satisfaire de voir appliquer de l'autre côté du limes des méthodes que l'on rejetterait au Nord. Les fléaux, dans ces endroits lointains, sont aussi détestables qu'ici. La misère, la maladie, la guerre, la famine, sont des ennemies de l'humanité, partout. Un soldat ne conçoit de combattre que face à l'ennemi ; personne ne lui paraîtrait plus digne de mépris que ceux qui escomptent un profit de ces moyens ignobles. La notion de catastrophe utile, l'espoir que le SIDA, la guerre civile ou la déroute alimentaire nous protégeront de populations que l'on a renoncé à réduire et à contrôler, serait pour lui le plus lâche des égoïsmes.

Envers et contre tout, il continuerait de se battre pour qu'à chaque problème soient apportées des solutions humaines. Il serait aux côtés de Jonathan Mann et de tous ceux qui tentent de faire du SIDA dans le monde une priorité de Santé publique ; il aiderait les organisations humanitaires dans leur effort obstiné pour atteindre encore les endroits inaccessibles, les seuls où il vaille la peine d'aller ; il soutiendrait toutes les initiatives pour tenter de perfectionner, d'adapter et d'étendre les méthodes de contrôle démographique tout en respectant la dignité de l'individu ; il plaiderait pour les enfants de Rio comme s'ils étaient les siens ; il lutterait pour faire augmenter les budgets de coopération mais aussi pour que le flux de capitaux, de technologie, d'échange ne soit pas entièrement capté par le Nord ; il serait avec ceux qui cherchent à réformer le statut de réfugiés et à résorber, au besoin en affrontant les forces politiques locales, les archipels de déracinés que constituent aujourd'hui les camps de réfugiés.

Utopie ? Oui, tout autant que l'expédition d'Égypte. Mais tandis que Napoléon n'en fait qu'une geste héroïque et éphémère, Kléber, lui, y a mis toute son énergie, son sens pratique et sa vie. Il sait que des forces immenses pèsent dans l'autre sens et qu'il peut tout au plus espérer les équilibrer. Son action, pour dérisoire qu'elle soit, se doit d'être exemplaire. Nous ne seront pas riches seuls, dit-il en somme. Pour juger son entreprise, il faut moins en considérer le détail que le mouvement : Kléber, face au limes, est transgression. Il passe au travers et manifeste au Sud sa présence. Contrairement à tous ceux qui l'ignorent ou se contentent de lui payer un lointain tribut, il s'y rend. Il sait que l'essentiel est là : continuer d'aller au Sud, reprendre sans cesse son exploration, témoigner, prendre parti, heurter.

Kléber manque de la souplesse qui fait tenir à Bonaparte le discours d'un musulman chez les musulmans, d'un chrétien chez les chrétiens, d'un républicain chez les révolutionnaires. Mais voyez-vous, Kléber est un universaliste : il accepte l'idée d'un impérialisme de la démocratie. Il affronte les autres avec toute la puissance de sa conviction. Naturellement, il s'expose à en mourir. En juin 1800, un mamelouk le transperce d'un coup de couteau et met fin à sa vie mais pas à ses principes.

VON UNGERN : LA RÉVOLTE

Marc Aurèle acceptait le pacte : il échangeait la sécurité du Nord contre sa prétention à la justice. Kléber le refusait et proclamait qu'il ne peut y avoir de sécurité sans justice. Reste une dernière attitude : retourner le pacte, affirmer que seule l'insécurité, la déstabilisation du Nord peut amener la justice.

Le destin de Roman Von Ungern en fournit l'exemple. Après la Révolution bolchevique, cet officier du tsar combattit d'abord dans l'armée blanche de Sibérie que dirigeait l'amiral Koltchak. Après sa défaite, Von Ungern refusa de s'exiler ou de se rendre. Avec une poignée d'autres Russes, il passe en Mongolie, chevauche au milieu de la steppe et soulève les guerriers nomades qu'il rencontre.

Russes et Mongols, dans cette étrange armée, sont vêtus de peaux de bêtes, vivent sous des yourtes, montent les mêmes petits chevaux, Von Ungern n'a pas fait en Mongolie une simple retraite de circonstance : son projet est la rigoureuse conséquence de sa vision d'ensemble de l'Histoire. Les barbares, pense-t-il, ont détruit la première Rome ; ils se sont saisi de la deuxième (Constantinople). Avec les bolcheviks, on peut considérer qu'ils sont entrés dans la troisième Rome, celle des tsars. Tout indique qu'il y sont pour longtemps. Ils y ont établi leur pouvoir, contrôlant la population et le pays. L'espoir, pour Von Ungern, est retourné vers la steppe. Les Mongols, anciens conquérants de la Moscovie, représentent la dernière force, celle qui, du fond de la steppe, peut briser la sécurité des imposteurs russes et restaurer la justice. La chrétienté, la monarchie, l'Empire, n'ont plus qu'une seule chance de salut pour Von Ungern : faire renaître une Horde d'or. Il se veut le nouveau Gengis Khan.

Qui est Von Ungern aujourd'hui ? Tous ceux qui voient dans la réunification du Nord la fin de toute opposition sérieuse au productivisme capitaliste. Ceux qui pensent que les critiques de Marx étaient fondées et que désormais règne un économisme froid, la machine grise de la démocratie, une société refermée sur son spectacle et qui n'offre aux citoyens que le simulacre médiatique d'un faux choix. Ceux qui pensent que faute d'une véritable alternative de société, le Nord est une gigantesque et poisseuse tyrannie. Pour tous, l'avenir de l'homme, l'aventure, la liberté, l'idéal, ne sont plus que du côté des barbares, c'est-à-dire quelque part, comme le croyait Von Ungeln, dans les steppes.

Ils sont nombreux, aujourd'hui, ceux qui cherchent à retourner le pacte. C'est le souhait, d'abord, d'un grand nombre de représentants, au Nord, de communauté issues du Sud, qui ont le sentiment d'être exclus et qui exaltent les valeurs qu'ils ont perdues. Ils sont rejoints par tous ceux qui ne trouvent plus dans la quiétude démocratique, l'alternative radicale qui pouvait satisfaire leur idéal de justice et leur besoin de rêve. Il y a quinze ans, les camps palestiniens, la Libye, les terrorismes régionaux, fédéraient les haines de l'Occident qui commençaient déjà à désespérer des vertus révolutionnaires de l'Est. Aujourd'hui, l'idéologie du limes va donner un nouveau souffle – et sans doute un nouvel aspect – à ces menaces extérieures qui utilisent l'injustice dont est victime le Sud et ses peuples pour mettre en accusation le Nord et contester sa sécurité. Les universitaires, au Pérou, ont pris le maquis, les fondamentalistes, partout, construisent leurs réseaux, Jacques Vergès conteste la justice du Nord au nom des peuples qui sont rejetés hors du limes, Jean Ziegler justifie les rebelles les plus durs et l'usage, contre toute puissance du Nord, d'une violence libératrice.

On a dit que Von Ungern, vaincu par l'Armée rouge, est mort, abandonné et amer, dans sa steppe où les nomades sont désormais enfermés.

Mais vous qui défendez le limes, vous qui prétendez rejeter les barbares au-delà d'une frontière bien défendue, regardez, regardez bien. Dans ces foules que vous croyez menaçantes, ne voyez-vous personne qui, sous ses oripeaux bigarrés et sa coiffure étrange, vous rappelle quelque chose. Oui, dans ces nouveaux barbares, n'y a-t-il pas, et c'est troublant, quelqu'un qui vous ressemble ?

La rupture Nord-Sud ne peut plus être dissimulée. Elle progresse dans les faits mais surtout dans les mentalités. Tout concourt à l'aggraver. Plus le Nord sentira de menaces intérieures, plus il verra les Serbes, les Baltes, les Corses tenter de contester l'unité de ses nations ; plus il sentira revenir à Moscou ou à Berlin des tentations autoritaires qui remettent en question la démocratie qu'il revendique et plus il sera tenté de faire du Sud le repoussoir, la menace, la terre de barbarie.

La rupture Nord-Sud a tous les caractères du cercle vicieux. Quand le Sud apparaît différent, il conforte ceux qui, au Nord, pensent qu'il faut s'en protéger. Quand le monde développé révèle des traits communs avec la barbarie – tendance au morcellement, communautés en révolte, tentations autoritaires – il encourage ceux qui veulent repousser ces démons au-dehors : le Sud est l'ennemi de choix, celui qui permet d'exorciser les périls intérieurs. Au Nord qui se veut réunifié et dépositaire des valeurs de la démocratie et du droit, l'idéologie du limes permet d'oublier que le chemin est encore long jusqu'à ses idéaux. En projetant sur les scènes des tropiques des tragédies dont les paroles et les actes sont familiers au monde septentrionnal, il lui permet d'oublier, pour un temps, qu'elles figurent encore à son répertoire. Devant la rupture Nord-Sud et le limes qui en procède, il importe peu de démêler la part de réalité et celle du fantasme. Seule compte l'efficacité de ces idées, leur puissance dans les mentalités contemporaines. Pour accepter ou refuser l'idéologie du limes, il faut d'abord l'avoir reconnue.

EN GUISE DE POSTFACE

Rédigé au moment où les premiers avions américains bombardaient Bagdad, ce livre reparaît à l'heure où d'autres avions américains, détournés ceux-là, s'abattent sur Manhattan. Dix ans séparent ces événements, dix années d'espoir, d'illusions, d'efforts de paix et de bruits de guerre. Dix ans qui, après avoir d'abord semblé démentir les thèses de ce livre, leur ont apporté de troublantes confirmations et leur donnent désormais un relief et un sens qui n'étaient pas nécessairement prévisible en 1991.

Revenons d'abord sur le démenti. Il est vrai que le début des années quatre-vingt-dix a été marqué par une intense activité diplomatico-militaire qui a pu faire illusion. La communauté internationale fraîchement réunifiée a proclamé sa volonté de pratiquer partout une diplomatie morale que les opérations de maintien de la paix engagées par l'ONU ont symbolisé. Partout ou presque, du Cambodge au Mozambique, du Salvador au Kurdistan, un effort considérable a été consenti pour combattre la guerre, la misère et l'anarchie. Cet activisme, dans un premier temps, s'est exercé partout, dans les zones lointaines comme dans les plus proches, dans celles qui comportaient un intérêt stratégique comme dans celles qui en étaient dépourvues : en 1992, une action militaire offensive et d'envergure était menée en Somalie tandis qu'on ne pratiquait encore dans les Balkans qu'une intervention timide, limitée et dépourvue de gros moyens. Point de *limes* donc, en apparence du moins, ni de *terrae incognitae* : la communauté internationale semblait vouloir affirmer sa vocation mondiale, sans distinction de proximité ou de richesse. Le slogan du « droit d'ingérence » était brandi comme un mot d'ordre universel, un pacte de chevalerie destiné à ne tolérer nulle part en cette planète l'oppression ni la tyrannie.

Dans le même temps, l'ex-URSS n'en finissait pas de convulser ; les républiques autonomes ne cessaient de sauter du train en flamme, laissant la Fédération de Russie nue et seule, pas encore assurée d'ailleurs que la désintégration n'allait pas se poursuivre au dedans d'elle. La technologie militaire (en particulier nucléaire) de l'ancienne superpuissance risquait de se disperser, voire de rejoindre le marché noir.

Tous ces événements s'inscrivaient apparemment en faux contre les thèses de ce livre : l'idée d'un Nord regroupant l'Occident et l'ancien bloc de l'Est semblait contredite par les faits. Quant à la notion de *limes* et à la segmentation du Sud en comptoirs et en taches blanches, elles paraissaient démenties par la volonté des grandes puissances de conjuguer leurs forces au service de la paix et du développement. Ne parlait-on pas des « dividendes de la paix », ces sommes fabuleuses soustraites (enfin) aux budgets militaires et reconverties vers la solidarité ? L'idée d'un « Plan Marshall » pour le tiers monde faisait son chemin...

Il est toujours agréable d'être démenti par de bonnes nouvelles. C'est donc sans enthousiasme que j'ai assisté au progressif effondrement de ces utopies et au retour d'un monde plus tristement conforme aux prévisions de ce livre.

Dater précisément ce tournant est difficile . 1995 est un repère commode quoique approximatif. C'est à peu près à ce moment qu'on a vu s'essouffler l'élan de l'ingérence tous azimuts. Après la grande opération (tardive) de secours au Rwanda, la proposition d'envoyer une force internationale dans l'est du Zaïre, au moment de la chute de Mobutu, se heurte au refus américain. Échaudés par leur mauvaise expérience somalienne, les États-unis se dotent d'une doctrine restrictive en matière d'engagement extérieur : elle réserve leur intervention aux zones où leurs intérêts sont directement en jeu. Les Européens, eux, ont atteint les limites financières et humaines de ce qu'ils peuvent consacrer à des opérations lointaines et désintéressées. Il n'y aura finalement pas d'opération internationale au Zaïre et les autres théâtres de crise vont être peu à peu dégarnis ; le reflux s'opère.

Pas partout, cependant : en cette même année 1995 l'opération militaire en Bosnie change de nature. L'OTAN entre en scène. Avec la Force de Réaction Rapide puis l'IFOR, on passe à une phase nouvelle, offensive, dotée de gros moyens. Un peu plus tard, au Kosovo, ce déploiement massif se renouvellera, accompagné d'actions de guerre véritables menées contre la Serbie.

Pendant ces années 1995-1999 s'est ainsi accompli un mouvement double et contradictoire : désengagement international sur certains théâtres ; engagement massif sur d'autres. Il suffit de replacer ces actions sur une carte pour voir se dessiner une nouvelle géopolitique de l'engagement international. Cette géopolitique correspond exactement aux trois zones évoquées dans ce livre.

Le *limes* (Méditerranée, Balkans, Asie centrale notamment) est la zone où les interventions des grandes puissances restent fortes et dotées de gros moyens. Plus loin, dans la profondeur des continents Sud, subsistent des comptoirs, zones d'intérêt où, selon les cas, la communauté internationale est prête à engager des moyens proportionnés à ses intérêts : gigantesques dans les régions pétrolières, modestes dans des endroits de moindre valeur (c'est dans ces zones que l'on trouve ce qu'il reste des opérations purement onusiennes, faibles et d'une efficacité douteuse : un exemple récent en est le déploiement de casques bleus entre Éthiopie et Érythrée). Enfin, à l'extrême, existent bien des conflits où l'abstention internationale est totale, au point que s'y approfondit un chaos et une anomie quasi complète (l'Afghanistan ayant constitué, jusqu'à l'affaire Ben Laden, une *terra incognita* de ce type).

Ces évolutions politiques et bien d'autres, de nature économique, démographique, culturelle, ont ainsi peu à peu précisé l'épure que nous proposions initialement. Des tendances ont été confirmées, des ambiguïtés levées, des pronostics démentis. Au total, erreurs et confirmations donnent une idée plus précise de ce qui s'ébauchait seulement en 1990.

Ainsi par exemple, le *limes* et les États tampons qui le stabilisent a-t-il pris en dix ans une physionomie plus nette.

Il est aujourd'hui évident que la question migratoire est bien l'atout central dont disposent les nations situées sur le *limes*. La priorité donnée par les États-Unis à la stabilité sur le continent américain a ainsi permis à Fidel Castro de conserver le pouvoir malgré l'effondrement de son allié soviétique. Il lui a suffi de faire valoir, en lâchant sur les côtes de Floride des milliers de malheureux réfugiés, qu'il était bien le garant non pas de la prospérité de son île, encore moins de sa liberté mais celui de son étanchéité. De même, les dirigeants turcs, qui ont longuement réfléchi aux grandeurs et misères de leur position d'État tampon, ont-ils su, chaque fois qu'ils en avaient besoin, user de la menace migratoire.

Qu'on se rappelle, au lendemain de la reconnaissance du génocide arménien par le parlement français, l'arrivée opportune d'un bateau de réfugiés kurdes, dans les parages de Saint-Tropez...

Nous pouvons avoir désormais la certitude qu'il existe, pour les pays du Nord, plusieurs moyens différents pour assurer la stabilité du *limes*.

Lorsqu'on considère l'axe Méditerranée-Balkans-Asie centrale, on rencontre d'ouest en est des solutions très différentes. Le Maghreb est stabilisé, malgré les fortes turbulences qu'il connaît, par l'action autonome de régimes politiques durs. C'est évidemment en Algérie que cette dureté est la plus extrême, confronté qu'est ce pays à une véritable guerre civile. Il est particulièrement intéressant de constater qu'à l'heure du prétendu village mondial et malgré son extrême proximité à la fois géographique et humaine avec la France, l'Algérie est parvenue à mener cette guerre sans images, sans véritable mobilisation des défenseurs des Droits de l'Homme. Le soutien de l'Occident ne lui a jamais été disputé et peu de répressions ont été menées avec une telle tranquillité.

Dans les Balkans, au contraire, le dessin du *limes* était si flou, l'architecture des États si incohérente, que la communauté internationale, contre son gré d'ailleurs, a dû se résoudre à intervenir elle-même. Grâce à la légère avance qu'ils ont laissé prendre à la guerre (consciemment ou non), les Occidentaux ont pu, assez hypocritement, faire faire le « sale boulot » par les armes : désormais la répartition ethnique est (presque) homogène dans la région. Le Kosovo, par exemple, est découpé selon une ligne qui sépare nettement Albanophones et Serbes. Le rôle des troupes internationales est de sanctuariser ce découpage (tout en prétendant encore le refuser...). Au nord de ce *limes* fraîchement tracé, Slovénie, Croatie et Serbie nouvelle sont engagées à grand pas dans leur réintégration à l'espace européen libéral et démocratique. Au sud, l'Albanie prolongée du Kosovo albanophone fait office de nouvel État tampon et a promptement compris de quels moyens elle disposait pour être internationalement soutenue : la menace migratoire qu'elle fait subir à ses voisins européens (Italie et Grèce en particulier) lui a déjà permis d'obtenir, en ces temps d'opérations internationales rares, la mobilisation de fonds considérables en sa faveur.

Enfin, plus à l'Est encore, en Asie centrale, la stabilisation du *limes* caucasien n'a pu être accomplie ni par le soutien à des régimes sûrs, ni par un déploiement international. La solution trouvée a été celle, très classique, du gendarme régional. Les Russes ont eu carte blanche pour stabiliser par la force la Tchétchénie. Leur intervention a refoulé vers le sud les fauteurs de trouble régionaux. Le *limes*, à cet endroit, demeure donc une forte ligne de tension entre des zones livrées à elles mêmes et très instables (Afghanistan en particulier) et des zones septentrionales transformées en camps retranchés.

Des portes de Gibraltar aux rives de la Caspienne, on observe donc toute la gamme des possibles, en ce qui concerne le *limes* : stabilisation par le Sud (États tampons du Maghreb) ; interposition internationale sur la ligne du *limes* (Balkans) ; stabilisation par l'action d'une puissance régionale du nord agissant en proconsul militaire (flanc sud de la Fédération de Russie). Il faut d'ailleurs noter que cette action russe, si elle était tolérée par la communauté internationale, n'était pas jusqu'ici clairement reconnue comme nécessaire et acceptable. Depuis l'attentat du World Trade Center, la prompte réintégration de la Russie dans le Nord et les nécessités de la mobilisation mondiale contre le terrorisme viennent étendre sur l'affaire tchétchène un voile d'amnistie, pour ne pas dire de sympathie.

Au-delà du *limes*, l'évolution des zones que nous décrivions comme des comptoirs et des *terrae incognitae* a été, elle aussi marquée par un approfondissement des contrastes régionaux.

Nous ne pouvons pas ici reprendre en totalité les analyses démographiques, économiques, politiques, etc., que nous avions présentées. Nous nous bornerons à souligner qu'elles ont à la fois reçu confirmation dans leur tendance et que de très nombreuses variantes locales sont à prendre en compte. Ainsi, du point de vue démographique, si le blocage de la transition au Sud n'est pas à remettre en cause, il faut distinguer plusieurs types. La baisse de la fécondité au Maghreb est un événement inattendu tandis que l'élévation de la mortalité en Afrique noire a pris, elle aussi, des proportions que l'on aurait craint d'envisager il y a dix ans. L'essentiel reste cependant que la tendance au déracinement et à la mobilité, la propension à dégager de forts surplus migratoires en direction du Nord n'a nullement fléchi, tout au contraire. Même dans les zones comme le continent américain, où le gradient de population Nord-Sud tend à se restreindre, le désir de rejoindre les pays développés reste extrêmement élevé.

L'aggravation des disparités économiques est évidemment l'une des causes principales de cette ruée vers le Nord. La crise des États du Sud a pris une ampleur qu'il était difficile de soupçonner : crise politique qui va jusqu'à l'effondrement comme dans plusieurs pays d'Afrique ; crise économique qui va jusqu'à la banqueroute comme dans certains pays pourtant prometteurs d'Amérique latine ; crise sociale, volontiers exprimée sur le mode de tensions religieuses et ethniques dans le sous-continent indien et en Extrême-Orient (Indonésie par exemple). Dans cette optique, le point d'inflexion souligné par ce livre reste d'actualité : contrairement à l'époque des Indépendances dans les années soixante, le mythe de l'unité du monde, chacun progressant dans le même sens, certains plus développés, d'autres seulement « moins avancés », a bel et bien volé en éclats. La disparité Nord-Sud ne cesse de s'aggraver ; le fossé se creuse, même si le Sud, bien sûr, reste hétérogène et comporte en son sein des inégalités non moins criantes. Aussi les évolutions politiques de ce Sud pendant ces dernières années ont-elles réservé bien des surprises et donné parfois au tableau que l'on pouvait faire il y a dix ans un caractère erroné. De bonnes surprises sont arrivées : ce fut le cas, par exemple, de la transition politique sud-africaine post-apartheid. Tout n'est pas réglé, tant s'en faut, au sein de ce pays. Il reste que grâce à Mandela le pire a été évité pendant cette période à haut risque. D'autres bonnes nouvelles nous sont venues d'Afrique : le redressement de l'Ouganda, pays qui avait sombré dans l'anarchie pendant les années quatre-vingt, la stabilité de l'Éthiopie et de son voisin érythréen, même si une guerre les a brièvement opposés, la transition pacifique du Mali vers la démocratie. Il est à noter que toutes ces évolutions favorables se sont faites sans interventions extérieures. Je vois là une des principales erreurs de cet ouvrage : la tendance à négliger les évolutions spontanées, la capacité de réaction et de réponse des peuples à la crise. Pour profonde que soit l'anarchie dans une région, elle peut toujours faire naître une forme de sursaut, un germe d'ordre qui, souvent par la violence mais parfois pacifiquement, reconstruit à partir de ce qui était en ruines. Voilà pourquoi, sans doute, les territoires anomiques, ce que nous appelions les *terrae incognitae*, retournés à une vie archaïque coupée du monde, se sont si rapidement transformés. Le chaos, si l'on en juge par ces dix dernières années, n'est pas une forme durable d'organisation sociale.

On peut voir l'histoire des conflits et des rébellions armées pendant ces dix dernières années comme une succession de drames humains : c'est ce qu'elle fut. Mais on doit reconnaître qu'elle traduit aussi la volonté farouche de peuples marginalisés, écrasés, livrés au désordre et à l'arbitraire de reprendre en main leur destin collectif. Meurtrier, l'islamisme algérien l'est sans conteste ; reste qu'il représente une forme de rébellion (la dernière) pour des populations laminées par une politique violente et corrompue. Impérialistes, arrogants, racistes peut-être, les Tutsis au pouvoir dans les Grands Lacs ont commis de graves excès ; pourtant leur effort pour reconstruire un État dévasté par la haine est aussi inattendu que louable.

Partout où se répand la culture de la pauvreté que nous avons évoquée, se constituent des forces politiques radicales dont nous n'avions pas assez estimé la force. Le fondamentalisme islamique est évidemment la plus en vue aujourd'hui et ceci, sans être tout à fait une surprise, constitue néanmoins une nouveauté.

Dans la description que nous faisions des mouvements armés, nous insistions sur leur diversité et leur syncrétisme. Nous soulignions qu'ils mêlaient, dans des synthèses identitaires violentes et nouvelles, toute une panoplie hétéroclite appartenant au registre religieux, politique (notamment à la technologie insurrectionnelle de Lénine ou de Mao) et même folklorique (par le recyclage de mythes indigénistes et la mobilisation du fond religieux traditionnel). Nous n'envisagions ces formes de violence politiques que dans un cadre émietté, local ou national. C'est bien ainsi, d'ailleurs, qu'ils se sont développés dans les années quatre-vingt-dix. Même l'islamisme de l'époque était lié à des terrains particuliers : islamisation par le haut ou par le bas (pour reprendre les concepts de Gilles Kepel), des sociétés particulières servaient de cadre à ces mouvements. Islamiques, ils l'étaient mais d'abord algérien, bosniaque, afghan ou palestinien. Cependant, la répression à laquelle se sont heurtés ces mouvements nationaux, en contribuant à créer une génération perdue, combattante et défaite sur tous ces terrains, a permis la naissance d'un islamisme déterritorialisé, universel, dirigé contre le Nord dans son ensemble et qui donne, depuis le 11 septembre, le sentiment qu'un nouvel adversaire global est né.

Quelle que soit l'origine exacte de ces attentats, il est à craindre, malgré toutes les précautions de langage prises par les États-Unis, que cette guerre contre le terrorisme ne renforce de façon décisive le clivage Nord-Sud. Il est donc plus que jamais nécessaire de prendre conscience des mécanismes de mise à distance du Sud qui, pratiqués inconsciemment depuis dix ans, ne sont pas étrangers aux évolutions dramatiques d'aujourd'hui.

La politique des comptoirs, par exemple, a des conséquences calamiteuses. Plus que jamais ces dernières années, le découpage du monde entre « zones utiles » et « zones abandonnées » est à questionner. A la préoccupation globale du développement succède de plus en plus une logique utilitariste qui privilégie les relations commerciales avec les parties rentables des États et la mise à l'écart du reste. L'Angola, par exemple, est aujourd'hui divisé en une région utile, côtière et pétrolière et un *hinterland* livré à la guerre. De nombreux pays sont ainsi découpés et, autour d'îlots de prospérité (relative), laissent croître de vastes zones en déréliction. Il n'est pas jusqu'aux questions politiques qui ne soient contaminées par cette logique de comptoirs. Ainsi au Proche-Orient, la diplomatie américaine semble ces dernières années avoir opéré un repli, limitant son engagement à la défense inconditionnelle d'Israël et abandonnant peu à peu toute ambition de règlement régional global.

Cette logique de comptoirs est évidemment très condamnable. Moralement, bien sûr, car elle laisse pour compte des populations entières. Mais également en termes de sécurité. Car, dans la nouvelle configuration d'un terrorisme déterritorialisé, ces zones grises, ou *terrae incognitae* représentent autant de lieux d'asile offerts aux activités violentes et autant de troupes de déshérités potentiels pour s'y engager.

La politique du *limes* est, de même, mise en cause par les évolutions actuelles. On peut s'interroger tout d'abord sur son efficacité. Face aux inégalités de la pseudo-globalisation qui les rejette sur ses marges, les populations d'au-delà du *limes* ont adapté leurs stratégies. Le déplacement vers le Nord s'effectue par bien des canaux. Sous couvert de stabiliser des États tampons, on y entretient des dictatures qui accélèrent l'hémorragie de population, présente ou à venir.

En relâchant toujours plus nos efforts en faveur du développement, pour ne garder de relations qu'avec les zones utiles, nous croyons pouvoir poser à terre notre fardeau d'homme blanc et mettre enfin à distance des conflits tribaux ou religieux qui ne nous concernent pas.

Or, marginalisés et privés de soutien, les mouvements de lutte armée se sont naturellement tournés vers les pays développés pour y constituer des réseaux de soutien et de financement. Par exemple, l'encadrement des diasporas kurdes ou tamoules dans les pays d'Europe constituent désormais ces pays, contre leur gré, comme des bases arrière de ces conflits. Si bien qu'au lieu de mettre ces guerres à distance, comme le veut l'idéologie du *limes*, on les a encouragées à s'inscrire profondément dans le tissu social des pays du Nord.

A l'extrême, et c'est le cas de l'islamisme radical dans sa forme actuelle, les pays du Nord ne deviennent plus seulement des lieux refuges mais également des cibles. La boucle est ainsi dramatiquement bouclée : à force de se défier du Sud et de l'exclure, on a fini par y trouver l'ennemi tant attendu, qui justifiera encore plus de défiance, d'hostilité et d'abandon.

Ben Laden est peut-être notre ennemi ; hélas, une dialectique bien connue, et qui a servi avec l'URSS pendant soixante-dix ans, fait qu'il sera en même temps le meilleur allié de ceux qui veulent replier l'Occident sur son seul destin.

Il est assez illusoire de reprendre les « trois futurs » que nous proposions en cherchant à savoir lequel se serait révélé juste. Car ces « futurs » n'étaient en vérité que des attitudes, des positions intellectuelles et morales face aux évolutions en cours. Ces attitudes restent d'actualité, aujourd'hui comme demain. Le seul commentaire qu'on puisse faire à leur propos concerne les difficultés rencontrées sur les routes qu'elles tracent et les probabilités qu'un plus ou moins grand nombre d'esprits les empruntent.

Nul doute que la voie de Marc-Aurèle ne soit aujourd'hui majoritaire. Choisir la sécurité est le réflexe de l'Amérique et du Nord en général après les attentats de New York et Washington. On dira que Marc-Aurèle, lui, faisait le choix de la sécurité aux dépens de la justice tandis que les pays développés lancent au contraire, pour se défendre, une opération intitulée d'abord « Justice sans limites ». C'est que la justice dont on parle n'est pas la même. Il s'agit pour la coalition réunie par l'Amérique de faire justice à ses victimes, en châtiant les auteurs des actes terroristes. Mais quant à la justice planétaire, celle qui tend à égaliser les conditions des êtres humains et à réparer le scandale de la pauvreté, il n'en est guère question. Priorité est donnée partout à la surveillance des aéroports, au contrôle des menaces intérieures, à l'établissement de boucliers de tous ordres (d'abord destinés à protéger des missiles, les projets de défense s'étendent aujourd'hui à toute forme d'agression : chimique, bactériologique, voire, comme pour les attentats du 11 septembre, « naturelle » par retournement de moyens technologiques). La découverte, après ces terribles attentats, de sociétés lointaines telles que l'Afghanistan que les rares images disponibles montrent brutales, dominées par l'obscurantisme, vivant dans une pauvreté médiévale n'a pas provoqué d'élan en faveur de la solidarité et du développement. Tout au contraire, le spectacle de foules haineuses et misérables répand dans les pays riches une frayeur qui est exclusive de tout autre sentiment. Bien peu de commentateurs osent avancer des solutions qui passeraient par un effort en faveur de ces sociétés. Tout au plus leur réserve-t-on, pour éviter de trop grands drames, notre sollicitude humanitaire. Jamais l'idée de développement, de progrès général de l'humanité n'avait rencontré autant de scepticisme. L'idée de protection, plus que jamais, remplace l'idée de partage. Tout comme l'Empire de Marc-Aurèle, celui du Nord aujourd'hui, tout en se proclamant universel, se sait et se veut limité : il militarise le *limes* et annonce, ce faisant, les grands affrontements futurs.

Kleber, lui, voit son parti en désarroi. Non qu'il soit défait. Nombreux sont encore ceux qui n'ont pas renoncé à jeter vers le Sud des ponts solides et durables. Encore faut-il prendre soin de distinguer les discours et les intentions véritables. Dans la coalition antiterroriste qui se bâtit sous nos yeux, la solidarité avec les pays musulmans modérés est publiquement réaffirmée. Reste que ce discours est essentiellement à l'usage des communautés immigrées qui vivent dans le Nord et doivent être rassurées. Rien n'indique cependant que la tendance visant à privilégier des comptoirs et à abandonner des *terrae incognitae* de plus en plus vastes ne soit sérieusement remise en question. La tâche de ceux qui prennent le parti de Kleber est donc compliquée. Elle l'est encore plus par le fait que les tensions sécuritaires actuelles entraînent également au sein des peuples du Sud la montée d'un sentiment gravement anti-occidental. Beaucoup d'extrémistes ne font plus aucune différence entre les motivations diverses de ceux qui se rendent encore dans ces pays : ils les rejettent et les menacent en bloc. Les volontaires pour le développement sont un peu partout en butte à une hostilité plus ou moins ouverte ; cette vulnérabilité est une des plus terribles nouveautés de ces dix dernières années. L'Algérie, l'Afghanistan (bien avant l'affaire Ben Laden), la Tchétchénie sont des théâtres où les Occidentaux sont pris pour cible quoi qu'ils fassent et où les efforts de coopération et d'éducation sont sciemment combattus par des groupes fondamentalistes qui prennent le parti de maintenir leurs peuples dans le sous-développement et l'obscurantisme.

J'avais choisi Kleber comme figure emblématique de cette attitude à cause de sa fin tragique : elle montre qu'il ne faut attendre sur cette voie ni avantage ni récompense mais difficulté et adversité. Après cette dernière décennie du siècle, c'est bien souvent au sens propre qu'il faut prendre cette métaphore. Kleber, assassiné pour avoir apporté les Lumières dans l'Égypte violente des Mamelouks, jette sa grande ombre sur tous ceux qui, aujourd'hui, se font les messagers des Droits de l'Homme dans des sociétés que travaillent des forces nées de la misère et qui ont intérêt à la voir se perpétuer.

Von Ungern enfin. C'est, de ces trois futurs, le plus mal compris. Et, en effet, il est difficile de lui donner une définition précise. Disons seulement qu'en lui peuvent se reconnaître tous ceux qui pensent que l'avenir n'est pas au Nord, que les peuples du Sud que nous cherchons à mettre à distance sont seuls porteurs de valeurs proprement humaines et que, contre un système replié sur la défense de ses acquis, sur son productivisme et ses inégalités, ils sont la seule force de destruction, de renouveau et de vie. Ce parti, sans être unifié, a, me semble-t-il, beaucoup progressé pendant cette fin de siècle. J'en veux pour preuve l'extraordinaire essor de la pensée antilibérale : dénonciation de « l'horreur économique », écologie radicale brandissant les thèmes de la catastrophe et du millénarisme, poussée à la fois populaire et intellectuelle de la tendance « antimondialisation ». Enfin, phénomène nouveau bien qu'encore très minoritaire, on observe, en ces périodes où l'islamisme radical tend à prendre la place d'ennemi principal de l'Occident, la conversion d'Européens de souche qui, non seulement rejoignent l'Islam, mais militent activement voire violemment dans ses groupuscules les plus extrémistes. Combats isolés de marginaux, dira-t-on ? Peut-être. A moins qu'il ne faille voir là un symptôme : celui du rejet d'un système qui s'affirme comme dominant, qui exige la mobilisation de tous mais qui laisse se perpétuer en lui-même de terribles inégalités, qui piétine les identités, soumet les individus à une culture massifiée et, tout en se réclamant de la liberté, l'encadre et la limite. Au point que la révolte, pour prendre un sens, doit s'appuyer sur le seul monde qui échappe encore à l'Empire libéral : ce Sud bigarré, turbulent, dévasté mais où palpite encore une humanité.

Paris-Berlin, septembre 2001

REMERCIEMENTS

Je remercie pour leur aide et leur appui Claude Malhuret, Irène Commeau, Mlle Semence et la bibliothèque de l'Institut des Études Politiques de Paris, Jean-Marie Milou, René Russbach, François Jean, Francis Charhon, Catherine Flach et Françoise le Rolland.

NOTES

Le bûcher de Carthage

1. F. Fukuyama, « La fin de l'Histoire » in *Commentaire,* n° 47, 1989, p. 457-469.
2. A. Besançon, in *Commentaire,* n° 47, p. 476.
3. *Nord/Sud : un programme de survie,* rapport de la Commission indépendante sur les problèmes de développement international sous la présidence de Willy Brandt, Idées Gallimard, 1980.
4. E. Canetti, *Masse et Puissance,* Gallimard, p. 64.
5. Polybe, *Histoire,* La Pléiade, Gallimard, 1970.
6. P. Veyne, *Le Pain et le Cirque,* Le Seuil, 1976, p. 384.
7. D. Roussel, préface à l'*Histoire* de Polybe, *op. cit.,* p. XXX.
8. *Le Monde,* 22 nov. 91.
9. Pomponius Mela, *Livre 1* (IV), traduction Louis Baudet, Bibliothèque latine, 1843.

[1]

Les nouvelles terrae incognitae

1. Voir G. Chaliand, *Stratégies de la guérilla,* Mazarine, 1985.
2. R. Braumann, « L'Espoir assassiné » in *La lettre du Quai,* n° 10, juin 1990.
3. J.-F. Bayart, *L'État en Afrique. La politique du ventre,* Fayard, 1990, p. 312.
4. Cité par C. Rangel, *L'Occident et le tiers monde,* Laffont, p. 118.
5. M.A. Martin, « Khmers rouges, des partenaires incontournables » in *Politique internationale,* n° 47, printemps 1990.
6. P. Burin des Rosiers, « La drogue entre deux Amérique » in *Ramsès 90* pp. 108 et sq.
7. Solidarité France-Brésil, 15, rue Frédéric-Sauton, 75005 Paris.
8. *Le Monde.*
9. Un chauffeur de camion est tué par une balle au moment même où un accord est signé entre les autorités du Mali et les rebelles touaregs. (11.01.1991).

[2]

Populations : le drame des uns, l'arme des autres

1. Voir par exemple, *Centre français sur la population et le développement : de l'homme au chiffre,* CEDEP 1988. P. Fargue, Y. Combage, « Reconstitution de la fécondité passée à l'aide d'un seul recensement dans les pays à statistiques incomplètes », in *Population,* n° 42, juin 87.
2. Voir Actes du Congrès de l'Union internationale pour l'Étude scientifique de la Population. New Dehli, 20-27 septembre 1989.
3. J.-C. Chesnais, *La transition démographique,* PUF, 1986.
4. *Ibid.,* p. 64.
5. J.-C. Chesnais in *Tiers monde : controverses et réalité,* p. 120 et sq.
6. G. Étienne, in *Asie-Afrique : greniers pleins : greniers vides,* Economica, 1986.
7. *Le tiers-mondisme en question,* Acte du colloque de la Fondation Liberté sans Frontières, éd. Orban, 1986.
8. Enquête des Nations unies auprès des États, cité par J.-C. Chasteland in *Tiers monde,* n° 94.
9. F. Deron, « Chine, l'héritage empoisonné de Mao », Champs économiques, *Le Monde,* 27 février 1990, p. 26.
10. *Ibid*
11. Voir l'interview du Dr. J. Mann, *Le Monde,* 23 mars 1990, p. 11.
12. M.D. Grmek, *Histoire du Sida,* Payot, 1990.
13. J.-C. Chesnais, « Pays riches, halte : contrôle », *Libération,* supplément *La nouvelle planète,* février 1991, p. 26.

[3]

Les archipels de la misère

1. J.-F. Bayart, *L'État en Afrique,* Fayard, p. 43.
2. A. Laurent, « Camps de réfugiés, camps de combattants : les Palestiniens » in *Revue d'Études Polémologiques,* n° 44, 1987, p. 103 et sq.
3. J.-C. Rufin, *Le Piège humanitaire,* Lattès, 1986.
4. W. Shawcross, *Le Poids de la pitié,* Balland, 1985.
5. Y. Zarjewski, *A future preserved International Assistance to refuges,* Pergamon Press, London, 1988.

6. Commission indépendante sur les Questions humanitaires internationales : *Réfugiés, la dynamique du déplacement*, Berger-Levrault, 1987.

7. J.-C. Rufin, « Les sanctuaires humanitaires » in *Le devoir d'ingérence*, Denoël, 1987.

8. Commission indépendante sur les Questions humanitaires internationales : *Réfugiés, la dynamique du déplacement*, Berger-Levrault, 1987.

9. Voir l'article de A. Guilloux, « L'explosion urbaine » in *Tiers monde ; controverses et réalités*, Economica, 1987, p. 169 et P. Bairoch, « L'explosion urbaine dans le tiers monde in *Revue tiers monde*, n° 94, 1984.

10. L. Zecchini, *Le Monde* (champs économiques), 27 février 1990.

11. J.-F. Bayart, *ibid.*

12. P. Bairoch, *ibid.*

13. A. Guilloux, *ibid.*

14. O. Lewis, *La famille Sanchez*, Gallimard, 1963.

15. *Ibid.*, p. 30.

16. *Ibid.*, p. 30.

17. O. Lewis, *Five families. Mexican case studies in the culture of poverty*, N.Y., Basic Books, 1959.

18. O. Lewis, *La famille Sanchez*, p. 31/32.

19. *Ibid.*, p. 637.

20. M.A. Martin, « Khmers rouges : des partenaires incontournables ? », in *Politique internationale*, n° 47, printemps 1990.

21. J.-F. Bayart, *op. cit.*, p. 292.

22. *Ibid.*

23. O. Lewis, *op. cit.*, p. 33.

[4]

Critique de la machette dialectique

1. G. Bernanos, *Les enfants humiliés*, Gallimard, p. 109.

2. K. Marx, *Le 18 Brumaire.*

3. Voir *Autrement*, « Brésil ».

4. Oswalde de Andrade, *Manifeste Anthropophage.* On en trouvera une traduction dans *Modernidade*, catalogue de l'exposition « Art brésilien du XXe siècle », éd. Association française d'Action artistique, 1987.

5. F. Fanon, *Les Damnés de la Terre*, préf. J.-P. Sartre, Maspéro, 1961.

6. *Ibid.*, p. 11.

7. *Ibid.*

8. « La démocratie c'est l'Occident et l'Occident nous n'en voulons pas. » R. Khomeyni, *Le Monde*, 11-12 mars 1979.

9. F. Nahavandi, *Aux sources de la Révolution iranienne*, L'Harmattan, 1988.

10. Voir la démonstration idéologique de ce lien in Darius Shayegan, *Qu'est-ce qu'une révolution religieuse ?*, Les Presses d'Aujourd'hui, 1985.

11. Lucio Lami, « L'irrésistible ascension du « Sentier Lumineux » in *Politique internationale*, n° 45, automne 1989. Le programme sentiériste que rapporte Lucio Lami est un exemple achevé du « jaillissement révolutionnaire ».

« Premièrement : mobilisation et propagande armée.

Deuxièmement : sabotage.

Troisièmement : généralisation de la violence révolutionnaire.

Quatrièmement : conquête et expansion des bases d'appui.

Cinquièmement : insurrection dans les villes et destruction total de l'État bourgeois. »

12. A. Hertoghe, A. Labrousse, *Le Sentier lumineux : un nouvel intégrisme dans le tiers monde*, La Découverte, 1989, p. 89.

13. N. Bonnet, *Le Monde*, 14 février 1991.

14. Hertoghe, Labrousse, *op. cit.*, p. 214.

15. Voir Pin Yathay, *L'Utopie meurtrière*, Robert Laffont, 1980.

16. V. Grossman, *Vie et destin*, L'Age d'Homme, p. 627.

17. O. Lewis, *La famille Sanchez*, Gallimard, p. 33.

18. G. Kepel, *La revanche de Dieu*, Grasset, 1991.

[5]

Le droit à la guerre pour tous

1. P.P. Rey, « Le marxisme congolais contre l'État » in A. Corten, M. Sadria, M.B. Tahon, *Les autres marxismes réels*, Paris, Christian Bourgois, 1985, p. 190.

2. C. Leclercq, *L'Empire d'Éthiopie*, Berger-Levrault, 1965.

3. J.-F. Bayart, *op. cit.*

4. C. Carle, *Des armes pour le tiers monde*, Ramsès 90, p. 171.

5. *Ibid.*

6. Tacite, *Germanie XIV*.

[6]

Le salut par le hamster

1. S. Bessis, *La nouvelle frontière. Les tiers mondes et la tentation de l'Occident*, Lattès, 1983.
2. Voir l'abondante littérature de René Dumont, en particulier son dernier ouvrage, *Démocratie pour l'Afrique*, Le Seuil, 1991.
3. J.-C. Chesnais, *La revanche du tiers monde*, Robert Laffont, 1987.
4. *Politique internationale*, n° 47.
5. E. Taïeb, *Economie et société brésiliennes : croissance ou développement*, Nathan, 1989.
6. Voir *Le Monde*, 7 février 1991.
7. Rapport demandé par M. Rocard à M. Stephane Essel et jamais publié.
8. C. Lévi-Strauss, *Race et Histoire*, UNESCO 1961, éd. Gonthier Médiations, 1968.
9. T. Mommsen, *Histoire romaine*, Liv. 1, chap. III, p. 44.
10. Tacite, *Germanie*.
11. *Ibid.*
12. L. Halphen, *Les barbares*, Alcan, 1926, p. 4 et sq.

[7]

La rétraction des terres historiques

1. P. Kennedy, *Rise and Fall of the Great Powers*, London, 1987.
2. En 1800, les Européens contrôlent 35 % des terres du globe; en 1878, 67 %; en 1914, 84 %. *Ibid.* p. 150.
3. Strabon, II, 5, 8.
4. Voir T. Mommsen, *Histoire romaine*, Livre IV, chap. 1 et sq., Laffont.
5. C. Julius Caesar, *Commentaire de la guerre des Gaules*.
6. Strabon, XVII, 3, 24.
7. T. Mommsen, *op. cit.*, p. 50.
8. Voir pour un exposé critique de la doctrine Monroe : T.D. Allman, *Un destin ambigu. De Monroe à Reagan*, Flammarion, 1984. p. 134 et sq.

[8]

Naissance de l'équateur

1. R.A. Camp, *Mexico's political stability*, Rapport au Département d'État Boulder Colorado West View, 1986.
2. Voir J.-C. Chasteland, « La politique de la population dans les pays en voie de développement » in *Tiers monde*, n° 94, IEDES, Paris.
3. E. Fottorino, « La santé retrouvée du Mexique », *Le Monde*, Économie, 15 janvier 1991, C 23.
4. J. Edin, « La nouvelle Espagne » in *Ramsès 90*, pp. 229 et sq.
5. R. Girard, *Shakespeare. Les feux de l'envie*, Grasset, 1991.
6. D. Noin, *Géographie de la population*, Masson, 1988.
7. R. Cagnat et M. Jan, *Le milieu des Empires*, Laffont, 1982.
8. F. Jean, « Hong Kong, chronique d'une mort annoncée » in *Commentaire*, n° 51, automne 1990.
9. Ilots submergés et peut-être pétrolifères cédés au Japon en 1895 par la Mandchourie vaincue et revendiquée par Taiwan. Voir *Le Monde*, 24 octobre 1990 et 22 novembre 1990.
10. R. Cagnat, M. Jan, *op. cit.*, p. 260 et sq.
11. H. Carrère d'Encausse, *La gloire des Nations*, Fayard, 1990.
12. O. Roy, « Iran : les habits neufs de Rafsandjani » in *Politique Internationale*, n° 50, 1990/19911, p. 67 et sq.

[9]

Perdre le Sud

1. Ammien Marcellin, *Histoire*, Livre XXVI (IV, 7).
2. P. Kennedy, *Rise and Fall of the Great Powers*, Hyman, Londres, 1987.
3. J.D. Steinbruner editor, *Restructuring American Foreign Policy*, the Brooking Institution, Washington, janvier 1989, p. 2.
4. *Ibid.*, p. 1.
5. Suétone, *Vie des douze César, J. César.*
6. S. Gherardi, « L'Amérique, la guerre et la prospérité », *Le Monde*, Champs économiques, 15 janvier 1991.
7. J. Kirkpatrick, « Il faut défendre les Droits de l'homme à l'ONU » in *Colloque sur les Droits de l'homme et les relations internationales*, Masson, 1988, p. 59.
8. J. Krauze, « États-Unis : le casse-tête de l'aide », *Le Monde*, 2 avril

1990. Voir aussi L. Zecchini, *Le Monde,* 17-18 février 1991 : « Désengagement des États-Unis au Pakistan. L'aide américaine, si elle est restaurée, ne représentera qu'un tiers de sa valeur antérieure. » : le Pakistan a perdu sa position tampon.

9. M. Hunt, *Ideology and US Foreign Policy,* New Haven, Yale University Press, 1987. E. Angelli, C. Murphy, *America's quest for supremacy and the third world. A gramscian analysis,* Pinter Publishers, London, 1988, p. 62.

10. J.-F. Bayart, *L'État en Afrique,* Fayard.

11. A. Sauvy, *L'Europe submergée,* Dunod, 1987.

12. C. Whittacker, *Les frontières de l'Empire romain,* Les Belles Lettres, 1989, p. 90-91.

13. Pour un exposé complet de cette colonisation voir H. Carrère d'Encausse, *L'Empire éclaté,* Flammarion, 1978. R. Cagnat, M. Jan, *Le Milieu des Empires,* Laffont, 1982.

14. Cagnat et Jan, *op. cit.*

15. A. Nove, *Glasnost in action. Cultural Renaissance in Russia,* Londres, 1989.

16. I. Commeau-Rufin, *Lettres des profondeurs de l'URSS,* Gallimard, collection Témoins, 1990.

17. C. Saint-Étienne, *Demain l'union slave,* Champs économiques, *Le Monde,* 11 décembre 1990, p. 27.

18. C. Tréan, *Le Monde,* 20 novembre 1990, p. 3. « On estime aujourd'hui que, dans le nouveau contexte politique, cette concentration à l'Est de l'Oural est devenue moins menaçante et l'on se satisfait d'explications que M. Chevardnadzé a données à Washington : la moitié de ces équipements doit servir à moderniser les forces soviétiques d'Extrême-Orient. »

10

La politique de saint Ambroise

1. C.J. César, *Commentaires sur la guerre des Gaules,* Livre I.

2. Pomponius Mela, Livre III, trad. Louis Bauder, Bibliothèque latine, 1843.

3. O. Roy, « Les habits neufs de Rafsandjani » in *Politique Internationale,* n° 50, 1990-1991.

4. Déclaration à François Léotard en décembre 1990.

5. M. Heller, A. Nekride, *L'Utopie au pouvoir,* Calmann-Lévy, 1982.

6. A. Dowty, *Closed Borders,* Yale University Press, New Haven, 1987.

7. F. Jean, « Hong Kong : chronique d'une mort annoncée » in *Commentaire,* n° 51, automne 1990.

8. Signe des temps, la très anticommuniste secte Moon, sous couvert de la Panda Motor Cie, a installé en Chine, à Huizhou, une usine qui doit produire, au milieu de la décennie, jusqu'à 300 000 automobiles par an. *Le Monde,* 9 février 1991.

9. Voir *Le Monde,* série « Plaies d'Afrique », juin 1990.

10. C. Clément, « Écrasons l'infâme », *La règle du jeu,* n° 3, p. 126.

11. L'expression est due à F. Chahron.

12. *Ambroise* de Hélio et Ieunio, cité par Wittaker, *Les Frontières de l'Empire romain,* Les Belles Lettres, 1989.

[11]

L'Apartheid mondial

1. A. Toynbee, *L'Histoire,* Bordas (42), p. 510.

2. R. Aron, « La guerre est un caméléon » in *Contrepoint,* 1975.

3. C. Carle, J. Paolini, « Armes nouvelles et prolifération » in *Ramsès 90,* éd. IFRI, Dunod, p. 133 et sq.

4. *Le Monde.*

5. *Le Monde,* octobre 1990.

6. C. Whittaker, *Les frontières de l'Empire romain.*

TABLE DES MATIÈRES
de la nouvelle édition

Achevé d'imprimer en octobre 2001
sur presse Cameron
par ***Bussière Camedan Imprimeries***
à Saint-Amand-Montrond (Cher)

N° d'édition : 20293. – N° d'impression : 014852/4.
Dépôt légal : novembre 2001

Imprimé en France